ON VA OÙ AUJOURD'HUI ?

150 sorties
à Montréal
et environs

Alain Demers

ULYSSE

Auteur: Alain Demers
Recherche et rédaction additionnelles: Annie Gilbert
Contribution: Yves Séguin
Direction éditoriale: Olivier Gougeon, Claude Morneau
Correction: Pierre Daveluy
Conception graphique: Pascal Biet
Mise en page: Philippe Thomas

Remerciements

Guides de voyage Ulysse reconnaît l'aide financière du gouvernement du Canada par l'entremise du Programme d'aide au développement de l'industrie de l'édition (PADIÉ) pour ses activités d'édition.

Guides de voyage Ulysse tient également à remercier le gouvernement du Québec – Programme de crédit d'impôt pour l'édition de livres – Gestion SODEC.

Guides de voyage Ulysse est membre de l'Association nationale des éditeurs de livres.

Note aux lecteurs

Tous les moyens possibles ont été pris pour que les renseignements contenus dans ce guide soient exacts au moment de mettre sous presse. Toutefois, des erreurs peuvent toujours se glisser, des omissions sont toujours possibles, des adresses peuvent disparaître, etc.; la responsabilité de l'éditeur ou des auteurs ne pourrait s'engager en cas de perte ou de dommage qui serait causé par une erreur ou une omission.

Écrivez-nous

Nous apprécions au plus haut point vos commentaires, précisions et suggestions, qui permettent l'amélioration constante de nos publications. Il nous fera plaisir d'offrir un de nos guides aux auteurs des meilleures contributions. Écrivez-nous à l'une des adresses suivantes, et indiquez le titre qu'il vous plairait de recevoir.

Guides de voyage Ulysse

4176, rue Saint-Denis, Montréal (Québec), Canada H2W 2M5, www.guidesulysse.com, texte@ulysse.ca

Les Guides de voyage Ulysse, sarl

127, rue Amelot, 75011 Paris, France, voyage@ulysse.ca

Catalogage avant publication de Bibliothèque et Archives nationales du Québec et Bibliothèque et Archives Canada

Demers, Alain

        On va où aujourd'hui? : 150 sorties à Montréal et environs

        (Guides de voyage Ulysse)

        Comprend un index.

        ISBN 978-2-89464-862-9

        1. Montréal, Région de (Québec) - Guides. 2. Montréal, Région de (Québec) - Circuits touristiques. I. Titre. II. Collection: Guide de voyage Ulysse.

FC2947.18.D445 2011   917.14'27045   C2010-942313-5

Sources mixtes
Groupe de produits issus de forêts bien gérées et d'autres sources contrôlées
www.fsc.org Cert no. SW-COC-000952
© 1996 Forest Stewardship Council

ON Y VA !

LES MEILLEURS ENDROITS OÙ FAIRE PLAISIR À SES PAPILLES

- ▶ Auberge des Gallant (voir p. 194)
- ▶ Domaine Magaline (voir p. 133)
- ▶ Miellerie Lune de miel (voir p. 190)
- ▶ Musée du Chocolat de la confiserie Bromont (voir p. 205)
- ▶ Vergers Denis Charbonneau (voir p. 201)
- ▶ Verger Pommalefun (voir p. 135)
- ▶ Sucrerie de la Montagne (voir p. 196)

LES MEILLEURS ENDROITS OÙ VOIR DES ANIMAUX

- ▶ Biodôme (voir p. 62)
- ▶ Chouette à voir! (voir p. 178)
- ▶ Perroquets en folie (voir p. 132)
- ▶ Zoo de Granby (voir p. 191)
- ▶ Zoo de St-Édouard (voir p. 141)
- ▶ Zoo Écomuseum (voir p. 38
- ▶ Ferme Nid'Otruche (voir p. 125)

LES MEILLEURS ENDROITS OÙ JOUIR DE LA NATURE

- ▶ Centre d'interprétation de la nature du lac Boivin (voir p. 174)
- ▶ Parc d'environnement naturel de Sutton (voir p. 165)
- ▶ Parc national d'Oka (voir p. 101)
- ▶ Parc national du Mont-Tremblant (voir p. 114)
- ▶ Parc-nature du Bois-de-l'Île-Bizard (voir p. 36)
- ▶ Parc régional de la Forêt Ouareau (voir p. 88)
- ▶ Station de montagne Au Diable Vert (voir p. 166)

LES MEILLEURS ENDROITS OÙ PROFITER DES JOIES DE L'HIVER

- ▶ Centre de plein air Saint-Adolphe-d'Howard (voir p. 104)
- ▶ Domaine de la forêt perdue (voir p. 140)
- ▶ Glissades des Pays d'en Haut (voir p. 129)
- ▶ Parc national de la Yamaska (voir p. 169)
- ▶ Parc national du Mont-Orford (voir p. 171)
- ▶ Parc national du Mont-Tremblant (voir p. 114)
- ▶ Rivière L'Assomption (voir p. 78)
- ▶ Super-Glissades St-Jean-de-Matha (voir p. 124)
- ▶ Parc régional Dufresne (voir p. 85)

LES MEILLEURS ENDROITS OÙ LÂCHER SON FOU

- ▶ Arbraska Rawdon (voir p. 97)
- ▶ Arbre Sutton (voir p. 173)
- ▶ Glissades des Pays d'en Haut (voir p. 129)
- ▶ Labyrinthe Arctic Gardens (voir p. 199)
- ▶ Propulsion Rafting (voir p. 122)
- ▶ Rivière L'Assomption (voir p. 78)
- ▶ Super-Glissades St-Jean-de-Matha (voir p. 124)

LES MEILLEURS ENDROITS OÙ APPRENDRE TOUT EN S'AMUSANT

- ▶ Centre des sciences de Montréal (voir p. 60)
- ▶ Cosmodôme (voir p. 143)
- ▶ Insectarium (voir p. 54)
- ▶ Miellerie Lune de miel (voir p. 190)
- ▶ Musée de la nature et des sciences de Sherbrooke (voir p. 206)
- ▶ Village Québécois d'Antan (voir p. 193)

LES MEILLEURS ENDROITS OÙ ALLER BEAU TEMPS, MAUVAIS TEMPS

- ▶ **Atrium du 1000 De La Gauchetière** (voir p. 63)
- ▶ **Biodôme** (voir p. 62)
- ▶ **Centre des sciences de Montréal** (voir p. 60)
- ▶ **CinéRobothèque de l'ONF** (voir p. 59)
- ▶ **Cosmodôme** (voir p. 143)
- ▶ **Exotarium** (voir p. 130)
- ▶ **Insectarium** (voir p. 54)
- ▶ **L'Épopée de Capelton** (voir p. 207)
- ▶ **Musée de la nature et des sciences de Sherbrooke** (voir p. 206)
- ▶ **Planétarium de Montréal** (voir p. 65)
- ▶ **Site cavernicole de Saint-Léonard** (voir p. 64)
- ▶ **Vieille Prison de Trois-Rivières** (voir p. 150)

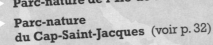

LES MEILLEURS ENDROITS OÙ PIQUE-NIQUER

- ▶ **Parc des Chutes-Dorwin** (voir p. 80)
- ▶ **Parc de la Promenade Bellerive** (voir p. 26)
- ▶ **Parc national des Îles-de-Boucherville** (voir p. 180)
- ▶ **Parc-nature de l'Île-de-la-Visitation** (voir p. 45)
- ▶ **Parc-nature du Cap-Saint-Jacques** (voir p. 32)
- ▶ **Parc régional de la Rivière-du-Nord** (voir p. 83)
- ▶ **Station de montagne Au Diable Vert** (voir p. 166)

LES MEILLEURS ENDROITS OÙ ALLER EN COUPLE

- ▶ **Atrium du 1000 De La Gauchetière** (voir p. 63)
- ▶ **Auberge Le Baluchon** (voir p. 138)
- ▶ **CinéRobothèque de l'ONF** (voir p. 59)
- ▶ **Domaine de la forêt perdue** (voir p. 140)
- ▶ **Jardin botanique de Montréal** (voir p. 67)
- ▶ **Le Bateau-Mouche au Vieux-Port de Montréal** (voir p. 31)
- ▶ **Parc de la Rivière-des-Mille-Îles** (voir p. 118)
- ▶ **Parc national d'Oka** (voir p. 101)
- ▶ **Sucrerie de la Montagne** (voir p. 196)

LES MEILLEURS ENDROITS OÙ ALLER ENTRE AMIS

- ▶ **Arbraska Rawdon** (voir p. 97)
- ▶ **Arbre Sutton** (voir p. 173)
- ▶ **Domaine Magaline** (voir p. 133)
- ▶ **Glissades des Pays d'en Haut** (voir p. 129)
- ▶ **Parc du Domaine Vert** (voir p. 117)
- ▶ **Parc national du Mont-Tremblant** (voir p. 114)
- ▶ **Plage municipale de Saint-Zotique** (voir p. 161)
- ▶ **Propulsion Rafting** (voir p. 122)
- ▶ **Skyventure** (voir p. 145)
- ▶ **Super-Glissades St-Jean-de-Matha** (voir p. 124)
- ▶ **Trapezium** (voir p. 52)

LES MEILLEURS ENDROITS OÙ SE BALADER AVEC SON CHIEN

- Centre de plein air Saint-Adolphe-d'Howard (voir p. 104)
- Parc d'environnement naturel de Sutton (voir p. 165)
- Parc de la Gorge de Coaticook (voir p. 167)
- Parc de la Promenade Bellerive (voir p. 26)
- Parc de la rivière Doncaster (voir p. 84)
- Parc du Mont-Royal (voir p. 40)
- Parc-nature de l'Île-de-la-Visitation (voir p. 45)
- Parc-nature du Cap-Saint-Jacques (voir p. 32)

LES MEILLEURS ENDROITS GRATUITS

- Parc de la Promenade Bellerive (voir p. 26)
- Parc du Corridor aérobique (voir p. 151)
- Parc du Mont-Royal (voir p. 40)
- Parc-nature de l'Île-de-la-Visitation (voir p. 45)
- Parc-nature du Cap-Saint-Jacques (voir p. 32)
- Réserve nationale de faune du lac Saint-François (voir p. 177)
- Sentier national en Matawinie (voir p. 95)

SOMMAIRE

INTRODUCTION

Ce guide propose 150 sorties pas chères à Montréal même ou à moins de 2h de la métropole. Plages, montagnes, marais aux allures de jungle, rivières et chutes, pistes cyclables, tout y est pour vous évader l'espace de quelques heures ou pour la journée.

Il y a beaucoup à découvrir à Montréal et dans les régions environnantes. Les Laurentides, Lanaudière, les Cantons-de-l'Est et la Montérégie, entre autres, vous offrent déjà à peu près tout ce que le Québec a de mieux à offrir.

Que vous décidiez d'aller au bord de l'eau à Montréal, en pleine nature à Rawdon ou à la campagne dans le coin de Sutton, vous trouverez certainement une sortie qui vous conviendra. Et ce, tant pour les familles que pour les couples ou les groupes d'amis.

S'il pleut, faites votre choix parmi des musées ou des expositions à caractère éducatif. L'hiver venu, plusieurs endroits sont à votre portée pour patiner, faire du ski de fond ou découvrir la raquette de montagne.

SE DÉPLACER EN TOUTE LIBERTÉ

Afin de profiter des nombreuses possibilités de sorties qui s'offrent à vous à Montréal ou dans ses environs, outre l'utilisation d'un véhicule personnel, il existe différents moyens de transport collectifs ou respectueux de l'environnement qui pourront vous mener à bon port. En voici un bref aperçu.

En métro et en autobus

La **Société de transport de Montréal** (STM) *(www.stm.info)* offre un service de métro et d'autobus sur l'île de Montréal et dans certaines régions limitrophes. Le **Réseau de transport de Longueuil** (RTL) *(www.rtl-longueuil.qc.ca)* et la **Société de transport de Laval** (STL) *(www.stl.laval.qc.ca)* complètent le service de la STM grâce à leur réseau d'autobus respectif.

Dans le guide, nous avons ajouté l'information pertinente lorsqu'un endroit est accessible en transport en commun.

À vélo

Le vélo a de plus en plus la cote à Montréal, et de nombreux citoyens se déplacent sur deux roues en empruntant le vaste réseau de pistes cyclables de la ville. Il existe aussi le service de location **Bixi** *(www.bixi.com),* qui vous offre l'occasion de rouler à vélo du début mai à la mi-novembre sur l'île de Montréal. Il s'agit d'un service de location de vélos offert par la Ville; moyennant des frais d'abonnement et des frais d'utilisation calculés par tranche de 30 min, il permet d'emprunter un vélo Bixi à l'une des stations disséminées dans la ville.

En train

L'**Agence métropolitaine de transport** (AMT) *(www.amt.qc.ca)* propose cinq trajets en train de banlieue vers la Rive-Sud et la Rive-Nord depuis Montréal : Deux-Montagnes, Blainville–Saint-Jérôme, Mont-Saint-Hilaire, Candiac et Vaudreuil-Hudson.

En voiture

Si vous ne possédez pas de voiture et que vous cherchez une solution plus flexible que la location traditionnelle, il existe un service de partage de véhicules.

En effet, **Communauto** *(www.communauto.com)* vous offre la possibilité de louer une voiture à petit prix pour une demi-heure, une heure, une journée ou plus longtemps, selon vos besoins. Il comporte plusieurs avantages : assurances et essence incluses ; facturation selon le temps d'utilisation et le kilométrage ; véhicules accessibles en libre-service 24h/24, tous les jours, au cœur des quartiers desservis ; possibilité de réserver par Internet.

Pour y adhérer, il faut être âgé d'au moins 21 ans, posséder un permis de conduire, s'inscrire pour une durée minimale d'un an et payer des frais d'adhésion.

Les résidents de la région de Montréal peuvent profiter du « DUO auto + bus » offert en collaboration avec la Société de transport de Montréal (STM) et l'Agence métropolitaine de transport (AMT).

ORGANISATION DU GUIDE

Par régions

Ce guide est divisé en trois zones géographiques :

Montréal : île de Montréal

Rive-Nord : Lanaudière, Laval, Laurentides, Mauricie et Outaouais

Rive-Sud : Cantons-de-l'Est, Centre-du-Québec et Montérégie

Par thématiques

Chaque région est subdivisée en thématiques qui regroupent différentes sorties. Voici leur description :

Au bord de l'eau

Pas besoin d'aller au bout du monde pour trouver une plage où il fait bon se rafraîchir. Mais qu'en est-il de la qualité de l'eau pour la baignade à Montréal et aux alentours? Chose surprenante, elle est souvent meilleure dans le Saint-Laurent que dans les petits lacs artificiels où des gens se baignent sans se poser de question. Pour avoir les toutes dernières informations sur la cote de qualité de l'eau, consultez le *www.mddep.gouv.qc.ca/programmes/env-plage*.

Mais il n'y a pas que des plages présentées dans cette thématique. On trouve aussi des chutes en pleine nature ainsi que des rivières qu'on peut parcourir en canot ou en kayak de plaisance.

En pleine nature

Espaces verts, sites naturels, parcs urbains ou nationaux, la thématique «En pleine nature» donne des idées de sorties pour faire de la marche, de la randonnée pédestre ou encore du ski de fond et de la raquette en hiver. Que ce soit au mont Saint-Hilaire, à Saint-Donat ou sur le mont Royal, la nature vous appelle.

À la campagne

Nombre de citadins se dirigent régulièrement vers la campagne pour prendre un bon bol d'air, rouler sur d'agréables chemins et goûter aux produits des récoltes. Vous trouverez sous cette thématique des idées de sorties dans des centres équestres, des vergers, des fermes d'élevage et des cabanes à sucre, entre autres.

Beau temps, mauvais temps

Visiter Montréal et les alentours en pleine canicule n'est pas forcément agréable. Quand il pleut ou quand il fait très froid non plus, d'ailleurs. Alors, pourquoi ne pas poursuivre votre périple bien à l'abri, à parcourir un musée ou à essayer un nouveau sport intérieur? C'est dans cette thématique que vous retrouverez les attraits qui ne vous obligent pas d'être à l'extérieur.

À vélo

Le réseau de pistes cyclables est aujourd'hui très développé, et il permet de découvrir de nouveaux endroits chaque week-end si vous le désirez. Certaines pistes, tout en asphalte, sont partagées avec les patineurs. D'autres, plus larges et s'enfonçant en forêt, ressemblent davantage à des sentiers pédestres ou même à d'anciens chemins de ferme. Bref, «il y en a pour tous les goûts», pour reprendre l'expression consacrée.

Festivals

Tout le monde connaît le Festival international de jazz de Montréal (FIJM), qui se déroule au centre-ville de Montréal, chaque année, à la fin juin et au début juillet. Impossible de rater ce méga-événement car, durant le festival, les grands quotidiens, la radio et la télé en parlent abondamment.

Toutefois, cet événement de grande envergure ne devrait pas nous faire perdre de vue que plusieurs autres festivals et événements demeurent encore méconnus de plusieurs d'entre nous. Il s'agit souvent de fêtes populaires qui sont établies depuis plusieurs années. Souvent peu couvertes par les médias, elles rejoignent tout de même pas mal de gens, notamment les familles. Nous avons sélectionné plusieurs de ces fêtes, festivals ou événements à découvrir.

Pour chaque sortie

Nous avons indiqué pour chaque sortie les activités que l'on peut pratiquer sur place, que ce soit en été ou en hiver, ainsi que les renseignements pertinents (échelle de prix, horaire, comment s'y rendre, services offerts, etc.).

Dans ce guide, une échelle générale de prix (voir ci-dessous) est utilisée pour les sorties. Ces prix s'appliquent pour une personne, sans les taxes, et, à moins d'avis contraire, correspondent aux prix d'entrée. L'abréviation *tlj* désigne les lieux qui sont ouverts tous les jours, mais il est toujours préférable de vérifier les heures d'ouverture avant de se déplacer, car l'accessibilité aux activités de plein air dépend souvent de la température.

G	Gratuit
$	1$ à 10$
$$	11$ à 20$
$$$	plus de 20$

Pour vous aider à faire un choix...

Temps de déplacement

Une carte générale (voir la deuxième de couverture) permet de voir d'un seul coup d'œil les villes mentionnées dans le guide et surtout de savoir quel est le temps de déplacement approximatif pour s'y rendre en voiture. Ce temps est calculé à partir de Montréal et ne tient pas compte des ralentissements dus à la densité de la circulation (période de pointe, travaux, accidents).

Des cartes régionales

Au début de chaque chapitre, une carte régionale indique encore une fois les villes mentionnées dans le guide. Une liste associée à cette carte indique les sorties à faire dans chaque ville et les pages où vous en retrouverez la description détaillée.

Exemple :

Granby

Centre d'interprétation de la nature du lac Boivin (voir p. 174)

Parc national de la Yamaska (voir p. 169)

Zoo de Granby (voir p. 191)

Des listes des meilleurs endroits

Pour choisir la sortie qui vous convient, consultez nos listes thématiques en début d'ouvrage : pour lâcher son fou, pour pique-niquer, pour voir des animaux, pour se balader avec son chien, entre autres.

Deux index

Afin de faciliter la recherche de sorties, deux index ont été ajoutés à la fin du guide. Le premier (voir p. 227) permet de faire une recherche **par activités** (par exemple, la randonnée pédestre ou le ski de fond) et de connaître les endroits où il est possible de les pratiquer. Le deuxième (voir p. 236), classé **par noms de lieux**, permet de repérer les sites recherchés (par exemple, le parc national d'Oka).

Pauses gourmandes

À la fin du guide, un carnet d'adresses regroupe des suggestions de restaurants où casser la croûte en famille, entre amis ou en couple.

Les prix qui y sont mentionnés s'appliquent à un repas du soir pour une personne, excluant les boissons, les taxes et le pourboire, sauf dans le cas d'un établissement qui n'est ouvert que le matin et/ou le midi. D'ailleurs, souvenez-vous que, le midi, la plupart des établissements proposent un menu plus économique.

$	moins de 15$
$$	de 15$ à 25$
$$$	de 26$ à 50$
$$$$	plus de 50$

Note au lecteur

Les renseignements contenus dans ce guide ont été vérifiés avec soin. Toutefois, les services et activités mentionnés sont sujets à changement, ce qui est hors de notre contrôle. Nous vous suggérons de vérifier l'information avant le départ.

Certaines activités (entre autres les parcours d'aventure en forêt) nécessitent une taille ou un âge minimal. Nous les avons indiqués autant que possible, mais n'hésitez pas à contacter l'établissement en cas de doute.

À PROPOS DE L'AUTEUR

Depuis 25 ans, Alain Demers sert de guide au public par ses chroniques à la télé et à la radio ou encore au *Journal de Montréal*. *On va où aujourd'hui? 150 sorties à Montréal et environs* est son 11ᵉ livre. Ses domaines privilégiés sont le tourisme, la nature et le plein air.

À ma fille Anaëlle, qui à 4 ans anticipait déjà avec plaisir nos escapades en demandant «On va où aujourd'hui?», d'où le titre du livre.

Alain Demers

MONTRÉAL

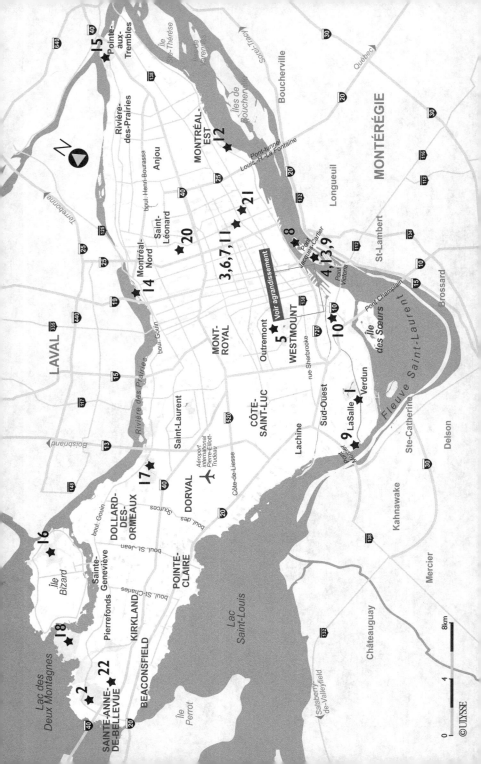

Île de Montréal *(voir carte sur la page ci-contre)*

1. **Aquadôme** (voir p. 56)
2. **Arboretum Morgan** (voir p. 44)
3. **Biodôme** (voir p. 62)
4. **Biosphère** (voir p. 58)
5. **Cimetière Mont-Royal** (voir p. 43)
6. **Insectarium** (voir p. 54)
7. **Jardin botanique de Montréal** (voir p. 67)
8. **La Ronde** (voir p. 27)
9. **Lieu historique national du Canal-de-Lachine** (voir p. 47)
10. **Musée Stewart** (voir p. 51)
11. **Observatoire de la Tour de Montréal** (voir p. 50)
12. **Parc de la Promenade Bellerive** (voir p. 26)
13. **Parc Jean-Drapeau** (voir p. 28)
14. **Parc-nature de l'Île-de-la-Visitation** (voir p. 45)
15. **Parc-nature de la Pointe-aux-Prairies** (voir p. 34)
16. **Parc-nature du Bois-de-l'Île-Bizard** (voir p. 36)
17. **Parc-nature du Bois-de-Liesse** (voir p. 39)
18. **Parc-nature du Cap-Saint-Jacques** (voir p. 32)
19. **Plage de l'île Notre-Dame** (voir p. 28)
20. **Site cavernicole de Saint-Léonard** (voir p. 64)
21. **Trapezium** (voir p. 52)
22. **Zoo Écomuseum** (voir p. 38)

Centre-ville *(voir carte aux pages suivantes)*

1. **Atrium Le 1000 de La Gauchetière** (voir p. 63)
2. **Centre des sciences de Montréal** (voir p. 60)
3. **CinéRobothèque de l'ONF** (voir p. 59)
4. **Grande Bibliothèque** (voir p. 66)
5. **Labyrinthe du hangar 16** (voir p. 55)
6. **Le Bateau-Mouche** (voir p. 31)
7. **Musée McCord d'histoire canadienne** (voir p. 57)
8. **Parc du Mont-Royal** (voir p. 40)
9. **Planétarium de Montréal** (voir p. 65)
10. **Pointe-à-Callière, Musée d'archéologie et d'histoire de Montréal** (voir p. 53)
11. **Tam-tams du mont Royal** (voir p. 69)

PLATEAU MONT-ROYAL

rue Rachel

rue Roy

av. des Pins E.

av. Coloniale

rue De Bullion

av. de l'Hôtel-de-Ville

av. Henri-Julien

av. Laval

rue Drolet

rue Saint-Dominique

boulevard Saint-Laurent

rue Sherbrooke E.

Saint-Norbert

Ontario

Square
Saint-Louis

ITHQ

SHERBROOKE

av. De Châteaubriand

rue Saint-Christophe

rue Bousquet

rue Cherrier

rue Sherbrooke E.

av. du Parc-La Fontaine

*Parc
La Fontaine*

rue Champlain

av. Papineau

138

rue Sanguinet

rue Saint-Denis

rue Berri

rue Saint-Hubert

rue Saint-Christophe

rue Saint-André

rue Saint-Timothée

rue Amherst

rue Wolfe

rue De Montcalm

rue Beaudry

Ontario

QUARTIER
LATIN

3 ★

★ 4

*Grande
Bibliothèque*

Station
Centrale

rue Robin

boul. De Maisonneuve E.

**SAINT-
LAURENT**

UQAM

UQAM

**BERRI-
UQAM**

Place
Dupuis

BEAUDRY

LE VILLAGE

rue Sainte-Catherine E.

UQAM

UQAM

rue Saint-André

rue Amherst

rue Wolfe

rue De Montcalm

rue Beaudry

rue de la Visitation

rue Panet

rue Plessis

rue Alexandre Desève

rue Champlain

av. Papineau

boul. René-Lévesque E.

boul. Saint-Laurent

H *Hôpital
Saint-Luc*

rue Saint-Hubert

*Maison de
Radio-Canada*

rue De La Gauchetière

av. Viger E.

720

**CHAMP-
DE-MARS**

Square Viger

av. Viger

autoroute Ville-Marie

Champ-de-Mars

rue Saint-Antoine E.

rue Saint-Louis

rue du Champ-de-Mars

rue Berri

rue Notre-Dame E.

*Palais de
justice*

*Ancien
palais de
justice*

Hôtel de Ville

rue Notre-Dame E.

*Lieu historique national
Sir-George-
Etienne-Cartier*

*Édifice
Ernest-
Cormier*

boul. St-Laurent

rue St-Jean-Baptiste

rue St-Dizier

Ste-Thérèse

*Place
Jacques-
Cartier*

*Musée du
Château Ramezay*

rue Saint-Paul Est

*Marché
Bonsecours*

*Chapelle
Notre-Dame-
de-Bon-Secours*

rue de la Commune

*Bassin
Bonsecours*

★ 5

*Bassin
de l'Horloge*

*Quai
de l'Horloge*

*Tour de
l'Horloge*

Quais du Vieux-Port

6 ★

VIEUX-PORT

★ 2

*Bassin
Jacques-Cartier*

*Quai
King-Edward*

*Quai des
Convoyeurs*

*Île Sainte-Hélène
(en saison)*

*Quai Jacques-
Cartier*

Fleuve Saint-Laurent

Longueuil
(en saison)

0   250   500m

Au bord de l'eau

Montréal

Montréal-sur-Mer au parc de la Promenade Bellerive

Parc de la Promenade Bellerive
8300 rue Bellerive
514-493-1967
www.promenadebellerive.com

Sentier pédestre
2 km

Piste cyclable
2 km

Chiens
acceptés si tenus en laisse

Activités sur place
pêche, pique-nique

Pour se prélasser au bord de l'eau, beaucoup de Montréalais et de visiteurs dans la métropole iront spontanément au Vieux-Port ou au parc Jean-Drapeau. Trop souvent, on oublie qu'au parc de la Promenade Bellerive, il y a 2 km de berges pour relaxer et se promener.

Un sentier pédestre, parallèle à une piste cyclable, longe la rive du Saint-Laurent sur 2 km. Dans l'est du parc, à partir du quai ou du belvédère couvert, vous avez un superbe point de vue sur le fleuve et les îles de Boucherville.

Détente

Dans la plaine de gazon égayée de quelques arbres, certains sont installés sur une couverture et pique-niquent alors que d'autres bavardent assis confortablement sur une chaise pliante. Curieusement, en bas du coteau, la rive est déserte. On y a vraiment la paix.

Sur le quai flottant, près du pavillon d'accueil, il y a souvent des pêcheurs.

Comment s'y rendre / en voiture: par la rue Notre-Dame Est puis la rue Lebrun / en transport en commun: métro Honoré-Beaugrand, puis autobus 185 Est / à vélo: par la piste cyclable de la rue Notre-Dame

Prix d'entrée / (G)

Stationnement / (G) / dans les rues voisines

Navette fluviale / vers le parc national des Îles-de-Boucherville, les week-ends et les jours fériés, 10h à 17h

Horaire / tlj, du lever du soleil à minuit

Ils lancent paresseusement leur ligne et attrapent de la perchaude, mais aussi du brochet et du doré.

Si vous voulez apporter votre canne à pêche, n'oubliez pas votre permis du Québec. Il est obligatoire. Vous pouvez vous le procurer dans une boutique d'articles de pêche. Profitez-en pour prendre la brochure des règlements de pêche afin de connaître les saisons légales, selon les espèces. Il est plus facile de vous détendre si vous savez que vous êtes en règle…

Montréal

Une journée à La Ronde

La Ronde
Île Ste-Hélène
514-397-2000
www.laronde.com
www.montrealfeux.com

Activités sur place
manèges

Avec quelque 40 manèges, La Ronde, aménagée à l'occasion de l'Exposition universelle de 1967, est désormais le parc d'attractions le plus important de l'est du Canada.

Pour toute la famille

Les manèges, répartis en quatre grandes catégories (familles, intermédiaires, sensations fortes et panoramique), procureront du plaisir à tout un chacun. Il faut par contre savoir que, pour une famille de quatre, le prix peut s'avérer exorbitant. Vous pouvez apporter votre lunch (les glacières rigides sont interdites), ce qui vous évitera de vous tourner vers la restauration sur place, une économie à ne pas négliger.

Le dernier-né des manèges est l'Ednör–L'attaque, qui consiste en des montagnes russes qui ont pour thématique les monstres marins. Il permet de faire cinq inversions, le tout animé d'effets spéciaux. Naturellement, il s'agit d'un manège à sensations fortes.

Quant au Pays de Ribambelle, il permet aux tout-petits d'avoir, eux aussi, bien du plaisir. Pensez à apporter la poussette, car, après une telle journée, ils s'endormiront avant même que vous ne soyez sorti du site.

La Ronde est extrêmement populaire, et des hordes de visiteurs se ruent littéralement vers les manèges pendant les belles journées estivales. L'idéal est de s'y rendre tôt le matin, en semaine, avant la fin des classes.

L'International des Feux Loto-Québec

Concours international d'art pyrotechnique, l'International des Feux Loto-Québec présente les meilleurs artificiers du monde, qui proposent des spectacles pyromusicaux d'une grande qualité. Les représentations ont lieu à 22h les samedis et certains mercredis de la fin juin à la fin juillet. On peut alors apprécier les innombrables fleurs de feux qui colorent pendant une demi-heure le ciel de leur ville.

Comment s'y rendre / en voiture: par le pont Jacques-Cartier, sortie parc Jean-Drapeau, à gauche sur l'île Sainte-Hélène / en transport en commun: métro Jean-Drapeau, puis autobus 167 / à vélo: depuis le Vieux-Port de Montréal ou depuis les écluses de Saint-Lambert sur la Rive-Sud / en bateau (en été): navette maritime entre le Vieux-Port et l'île Ste-Hélène

Prix d'entrée / ($$$)

Stationnement / ($$)

Horaire / mi-mai à fin oct tlj

Montréal

Une plage au pied des gratte-ciel au parc Jean-Drapeau

Plage de l'île Notre-Dame
parc Jean-Drapeau
514-872-2323
www.parcjeandrapeau.com

Trajet à vélo
île Notre-Dame et île Sainte-Hélène

Distance totale
21 km, aussi accessible en patins sauf une section de l'île Sainte-Hélène

Liens cyclables
axe nord-sud (voir p. 49) et rue de la Commune au Vieux-Port, canal de Lachine (voir p. 47) et écluses de Saint-Lambert sur la Rive-Sud

Activités sur place
baignade, canot, kayak, pédalo, volleyball, jeux pour enfants, vélo

Aller à la plage en métro, voilà qui n'est pas banal. Située sur l'île Notre-Dame, près du centre-ville de Montréal, la plage du parc Jean-Drapeau peut accueillir 5 000 personnes. Vous préférez y aller à vélo? Toutes les pistes cyclables, ou presque, mènent au parc Jean-Drapeau. Difficile donc de résister à l'appel de ce grand terrain de jeux au cœur du fleuve Saint-Laurent.

Eau cotée A

Chose étonnante, la qualité de l'eau s'avère excellente pour la baignade. Comment cela est-il possible? L'eau en provenance du Saint-Laurent passe par des bassins filtreurs et par des bacs de sable. Comme un tel système ne serait sans doute pas suffisant pour empêcher la prolifération de coliformes à même les rives, la plage fait l'objet d'un contrôle des goélands.

Ces oiseaux, à qui les baigneurs donnent souvent à manger pour s'amuser, s'avèrent très souvent la principale source de contamination des plages. Un système d'effarouchement a donc été installé. Il consiste à faire fuir les goélands par le bruit, à savoir par des cris de rapaces et par des détonations. Rassurez-vous, tout ce branle-bas de combat se fait en dehors des heures d'activité de la plage. Enfin, pour empêcher les goélands de se poser sur les rives, de nombreux fils ont été suspendus à l'horizontale.

Sur le lac

Sur les quais du Pavillon des activités nautiques, près du Casino, sont empilés et bien rangés kayaks et canots. Une impressionnante flotte de dériveurs et de pédalos y sont amarrés. Comme le centre de location se trouve un peu en retrait de la plage, beaucoup de gens en ignorent l'existence.

Une simple balade en pédalo constitue une source de découvertes, si vous vous donnez la peine de bien regarder autour de vous, en longeant lentement les rives. À travers les algues se faufilent des bancs de crapets-soleil. Des saules majestueux laissent ployer leurs branches jusqu'à la surface de l'eau. À même une structure de métal sont accrochés des nids d'hirondelles. Pour prolonger l'exploration, engagez-vous dans les lagunes qui s'étirent sur 2 km. Les canaux sillonnent les jardins exotiques des Floralies.

Un peu rigide

Une ombre au tableau: le zèle de certains patrouilleurs. En contournant le Casino, si vous passez sous les petites chutes, vous pourriez vous faire avertir des prétendus dangers de couler, même si vous portez votre gilet de sauvetage. De plus, ne pensez pas aller dans les lagunes durant l'heure qui précède la fermeture. Même si vous vous trouvez à seulement 10 min du quai, un patrouilleur pourrait bien venir vous voir en bateau motorisé pour vous rappeler qu'il est temps de revenir.

Autre point à souligner: contrairement à la majorité des plages situées dans des parcs, les appareils personnels de cuisson comme les barbecues portatifs y sont interdits.

Ces petits inconvénients n'empêchent pas des milliers de personnes de venir se rafraîchir durant la période de canicule. Une plage propre à Montréal, facile d'accès par les transports en commun, c'est tout de même bienvenu.

Bouchon de circulation à vélo

L'axe nord-sud, rue Berri, rejoint le Vieux-Port. La piste de la rue de la Commune mène, 2 km plus à l'ouest, à celle du canal de Lachine. De là, il suffit alors de mettre le cap sur la Cité du Havre. Par moments, on a l'impression que tous les cyclistes de l'île de Montréal aboutissent en même temps à cette intersection. Mais heureusement, la circulation redevient normale à la hauteur d'Habitat 67. Sur le pont de la Concorde, ne roulez pas trop vite. Prenez la peine d'admirer le superbe panorama du Vieux-Port, entouré par les gratte-ciel du centre-ville.

Île Notre-Dame

À l'île Notre-Dame, cyclistes et patineurs cohabitent joyeusement. Plus que n'importe où ailleurs. La piste, plutôt large, permet d'accueillir tout le monde.

Le circuit Gilles-Villeneuve, avec sa surface lisse, fait le bonheur des patineurs. Mais à vélo, c'est très ordinaire comme parcours. C'est plus agréable de rouler le long du fleuve ou dans les jardins des Floralies, au bord des lagunes.

Île Sainte-Hélène

Un petit détour par l'île Sainte-Hélène s'impose, en prenant le pont des Îles. Une piste en poussière de roche surplombe le chenal, jusqu'à la passerelle du Cosmos, près de la Biosphère. La route du Tour-de-L'Isle se laisse aussi apprivoiser à vélo. Rien ne vous oblige à rebrousser chemin. Pour retourner au Vieux-Port, vous avez le loisir de prendre la navette fluviale au débarcadère à l'ouest, près du stationnement (P8). La traversée ne dure que 10 min, mais, sur le pont, vous vous sentirez vraiment en voyage.

Comment s'y rendre / en voiture: par l'autoroute Bonaventure, puis le pont de la Concorde; ou par le pont Jacques-Cartier, sortie parc Jean-Drapeau, à gauche sur l'île Sainte-Hélène (chemin Macdonald), puis la passerelle du Cosmos ou le pont des Îles / en transport en commun: métro Jean-Drapeau, puis autobus 167 / à vélo: depuis le Vieux-Port de Montréal ou depuis les écluses de Saint-Lambert sur la Rive-Sud

Prix d'entrée / ($)

Autres tarifs / piscines ($)

Frais de stationnement / ($-$$)

Service de location / ($) / canots, kayaks, pédalos deux ou quatre places

Autres services / casse-croûte, vestiaire, aire de jeux pour les enfants, terrains de volleyball, Biosphère (voir p. 58), Casino, Musée Stewart (voir p. 51)

Horaire / plage: mi-juin (après le Grand Prix F-1 du Canada) à la troisième semaine d'août (avant le NASCAR), tous les jours, 10h à 19h / vélo: du 1er mai au 15 novembre

Montréal

Croisière sur le fleuve en bateau-mouche

Le Bateau-Mouche au Vieux-Port de Montréal
Quai Jacques-Cartier
514-849-9952 ou 800-361-9952
www.bateaumouche.ca

Activités sur place
croisières

Du Vieux-Port, on peut faire une excursion sur le fleuve Saint-Laurent à bord du Bateau-Mouche, pourvu d'un toit vitré.

Le long du fleuve Saint-Laurent

Ces agréables visites commentées d'une durée de 1h ou 1h30 permettent de voir certains attraits de la métropole tels que Habitat 67, l'île Sainte-Hélène, le Stade olympique, la Biosphère et le pont Jacques-Cartier.

Comme le Bateau-Mouche utilise un faible tirant d'eau, il peut emprunter des voies inaccessibles aux autres types de bateaux, ce qui procure des points de vue uniques.

Il faut se présenter au moins une demi-heure avant les heures de départ indiquées. Le Bateau-Mouche propose aussi, le soir, des croisières avec repas (5 services) et soirée dansante.

Une façon originale de voir Montréal!

Comment s'y rendre / en voiture: intersection de la rue de la Commune et du boulevard Saint-Laurent / en transport en commun: métro Champ-de-Mars

Prix d'entrée / ($-$$$)

Services / casse-croûte

Horaire / mi-mai à mi-oct tlj; croisière de 60 min à 11h, 14h30 et 16h; croisière de 90 min à 12h30

Montréal

De magnifiques points de vue au parc-nature du Cap-Saint-Jacques

Parc-nature du Cap-Saint-Jacques
chalet d'accueil: 20099 boul. Gouin
O., Pierrefonds
514-280-6871
www.ville.montreal.qc.ca/parcs-nature

**Ferme écologique du parc-nature
du Cap-Saint-Jacques**
183 ch. du Cap-St-Jacques
Pierrefonds
514-280-6743
www.d3pierres.com

Sentiers pédestres
8,7 km

Chiens
acceptés si tenus en laisse

Activités sur place
balade en charrette, équitation, pique-nique, observation des animaux, baignade, canot, kayak

Vers la fin de la journée, sur la plage du parc-nature du Cap-Saint-Jacques, alors que tout le monde ou presque a quitté les lieux, une étonnante transformation se produit. Le paysage, qu'on remarque à peine durant l'après-midi, devient tout à coup l'endroit rêvé pour se retrouver seul au monde mais en bonne compagnie.

Le soleil couchant, tout rose dans un ciel violacé, descend lentement derrière les montagnes. Très lentement même car droit devant, c'est l'horizon presque sans fin sur le lac des Deux Montagnes. De petites vagues se brisent sur les roches avec un doux clapotis. Pour l'ambiance et la beauté, les couchers de soleil à la plage du Cap-Saint-Jacques n'ont pas leur pareil. Et dire qu'elle se trouve tout juste à l'extrémité ouest de l'île de Montréal!

Clin d'œil

Visiteurs particuliers

Si vous mangez là à la fin de l'après-midi, attendez-vous à avoir de la visite. Comme des chiens qui attendent des restes de table, des ratons laveurs s'assoient autour ou se perchent dans les arbres et attendent un moment d'inattention de votre part pour vous dérober un morceau de sandwich.

Il est tentant de les nourrir, mais mieux vaut s'abstenir pour éviter des morsures. Si vous voyez un raton laveur, mieux vaut le laisser tranquille et le regarder, pour le plaisir.

Petite et intime

Même si la superficie modeste de la plage ne permet pas d'accueillir plus de 1 500 baigneurs, sa localisation dans une baie entourée d'une petite forêt en fait un lieu retiré et paisible. Quand vous en avez assez du soleil, vous n'avez qu'à vous réfugier sous les arbres, tout près, pour lire un peu. Des tables de pique-nique se trouvent un peu partout sur la rive boisée, jusqu'au bout de la pointe, où se dresse le Château Gohier.

Coups d'aviron

Lors d'un bain de soleil, si l'explorateur en vous se réveille tout d'un coup, louez un canot ou un kayak de plaisance pour vous balader dans les alentours. Au sud, la baie est bordée de plantes aquatiques. Un petit chenal se fait invitant, mais mieux vaut poursuivre sa route. Il s'agit d'une aire protégée durant la ponte des tortues géographiques, une espèce rare chez nous.

En quelques coups d'aviron, vous vous retrouvez sur le lac des Deux Montagnes. Comme il s'agit d'un grand plan d'eau et qu'il vente souvent, mieux vaut doser vos énergies pour avoir encore de la force au retour. Ici et là, sur les rives boisées, apparaissent quelques maisons. Des véliplanchistes filent sur le lac à vive allure. Au loin, de l'autre côté du lac, se dressent les collines d'Oka. Jamais on ne se croirait à Montréal.

Clin d'œil

Même en plein cœur de l'après-midi, vous avez encore le temps de vous rendre à la ferme écologique du parc-nature du Cap-Saint-Jacques pour vous sentir à la campagne, ne serait-ce que pour une heure ou deux.

Une ferme à Montréal

La ferme écologique du parc-nature du Cap-Saint-Jacques est de plus en plus populaire, surtout auprès des familles. Quand il fait beau, il arrive même que le stationnement soit complet, ce qui oblige les visiteurs à garer leur voiture le long de la petite route.

Comment s'y rendre / en voiture: autoroute 40 Ouest, sortie 41, chemin Sainte-Marie / à vélo: par le boulevard Gouin Ouest / en transport en commun: métro Henri-Bourassa, puis autobus 69 (direction ouest) et autobus 68; ou métro Côte-Vertu, puis autobus 64 et autobus 68; faire ensuite 2 km à pied

Prix d'entrée / (G)

Autres tarifs / plage ($), promenades en charrette ($)

Stationnement / ($)

Service de location / ($$) / kayaks, canots et pédalos

Autres services / casse-croûte, boutique

Horaire / parc tlj 10h à 16h, plage mi-juin à fin août tlj 10h à 19h

Cette ferme est unique pour d'autres raisons. Gérée par la Corporation D-Trois-Pierres, elle fait travailler des jeunes en réinsertion sociale.

Mais qu'est-ce qui attire autant les gens? Plusieurs choses dont le tour de la ferme en charrette à foin tirée par un tracteur. Ces promenades de 20 min ont lieu toute la journée.

À l'étable, une quinzaine d'espèces animales dont des émeus viennent nous dire bonjour. Tout près, quelques vaches Holstein broutent du foin. Des bambins caressent les moutons, alors que d'autres admirent les lapins. L'étable, bien entretenue, a beau être petite, on y passe un bon moment.

Juste à côté, un enclos, avec une cabane et un étang, abrite des oies et des canards. À

quelques pas, des vaches écossaises attirent les regards. Ces bovins rappellent, par leurs longs poils laineux, les bœufs musqués qui vivent dans le Grand Nord. Leurs longues cornes impressionnent.

Une jolie maison de briques rouges loge un magasin général, comme on l'appelle à la ferme. Il s'agit plutôt d'une petite boutique, remplie de pièces d'artisanat et de produits de la ferme.

Il y a des couronnes de fleurs séchées, de la poterie et toutes sortes de petits accessoires décoratifs faits à la main. Peut-être vous laisserez-vous tenter par des produits maison, comme du pesto ou des betteraves marinées.

Voilà qui n'est pas banal pour une ferme située au bout du boulevard Gouin.

Montréal

Des chevreuils au parc-nature de la Pointe-aux-Prairies

Parc-nature de la Pointe-aux-Prairies
Pavillon des marais
12300 boul. Gouin E.
514-280-6688

Chalet d'accueil Héritage
14905 rue Sherbrooke E.
514-280-6691
www.ville.montreal.qc.ca/parcs-nature

GUEPE
514-280-6829
www.guepe.qc.ca

Sentiers pédestres
15 km

Piste cyclable
14,3 km

Chiens
acceptés si tenus en laisse

Activités sur place
randonnée pédestre, vélo, pique-nique, observation des chevreuils, ornithologie

Rue Sherbrooke Est, passé les raffineries de pétrole, un panneau routier jaune avertit les automobilistes du passage nocturne des chevreuils. Ce n'est pas un canular. Il y a bel et bien des chevreuils (cerfs de Virginie) dans l'est de Montréal.

D'où viennent-ils?

Même ceux qui fréquentent déjà le parc-nature vont rarement dans le secteur entre la rue Sherbrooke et l'autoroute 40, là où se tiennent souvent les chevreuils. Malgré la proximité de la civilisation, ce milieu naturel correspond à l'habitat typique du chevreuil: des champs en friche et de petits boisés.

Les bêtes proviennent vraisemblablement du parc national des Îles-de-Boucherville et de la Rive-Sud; elles auraient traversé le fleuve Saint-Laurent à la nage ou sur la glace. Au cours des 10 dernières années, plusieurs hivers peu enneigés ont favorisé la survie des chevreuils dans le sud du Québec, au point qu'ils se sont multipliés et se sont répandus là où l'on n'en voyait plus depuis longtemps.

Dans le parc-nature de la Pointe-aux-Prairies, d'une superficie de 2,5 km², il y en aurait une bonne vingtaine selon les guides-interprètes des randonnées sur le site, organisées par le Groupe uni des éducateurs-naturalistes et professionnels en environnement (GUEPE). Mais il y en a sans doute beaucoup plus qui passent par là. Après tout, les bêtes ne sont pas captives, et elles peuvent provenir des boisés et des champs des alentours, malgré le développement résidentiel.

Signes de présence

En observant attentivement la flore le long des sentiers, vous décèlerez des signes de la présence des chevreuils. Autour du chalet d'accueil Héritage, les branches des sapins et des cèdres à la portée des chevreuils ont été broutées et dépouillées. Les conifères, rappelons-le, sont très recherchés comme nourriture par ces cervidés en hiver.

C'est en fin d'après-midi, au moment où ces bêtes sont plus actives, que vous avez le plus de probabilités d'en voir. En plein été, la végétation abondante permet aux bêtes de se camoufler. Mais avant la pousse des feuilles au printemps, ainsi

Clin d'œil

Puisque les chevreuils préfèrent les boisés morcelés de la plaine du Saint-Laurent aux grandes forêts matures, vous avez plus de chances d'en voir dans le parc-nature de la Pointe-aux-Prairies que dans la majorité des parcs nationaux.

qu'en automne et en hiver, votre champ de vision porte plus loin.

En hiver, il est aussi plus facile de déceler des signes de présence, comme des pistes et du crottin. C'est pourquoi les randonnées guidées ont généralement lieu durant cette période.

Bien entendu, il faut toujours un peu de chance pour voir les chevreuils. Après tout, ce sont des bêtes sauvages. Mais marcher dans un petit boisé en sachant qu'il est habité par des chevreuils, c'est déjà quelque chose de formidable. Surtout dans l'est de Montréal!

Des étangs à l'ombre des raffineries

La situation frise l'ironie: les seuls étangs naturels préservés à Montréal se trouvent à l'ombre des raffineries de l'est de l'île. Situés dans le parc-nature de la Pointe-aux-Prairies, ils sont faciles d'accès par un sentier.

Mieux encore, une passerelle s'avance au beau milieu d'un des marais. Vous avez le loisir de vous asseoir longuement sur un banc de bois, profondément marqué des initiales des amoureux de passage.

Devant, dans l'étang, il n'est pas rare de voir s'ébattre une bonne vingtaine de canards sauvages. De grands hérons viennent souvent se percher dans les arbres tout autour.

Pavillon des marais

Les étangs se trouvent à seulement quelques minutes de marche du Pavillon des marais, le chalet d'accueil de ce secteur du parc, situé près de la rivière des Prairies. Du haut d'une terrasse, vous avez une vue superbe sur les étangs entourés de champs et de petites forêts.

Comment s'y rendre / en voiture: autoroute 40, sortie 87 (vers l'est) ou sortie 89 (vers l'ouest) vers la rue Sherbrooke Est, puis suivre les indications vers le parc-nature (chalet d'accueil Héritage); autoroute 40, sortie 85, boulevard Saint-Jean-Baptiste direction nord, puis à droite jusqu'au boulevard Gouin (Pavillon des marais) / en transport en commun: métro Honoré-Beaugrand, puis autobus 189 Est (chalet d'accueil Héritage); ou métro Henri-Bourassa, puis autobus 48 et autobus 183 (Pavillon des marais) / à vélo: par la piste cyclable de la rue Notre-Dame (chalet d'accueil Héritage); par la piste cyclable du boulevard Gouin Est (Pavillon des marais)

Prix d'entrée / (G)

Autres tarifs / excursions guidées ($) avec les guides-interprètes du Groupe uni des éducateurs-naturalistes et professionnels en environnement (GUEPE). Sur réservation seulement.

Stationnement / ($)

Services / aires de pique-nique

Horaire / tlj, du lever au coucher du soleil

Montréal

En vélo ou à pied
au parc-nature du Bois-de-l'Île-Bizard

Parc-nature du Bois-de-l'Île-Bizard
2115 ch. du Bord-du-Lac
L'Île-Bizard
514-280-8517
www.ville.montreal.qc.ca/parcs-nature

Sentiers pédestres et voies cyclables
12 km dont 6,9 km sont partagés avec les cyclistes

Chiens
acceptés si tenus en laisse

Activités sur place
randonnée pédestre, vélo, pique-nique, canot, kayak, pêche, baignade

Dans l'ouest de l'île de Montréal, le parc-nature du Bois-de-l'Île-Bizard enchante avec ses marais, ses érablières et ses chemins cyclables. Aucun autre circuit n'est à la fois aussi sauvage et facile d'accès. Même si le parc est un secret de plus en plus difficile à garder, il n'y a pas trop de monde. Probablement est-ce dû au fait qu'aucune piste cyclable ne mène au parc-nature.

Marcher ou rouler sur un marais

Le réseau de chemins en poussière de roche, dont 6,9 km sont partagés entre les marcheurs et les cyclistes, fait 12 km. Le point de départ idéal de votre balade, c'est le chalet d'accueil. De là, vous traversez le chemin du Bord-du-Lac pour vous enfoncer dans les boisés.

Après quelques minutes, une passerelle d'un demi-kilomètre traverse un marais. Les pieds bien au sec, vous voyez, souvent juste à vos pieds, des canards colverts qui barbotent ou encore des tortues qui se font chauffer au soleil sur une branche flottante.

Des hirondelles au vol erratique pourchassent des insectes. Parfois, un castor passe à la nage. Partout, vous entendez les cris tapageurs des carouges à épaulettes. Que de vie en ces lieux, si calmes à première vue!

Cet endroit n'a pas son pareil pour observer la vie qui bat dans les marais. Aucun

Clin d'œil

Rouler sur la passerelle au cœur du marais procure une grisante sensation de vitesse. Mais si vous voulez voir et entendre la vie qui bat, mieux vaut pédaler lentement, voire même vous arrêter de temps à autre.

parc national n'abrite un site aussi remarquable.

Mais attention, le marais ne se livre pas toujours au premier regard. Sur la passerelle, il faut prendre le temps de s'appuyer sur la rampe, scruter les alentours et écouter.

Sinon, vous ne voyez rien. Et vous avez l'impression qu'il n'y a rien. Mais si vous portez vraiment attention, le marais se révèle.

Comment s'y rendre / en voiture: autoroute 40 Ouest, sortie boulevard Saint-Jean (nord), boulevard Pierrefonds (à gauche), boulevard Jacques-Bizard (à droite) / à vélo: par la piste du boulevard Gouin et le pont Jacques-Bizard / en traversier: par Laval-sur-le-Lac

Prix d'entrée / (G)

Stationnement / ($)

Service de location / ($) / jumelle et guide d'observation des oiseaux

Autres services / aire de pique-nique

Horaire / tlj, du lever au coucher du soleil

Petits belvédères

Au bout de la passerelle, vous pénétrez dans une cédrière dense. Ça sent bon.

Puis vous croisez de petits marais bordés d'érables argentés. Le long du parcours, trois belvédères permettent de faire une pause et d'apprécier la beauté des lieux. Le petit belvédère Le grand héron permet d'observer l'oiseau du même nom survoler la mer de quenouilles, semblant nous saluer de ses grandes ailes.

Clin d'œil

Vous savez ce que j'aime de ce grand marais? C'est quand on ne s'attend à rien qu'il s'y passe quelque chose.

La piste grimpe lentement dans une érablière à hêtres. Des sentiers en boucle s'y faufilent. Très plaisant comme balade.

Montréal

La faune du Québec au Zoo Écomuseum

Zoo Écomuseum
21125 ch. Ste-Marie
Ste-Anne-de-Bellevue
514-457-9449
www.zooenville.ca

Animaux
plus de 115 espèces

Activités sur place
observation des animaux, pique-nique

Situé dans l'ouest de Montréal, le Zoo Écomuseum est un zoo bien spécial qui permet de voir de près plus de 115 espèces d'animaux originaires de la vallée du Saint-Laurent.

Animaux nocturnes

Le pavillon d'accueil comprend une section réservée aux bêtes nocturnes. On peut y admirer de magnifiques harfangs des neiges, hiboux et chouettes.

Une autre section permet de voir, en plein jour, des reptiles, des amphibiens et autres animaux nocturnes évoluer dans la pénombre.

Clin d'œil

Aucun autre endroit ne permet de voir en aussi peu de temps autant d'animaux du Québec.

Espèces variées

Une famille de trois ours noirs vit au zoo. La maman, Suzie, est née en 1985 et est arrivée à l'Écomuseum la même année.

Elle a eu deux oursons, Marge et Homer, qui vivent aussi au zoo. Leur père, Bear, est décédé en 2007 à l'âge de 24 ans, un âge normal pour un ours en captivité. Un couple de caribous des bois fait le bonheur des visiteurs. Comme elle adore les gens, Eenie, le caribou femelle, se précipite sur la porte lorsqu'elle voit les animaliers s'approcher. Elle est très curieuse et aime être parmi les humains. Tuk-Tuk, quant à lui, s'amuse à montrer sa grande force aux visiteurs en affrontant un jouet fabriqué avec ses bois de l'année précédente. Il lui arrive même de le briser. On peut aussi voir un renard arctique, un mâle dénommé Tipper.

Tous ces animaux font partie de la faune de l'Écomuseum déjà constituée de plusieurs espèces de canards, de rapaces, de poissons, de tortues ou autres. Les enfants ont de quoi avoir les yeux grands d'admiration et de curiosité. Pour une sortie en famille, on ne se trompe pas.

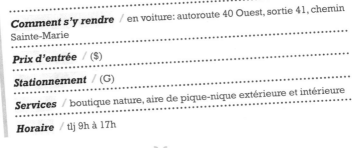

Comment s'y rendre / en voiture: autoroute 40 Ouest, sortie 41, chemin Sainte-Marie

Prix d'entrée / ($)

Stationnement / (G)

Services / boutique nature, aire de pique-nique extérieure et intérieure

Horaire / tlj 9h à 17h

Montréal

Pique-nique familial au parc-nature du Bois-de-Liesse

Parc-nature du Bois-de-Liesse
9432 boul. Gouin O. (maison Pitfield)
Pierrefonds
514-280-6729
www.ville.montreal.qc.ca/parcs-nature

Sentiers pédestres
12,2 km (dont 4,5 km en hiver)

Voies cyclables
8 km

Chiens
acceptés si tenus en laisse

Activités sur place
marche, pique-nique, ornithologie

Pour le premier pique-nique de l'année, le parc-nature du Bois-de-Liesse, situé à l'angle du boulevard Gouin et de l'autoroute 13, est tout indiqué. Autour des tables, juste derrière la maison Pitfield qui sert de chalet d'accueil, les oiseaux chantent le printemps. Des tourterelles tristes roucoulent. Des corneilles croassent.

Réveil printanier

À partir du chalet d'accueil, on a accès à un sentier de 3 km qui mène à travers champs et forêt de bois francs. Un petit arrêt s'impose au ruisseau Bertrand. Un pont le traverse. C'est tout simplement charmant.

Marchez lentement afin de ne pas effaroucher les oiseaux. Parmi la douzaine d'espèces rencontrées fréquemment, vous aurez peut-être le plaisir d'y voir et entendre un couple de cardinaux rouges. Quelle mélodie!

Champs animés

Chemin faisant, vous arriverez au chalet du secteur des Champs. Assis à une table de pique-nique, tout en sirotant votre boisson favorite, vous verrez probablement d'autres oiseaux comme un grand héron, des canards malards, des étourneaux ou des carouges à épaulettes.

Bois francs

Juste avant de pénétrer dans la vieille forêt de bois francs, il fait bon s'attarder un peu pour observer le va-et-vient des mésanges. Le long du sentier, quelques gros arbres morts, pleins de petits trous, indiquent que des pics viennent y extirper des insectes. Une piste fraîche signale qu'un renard vient de passer. Bref, il s'agit d'une petite balade bien agréable, pour saluer le retour du printemps.

Comment s'y rendre / en voiture: autoroute 13, puis boulevard Gouin Ouest / en transport en commun: métro Henri-Bourassa, puis autobus 69 Ouest et autobus 68 Ouest / à vélo: par le boulevard Gouin Ouest

Prix d'entrée / (G)

Stationnement / ($)

Service de location / ($-$$) / vélos

Horaire / tlj, du lever au coucher du soleil

Montréal

Redécouvrir le parc du Mont-Royal

Parc du Mont-Royal
Maison Smith
Les Amis de la montagne
1260 ch. Remembrance
514-843-8240, poste 240
www.lemontroyal.qc.ca

Sentiers pédestres
30 km dont 6,8 km partagés entre marcheurs et cyclistes

Pistes de ski de fond
20 km

Chemin Olmsted
6,8 km (accessible à pied aussi avec une poussette)

Chiens
acceptés si tenus en laisse

Activités sur place
pique-nique, pédalo, randonnée pédestre, ski de fond, patinage, glissade sur chambre à air

On parle toujours du mont Royal comme étant la cour de récréation des Montréalais. Mais à vrai dire, ce parc municipal de 2 km² constitue un site naturel surprenant, qui *mérite d'être exploré non seulement par les résidents de la métropole mais aussi par tous les Québécois.*

Bien entendu, les Montréalais sont déjà familiers avec le lac aux Castors, très populaire pour les pique-niques et les balades en pédalo. Ils aiment bien aussi admirer le point de vue sur la ville depuis le belvédère Camillien-Houde, à l'instar des nombreux touristes qui y font une halte lors des tours guidés en autocar.

Ce qui est beaucoup moins connu par contre, c'est la forêt de la montagne qui couvre près de la moitié du parc. En pleine canicule, les 100 000 arbres du territoire sont autant de parasols qui nous tiennent au frais. Et en plus, il n'y a pas de mouches noires ou de maringouins piqueurs pour nous harceler.

Panoramas

Si le belvédère Camillien-Houde et celui du chalet du Mont-Royal, le belvédère Kondiaronk, offrent un beau panorama sur la ville, les points de vue les plus saisissants se trouvent entre les deux, le long du sentier de l'Escarpement. Là, vous vous sentez vraiment au cœur de la montagne.

Le parcours longe des falaises rocheuses. Vous voyez la forêt dans toute sa splendeur, dominée par de gros érables à sucre et des chênes rouges majestueux. Ici et là, des trouées laissent entrevoir des gratte-ciel. Ce paysage mariant la nature et la ville est vraiment unique.

Dans la forêt

Plusieurs autres sentiers sillonnent la forêt. On y fait d'étonnantes découvertes.

Un peu à l'est de la maison Smith, un sentier traverse l'érablière pour aboutir dans un boisé dense d'épinettes blanches. Ces conifères ont été plantés dans les années 1960 pour stopper l'érosion des sols au sommet de la montagne.

Il faut se rappeler que vers la fin des années 1950 la forêt avait subi des «coupes de moralité». À l'époque, la Ville de Montréal avait littéralement rasé les buissons et une bonne partie de la forêt pour empêcher les ébats amoureux... Dans les médias, le mont Royal était surnommé, avec cynisme, le «mont Chauve», tellement les coupes avaient été sévères!

Clin d'œil

Tout le monde pense connaître le mont Royal, mais il y a toujours un coin où vous n'êtes pas encore allé ou une activité que vous n'avez pas encore essayée.

Chemin faisant, on croise un marécage. Sur une montagne et à deux pas de la ville en plus, voilà qui surprend. Des saules créent une ambiance agréable. Les fougères abondent. Parmi elles, on retrouve des fougères-à-l'autruche, dont l'allure rappelle justement les plumes de ce gros oiseau.

Jadis, les tropiques

Passé le chalet du Mont-Royal, sur le flanc de la montagne, un sentier mène à un escalier qui descend vers la ville jusqu'au monument McTavish. Là se dressent des falaises de roches calcaires. Il s'agit de dépôts accumulés au fond d'une ancienne mer chaude peu profonde qui s'appelait l'«océan Iapétus», et cela, bien avant la formation du mont Royal. Dans les roches calcaires, des parties de fossiles de crinoïdes, ces animaux invertébrés marins qui vivaient il y a 500 millions d'années, démontrent que jadis c'étaient les tropiques à Montréal!

Deux patinoires en hiver

Bien plus qu'un parc de la Ville de Montréal, le mont Royal devrait être considéré comme une véritable destination pour les plaisirs d'hiver. Non seulement est-il possible de patiner sur le lac aux Castors, mais on peut aussi le faire sur une patinoire réfrigérée, à proximité du lac. Ce qui en fait un lieu encore plus unique. Les conditions de patinage étant souvent mauvaises dans le Grand Montréal, voilà un atout de taille pour «la montagne», comme l'appellent affectueusement les Montréalais.

En skis de fond

Quand il y a assez de neige, il vaut vraiment la peine de se rendre au mont Royal pour faire du ski de fond. Après tout, un réseau de 20 km de pistes à 15 min du centre-ville, ce n'est pas banal, d'autant moins que plusieurs pistes passent par les sous-bois. Quelques kilomètres de pistes ont même été tracés pour le pas de patin. Même si l'altitude est modeste, certaines pentes commandent le respect et procurent une bonne descente.

Marche hivernale

Entretenu tout l'hiver, le chemin Olmsted fait presque le tour de la montagne. Vous pouvez même y avoir accès près de la rue Peel, à deux pas du centre-ville.

Au sommet, un circuit passe autour de la croix. Des mangeoires ont été installées le long du parcours pour faciliter l'observation des oiseaux d'hiver, comme les sittelles et les mésanges.

Sur chambre à air

La glissade sur chambre à air dans cinq corridors à même la pente du lac aux Castors reste encore à découvrir pour beaucoup de monde. La pente est beaucoup moins prononcée que celle des glissoires des Laurentides, mais avec les enfants c'est suffisant pour s'amuser.

L'ambiance à elle seule rend les descentes plaisantes. Au mont Royal, l'hiver c'est magique. Surtout en soirée, quand des lumières scintillent un peu partout.

La carte: indispensable!

Pour explorer plus à fond le mont Royal, mieux vaut se procurer une carte du parc à la maison Smith. Vous y ferez d'étonnantes découvertes sur les paysages et la géologie.

Comment s'y rendre / en voiture: par l'avenue du Mont-Royal Ouest ou le chemin de la Côte-des-Neiges / en transport en commun: métro Mont-Royal, puis autobus 11 / à vélo: par la piste cyclable de la rue Rachel

Prix d'entrée / (G)

Stationnement / ($) / maison Smith et lac aux Castors

Service de location / ($) / pédalos, patins, skis de fond, raquettes, petits traîneaux, supports d'apprentissage pour patins, aiguisage de patins; ouvert jusqu'à 20h30 le samedi et jusqu'à 19h le dimanche

Autres services / Centres d'accueil (pavillon du Lac-aux-Castors et chalet du Mont-Royal) avec casse-croûte et Bistro Le Pavillon, maison Smith (comptoir d'information, boutique nature, café, terrasse et expositions sur l'histoire et la nature de la montagne)

Horaire / tlj 6h à 24h

Montréal

Un labyrinthe de verdure au cimetière Mont-Royal

Cimetière Mont-Royal
1297 ch. de la Forêt
514-279-7358
www.mountroyalcem.com

Chemins pédestres
15 km

Activités sur place
marche

Marcher dans un cimetière n'est sûrement pas l'activité de plein air la plus populaire. L'idée en refroidit plus d'un. Mais au cimetière Mont-Royal, à Outremont, c'est différent. Un labyrinthe de chemins se faufile entre les coteaux boisés. L'aménagement paysager, avec ses talus en terrasses, est tout simplement magnifique. Il ne s'agit donc pas d'un cimetière en plein champ avec toutes les pierres tombales alignées. Avec ses 10 000 arbres, le cimetière Mont-Royal a tout du parc urbain idéal. C'est une oasis verte où les oiseaux chantent.

Coin retiré

Sur le chemin de la Forêt, vous vous sentez tout de suite dépaysé. Pourtant, vous vous trouvez au pied du mont Royal. Il ne passe presque pas de voitures. On ne s'attend pas à autant de quiétude. À l'entrée, l'arche de pierres, dotée de tourelles, s'impose avec style.

Sur les chemins, le point de vue change constamment au gré des courbes et des pentes. Tantôt vous passez sous de grands arbres, tantôt vous côtoyez des bosquets d'arbres fruitiers.

Parfois, des jaseurs boréaux viennent se disputer les quelques baies accrochées aux branches. Les pics picorent sans relâche l'écorce des vieux arbres pour y extirper des insectes. Il arrive même de croiser un flamboyant cardinal rouge.

Beaux arbres

En vous promenant dans ce labyrinthe, vous découvrirez des arbres remarquables. D'ailleurs, 100 spécimens sont identifiés par une plaque.

Comment s'y rendre / en voiture: boulevard du Mont-Royal (à l'ouest de l'avenue du Parc), puis chemin de la Forêt (entrée Nord) / en transport en commun: métro Mont-Royal, puis autobus 11 / à vélo: par la piste cyclable de la rue Rachel

Prix d'entrée / (G)

Stationnement / (G)

Horaire / tlj 9h à 17h

Entre la section B-3 et Lilac Knoll se trouve un superbe micocoulier, une espèce qui pousse normalement plus au sud. Il s'agirait du plus gros spécimen au Québec. Dans le secteur E-1, près de l'entrée principale, se dresse un énorme érable argenté. Voilà qui est spécial, car, dans les milieux humides de la plaine du Saint-Laurent, cette espèce atteint rarement une aussi grande taille. Près de la voie Camillien-Houde, dans le secteur C, il y a quatre gros ormes, de rares survivants de la maladie hollandaise dans le Grand Montréal.

Tous ces arbres et plusieurs autres peuvent être repérés grâce à une carte disponible à l'entrée. Notre balade devient alors une chasse aux trésors. Qu'on se le dise, le cimetière Mont-Royal est une oasis bien vivante où il fait bon marcher.

Montréal

Un tour à l'Arboretum Morgan

Arboretum Morgan
150 ch. des Pins
Ste-Anne-de-Bellevue
514-398-7811
www.morganarboretum.org

Sentiers pédestres
25 km

Pistes de ski de fond
15 km

Sentiers de raquettes
5 km

Activités sur place
marche, pique-nique, visite éducative, ski de fond, raquette

Sur la pointe ouest de l'île de Montréal, à Sainte-Anne-de-Bellevue, se trouvent une forêt enchantée. Situé sur les terrains du campus Macdonald de l'Université McGill, l'Arboretum Morgan est relativement peu connu du public.

Faune et flore

Pourtant, à quelques minutes du centre-ville, il est possible de marcher dans un vaste réseau de sentiers tout en découvrant la richesse d'une flore et d'une faune des plus spectaculaires.

Le réseau de sentiers de randonnée pédestre de l'Arboretum Morgan, dont une partie sert de sentiers de ski de fond en hiver, fait 15 km. Parmi les sentiers, on retrouve le Sentier écologique (1 km), composé de 11 stations qui décrivent les relations entre les organismes vivants et leur habitat, ainsi que deux sentiers d'aménagement forestier (1 km et 2 km), qui renseignent les visiteurs sur les interventions en aménagement forestier et sur les différents écosystèmes liés à la forêt.

Au gré de ses balades, le visiteur découvrira quelques espèces d'arbres parmi les 150 que compte l'Arboretum (bouleau, tilleul, érable, pin et sapin baumier, pour n'en nommer que quelques-uns).

Mais une visite à l'Arboretum ne serait pas complète sans un arrêt au Zoo Écomuseum (voir p. 38), situé tout à côté. Cet établissement permet de voir et d'apprécier la faune et la flore de la vallée du Saint-Laurent (oiseaux de proie, loups, renards roux, lynx, coyotes, ours ..., caribous, cerfs de Virginie, porcs-épics, ratons laveurs, loutres, etc.).

Comment s'y rendre / en voiture: autoroute 40, sortie 41 vers le chemin Sainte-Marie, puis à l'arrêt en haut de la côte, à gauche dans le chemin des Pins

Prix d'entrée / ($) / 4 ans et moins (G)

Services / boutique

Horaire / tlj 9h à 16h

Montréal

Une oasis paisible au parc-nature de l'Île-de-la-Visitation

Parc-nature de l'Île-de-la-Visitation
2425 boul. Gouin E.
514-280-6733
www.ville.montreal.qc.ca/parcs-nature

Site des Moulins et maison du Meunier
10897 rue du Pont
514-280-6709 ou 514-850-4222
www.citehistoria.qc.ca

Sentiers pédestres
8 km

Piste cyclable
3 km

Chiens
acceptés si tenus en laisse

Activités sur place
marche, ornithologie, pique-nique, visite éducative, vélo

On ne se croirait pas à Montréal. Voilà le commentaire que font spontanément les gens qui vont marcher pour la première fois au parc-nature de l'Île-de-la-Visitation.

La petite île est reliée à l'île de Montréal par deux ponts empruntés seulement par quelques résidents et des marcheurs. On n'entend que le chant des oiseaux. Pourtant on se trouve près de l'avenue Papineau et du boulevard Henri-Bourassa.

Chaque année, des milliers de cyclistes traversent le parc-nature par la piste cyclable sur la terre ferme. Mais bien peu s'arrêtent pour garer leur vélo derrière le pavillon d'accueil et parcourir à pied le sentier qui fait le tour de l'île (une heure ou deux).

Rivière des Prairies

Après avoir traversé un pittoresque pont de bois, vous arrivez à un belvédère qui donne sur la digue de la centrale hydro-électrique. De là, vous avez un point de vue sur la rivière des Prairies et le chenal bordé de peupliers. À vos pieds, il y a une butte autour de laquelle barbotent souvent des canards.

Des canards, vous en rencontrez d'ailleurs un peu partout à partir du sentier qui longe la rivière. Vous croisez le plus souvent des colverts, mais aussi des canards huppés, deux espèces dont le plumage du mâle est fort coloré.

Des tables de pique-nique sont disposées ici et là au bord de l'eau. Plusieurs sont isolées, de sorte que vous avez l'intimité désirée.

Sault-au-Récollet

À l'ouest de l'île de la Visitation, aussi accessible par un autre petit pont, vous aboutissez aux ruines restaurées des anciens moulins et bâtiments industriels exploités de 1726 à 1960. Vous voici au Site historique du Sault-au-Récollet, qui comprend aussi la maison du Meunier et la maison du Pressoir.

Clin d'œil

Malgré la proximité d'artères à la circulation dense, le parc-nature n'a rien d'un espace vert urbain typique couvert de gazon. La petite île abrite une forêt et des sous-bois encore bien préservés.

C'est la Cité Historia qui en assume l'animation. Dans la maison du Meunier se tient régulièrement une nouvelle exposition à caractère historique. À quelques minutes de marche se trouve la maison du Pressoir, qui abritait deux anciens pressoirs à pommes. On y trouve aujourd'hui une exposition qui relate l'histoire du Sault-au-Récollet.

Sans oublier le Bistro des Moulins et son agréable terrasse, qui surplombe la petite chute du moulin. Un arrêt des plus sympathiques.

Voilà donc une belle occasion de marcher dans les sentiers et faire une halte pour remonter le cours de l'histoire.

Comment s'y rendre / en voiture: boulevard Henri-Bourassa (à l'est de l'avenue Papineau) puis rue De Lille (vers le nord) / en transport en commun: métro Henri-Bourassa, puis autobus 69 Est / à vélo: par le boulevard Gouin Est

Prix d'entrée / (G)

Stationnement / ($)

Service de location / ($) / jumelles, guide d'observation

Autres services / aires de pique-nique, restaurant (Bistro des Moulins)

Horaire / tlj, du lever au coucher du soleil

À vélo

Montréal

Du Vieux-Port au Lieu historique national du Canal-de-Lachine

Lieu historique national du Canal-de-Lachine
514-283-6054 ou 514-637-7433
www.parcscanada.gc.ca/canallachine

Pôle des Rapides
514-364-4490
www.poledesrapides.com

Trajet
de la piste de la rue de la Commune (à l'ouest du Vieux-Port) jusqu'au chemin du Musée (à Lachine)

Distance totale
13 km (aller), la piste étant partagée avec les patineurs et les piétons

Une piste cyclable parmi les plus belles au monde! En effet, le parcours des berges du fleuve et du canal Lachine a été classé troisième dans le palmarès des 10 plus beaux parcours urbains du monde par le Time Magazine en 2009.

Restauré

Ce fameux lieu historique national a été joliment restauré. Centre de services aux visiteurs à Lachine, écluses refaites et bâtiments tout neufs à leurs côtés, ponts rehaussés pour faciliter la navigation de plaisance, vraiment le canal a retrouvé ses lettres de noblesse.

Le canal de Lachine, construit pour permettre aux bateaux de contourner

les rapides de Lachine, a été inauguré en 1825. Remplacé en 1959 par la Voie maritime du Saint-Laurent, il a été fermé à la navigation en 1970, puis rouvert en 2002 à la navigation de plaisance.

Vestiges industriels

Le long de la piste cyclable défilent plusieurs usines désaffectées, vestiges de la plus importante concentration indus-

Services / aires de pique-nique, cafés-terrasses, restos, réparation de vélos

Location / (Ça roule Montréal, 27 de la Commune E., Vieux-Montréal) / vélo pour adulte, vélo tandem (vélo remorque, patins, poussette, vélos et trottinettes électriques; autre service chez Rouemanie, au 101 6ᵉ Avenue, Lachine)

Visites guidées / entre le marché Atwater et l'écluse Saint-Gabriel

Prix d'entrée / (G)

Stationnement / (G)

trielle au Canada durant un siècle. Des complexes de copropriétés et de lofts s'y installent ou se font construire, symboles d'une nouvelle époque.

Pour faire une pause sous les arbres, mieux vaut continuer de pédaler. Au bout de la piste cyclable, une halte s'impose au Centre de services, à l'écluse de Lachine, pour découvrir l'exposition sur l'histoire du canal ou pour jeter un coup d'œil à partir du belvédère.

Près du lac Saint-Louis

Quelques coups de pédales de plus mènent au pittoresque Vieux-Canal, à deux pas du lac Saint-Louis. À partir de là, il y a enfin des arbres. L'endroit se prête bien pour pique-niquer ou pour relaxer un peu.

Ne manquez pas d'aller au Lieu historique national du Commerce-de-la-Fourrure-à-Lachine. Dans un vieil entrepôt de pierre bien préservé, construit il y a 200 ans, une exposition interactive vous fait revivre la valeureuse épopée de la traite des fourrures.

Montréal

Pédaler vers l'est de Montréal

Trajet nord
30 km aller-retour (boulevard Gouin Est, du parc-nature de l'Île-de-la-Visitation au parc-nature de la Pointe-aux-Prairies)

Trajet sud
20 km aller-retour (rue Notre-Dame, du pont Jacques-Cartier au parc de la Promenade Bellerive inclusivement)

Lien cyclable
vers les îles de Boucherville en navette fluviale

Sur l'île de Montréal, plus on pédale vers l'est, moins il y a de monde sur la piste cyclable. Trop souvent, on rebrousse chemin, croyant qu'il n'y a plus rien à voir. Il faut dire que, sur une certaine distance, les pistes ne sont guère attrayantes. Pourtant, si vous persistez, vous vous retrouverez dans des parcs enchanteurs.

Rue Notre-Dame

Au sud, sur la piste de la rue Notre-Dame, plus vous allez vers l'est, plus les arbres disparaissent. Vous longez le port de Montréal à côté de la circulation. C'est plutôt ordinaire. Mais 5 km passé le boulevard Pie-IX, c'est la fin du port, et vous avez enfin une vue du fleuve. Mieux, la piste se rapproche du bord de l'eau pour le longer sur 2 km, dans le parc de la Promenade Bellerive (voir p. 26).

Comme halte, vous ne sauriez demander mieux. Il y a du gazon et des arbres. Un belvédère donne un beau point de vue sur les îles de Boucherville. D'ailleurs, chaque heure, un traversier va dans l'archipel, où vous pouvez poursuivre votre randonnée à vélo.

Boulevard Gouin

À l'est de l'avenue Papineau, le long de la rivière des Prairies, les cyclistes ont tendance à s'arrêter au parc-nature de l'Île-de-la-Visitation (voir p. 45). Pourtant, plus à l'est, ce n'est pas si moche. C'est résidentiel, mais on longe la rivière. Depuis l'île de la Visitation, vous faites 10 km à vélo, puis, au bout du boulevard Gouin et de l'île de Montréal, la piste rejoint le parc-nature de la Pointe-aux-Prairies (voir p. 34).

Dans ce parc, une piste en poussière de roche de 14 km, semblable à un petit chemin de campagne, traverse champs fleuris et petits boisés. Une halte s'impose au belvédère du marais pour admirer hérons et canards.

Les tables de pique-nique sous les arbres se font invitantes. Et il n'y a presque personne pour en profiter...

Services / aires de pique-nique dans les parcs

Saison / début avr à début nov

Montréal

Traverser l'île de Montréal par l'axe nord-sud

Trajet
depuis le boulevard Gouin, sur l'avenue Christophe-Colomb, jusqu'au Vieux-Port, par la rue Berri

Distance totale
12 km (aller)

Liens cyclables
Vieux-Port vers le canal de Lachine ou le parc Jean-Drapeau; rue Notre-Dame vers le parc de la Promenade Bellerive et le parc national des Îles-de-Boucherville; le long du parc La Fontaine jusqu'à la rue Rachel vers le mont Royal ou le parc Maisonneuve; boulevard Gouin vers le parc-nature de l'Île-de-la-Visitation

Comment faire pour aller au Vieux-Port à partir du mont Royal? Facile. Empruntez la rue Rachel jusqu'à la rue De Brébeuf, puis longez le parc La Fontaine vers le sud. La piste qui mène vers le fleuve, c'est l'axe nord-sud.

Île de la Visitation

Toujours à partir du mont Royal, si vous avez plutôt envie de vous rendre au parc-nature de l'Île-de-la-Visitation, au bord de la rivière des Prairies, suivez la rue Rachel jusqu'à la rue De Brébeuf, puis tournez à gauche. Vous vous retrouverez encore une fois sur l'axe nord-sud. Roulez vers le nord jusqu'au boulevard Gouin, puis quelques coups de pédales vers l'est vous mèneront au parc-nature.

Parc Maisonneuve

Il y a d'autres liens cyclables intéressants. Ainsi, vous pouvez aller au parc Maisonneuve à partir du Vieux-Port. Il s'agit alors de prendre l'axe nord-sud, rue Berri, de tourner à droite dans la rue Cherrier, puis de longer le parc La Fontaine vers le nord. Vous rejoindrez alors la rue Rachel, que vous prendrez à droite et qui vous mènera au parc Maisonneuve, plus à l'est.

Autres destinations

La piste de la rue Notre-Dame se rend aussi vers l'axe nord-sud en passant sous le pont Jacques-Cartier, où la piste du boulevard Lévesque prend le relais jusqu'à la rue Berri. Voilà qui permet un agréable parcours, depuis le parc de la Promenade Bellerive (à l'est des quais du port de Montréal) jusqu'au mont Royal, en passant par le parc La Fontaine.

L'axe nord-sud est aux vélos ce que l'autoroute 15 est aux voitures: une voie rapide qui permet de traverser l'île de Montréal, sur toute sa largeur, de la rivière des Prairies au fleuve Saint-Laurent. Mais la piste cyclable n'est pas seulement pratique. Sur

Clin d'œil

La Maison des cyclistes (1251 rue Rachel E., 514-521-8356 ou 800-567-8356, www.velo.qc.ca), au coin des rues Rachel et De Brébeuf, abrite une boutique et un café. Il vaut la peine de s'arrêter pour jeter un coup d'œil sur les accessoires ou encore pour manger sur la terrasse.

ses 12 km, elle fait voir la métropole sous différents angles.

Services / aires de pique-nique dans les parcs

Saison / début avr à début nov

Beau temps, mauvais temps

Montréal

Au sommet de la plus haute tour inclinée au monde à l'Observatoire de la Tour de Montréal

Observatoire de la Tour de Montréal
4141 av. Pierre-De Coubertin
514-252-4141

www.rio.gouv.qc.ca

Activités sur place
observation de la ville

Peu de gens savent que la Tour penchée de Pise est inclinée d'un angle de 5 degrés alors que la Tour de Montréal, plutôt connue comme étant le mât du Stade olympique, l'est d'un angle de 45 degrés. Voilà qui surprend.

Avec ses 175 mètres de haut, la Tour de Montréal ne se compare peut-être pas à la tour du CN (553 m) à Toronto, la tour d'observation la plus élevée de la planète. Ni à l'Empire State Building (443 m), d'ailleurs. Ni même à la tour Eiffel (320 m). Mais elle dépasse tout de même la tour de Blackpool (158 m), en Angleterre.

Funiculaire

L'observatoire occupe les trois étages supérieurs de la tour. Pour aller à l'observatoire, il faut emprunter le funiculaire, lequel peut transporter jusqu'à 76 personnes.

Les baies vitrées de la cabine offrent un superbe panorama de Montréal lors des montées et des descentes. L'ascension le long du mât dure moins de 2 min. Il y a des départs toutes les 10 minutes.

Observatoire

Du sommet de la tour, dans l'observatoire vitré, vous avez l'impression de voir Montréal à vol d'oiseau. Côté nord, le Jardin botanique ressemble à une maquette sur laquelle ont été collées des cabanes minuscules en guise de serres et des touffes de mousse verte en guise de boisés.

De gauche à droite, votre regard porte sur le fleuve Saint-Laurent, les gratte-ciel du centre-ville et le mont Royal. Par temps clair, vous pouvez même voir une partie de la chaîne des Laurentides à 80 km de distance. Impressionnant!

Comment s'y rendre / en voiture: par la rue Sherbrooke ou par la rue Viau / en métro: station Viau / à vélo: par la piste cyclable de la rue Rachel

Prix d'entrée / ($)

Stationnement / ($)

Services / cafétéria au rez-de-chaussée, restaurants à proximité

Horaire / mi-juin à début sept tlj 9h à 19h, début sept à mi-juin tlj 9h à 17h, fermé début jan à mi-fév pour l'entretien annuel du funiculaire

Montréal

Cinq siècles d'histoire au Musée Stewart

Musée Stewart
20 ch. Tour-de-L'Isle
île Ste-Hélène
514-861-6701
www.stewart-museum.org

Activités sur place
visite éducative, pique-nique

Dans le Fort de l'île Sainte-Hélène, le Musée Stewart abrite une vaste collection d'objets illustrant toute notre histoire depuis l'arrivée des Européens. Tous ces trésors sont précieusement gardés dans l'Arsenal, qui a servi de repaire aux soldats britanniques durant les rébellions des Patriotes (1837-1838).

Une toute nouvelle exposition permanente

Sur deux étages, la nouvelle exposition permanente *Histoires & Mémoires* relate la vie à l'époque de la Nouvelle-France. Objets, livres rares et documents d'archives témoignent de cette période marquante pour le Québec. Ne manquez pas la tour vitrée avec ascenseur et belvédère qui offre une vue sur Montréal.

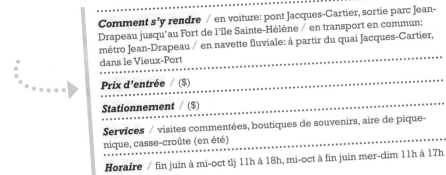

Comment s'y rendre / en voiture: pont Jacques-Cartier, sortie parc Jean-Drapeau jusqu'au Fort de l'île Sainte-Hélène / en transport en commun: métro Jean-Drapeau / en navette fluviale: à partir du quai Jacques-Cartier, dans le Vieux-Port

Prix d'entrée / ($)

Stationnement / ($)

Services / visites commentées, boutiques de souvenirs, aire de pique-nique, casse-croûte (en été)

Horaire / fin juin à mi-oct tlj 11h à 18h, mi-oct à fin juin mer-dim 11h à 17h

Montréal

Comme au cirque au Trapezium

Trapezium
2350 rue Dickson, local 50
514-251-0615
www.trapezium.qc.ca

Âge minimal requis
7 ans

Activités sur place
trapèze volant

Pas besoin d'être acrobate ou de faire partie du Cirque du Soleil pour s'initier au trapèze volant. Même ceux qui ont peur des hauteurs pourront avoir du plaisir.

Comment s'y rendre / en voiture: par la rue Notre-Dame Est / en transport en commun: métro Assomption

Tarifs / ($$$)

Horaire / lun-ven 17h à 18h30, sam-dim selon disponibilités

Vous avez dit «trapèze volant»?

Mais qu'est-ce que le trapèze volant? D'une plateforme, on s'élance, attaché à un harnais, sur une barre de trapèze sous les conseils des instructeurs. Bien sûr, il y a un filet de protection. Le but ultime est de réussir à passer d'une barre de trapèze à une autre. Une expérience à sensations fortes.

Réservations recommandées.

Une sortie de groupe

Il est possible, pour un groupe d'une dizaine de personnes, de prendre un cours d'une durée de 2h. Trois instructeurs sont alors mis à leur service.

Montréal

Découvertes archéologiques à Pointe-à-Callière

Pointe-à-Callière, Musée d'archéologie et d'histoire de Montréal
350 place Royale, Vieux-Montréal
514-872-9150
www.pacmusee.qc.ca

Activités sur place
visite éducative

Ici naquit Montréal, c'est ainsi que se nomme l'une des expositions permanentes du Musée d'archéologie et d'histoire de Montréal, situé dans le Vieux-Montréal, sur les lieux mêmes de la fondation de la métropole qui aura 375 ans en 2017.

Ici naquit Montréal met en valeur les fouilles archéologiques effectuées depuis 1980. Vous aurez l'occasion de découvrir ces vestiges dans trois lieux incontournables du développement urbain: la pointe à Callière, la Petite rivière-Saint-Pierre et la place Royale.

Points chauds

Comme entrée en la matière, un nouveau spectacle multimédia, *Signé Montréal*, relate l'histoire de la métropole grâce aux toutes dernières technologies.

À la pointe à Callière, après le visionnement du spectacle multimédia, vous descendez au sous-sol où se cache le premier cimetière catholique de Montréal, le plus ancien aménagement directement associé à la fondation de Montréal. Son et lumière créent une atmosphère particulièrement émotive.

À l'emplacement de la Petite rivière Saint-Pierre, on retrouve l'égout collecteur, une canalisation voûtée construite en 1832. L'apparence du cours d'eau est recréée grâce à un jeu de lumière bleutée.

Sur le site de la place Royale, des artéfacts donnent un bon aperçu du développement urbain au fil des ans. Grâce aux archéoscopes, vous découvrez les fonctions passées de ces vestiges.

Une installation interactive illustre la place du Marché, principale place publique de la ville en 1750. Des personnages virtuels émergent de la pierre pour vous rencontrer...

Marché public

Des personnages bien réels cette fois s'animent chaque été, durant un week-end, lors du Marché public de Pointe-à-Callière dans l'ambiance du XVIIIᵉ siècle.

Beau temps, mauvais temps, l'événement se déroule sur la place Royale et aux abords du musée.

Des agriculteurs vendent des produits qu'on retrouvait en Nouvelle-France à l'époque. Ceux-ci ont fait l'objet d'une vérification historique rigoureuse tout en étant conformes aux normes sanitaires actuelles. Miche de pain de campagne, truffes au chocolat, bière d'épinette, bref, la variété est au rendez-vous.

Conteurs et musiciens ajoutent leur grain de sel à l'ambiance.

Comment s'y rendre / en voiture: par la rue de la Commune Ouest (Vieux-Montréal) / en transport en commun: métro Place-d'Armes / à vélo: par la rue de la Commune Ouest, en provenance de l'axe nord-sud, du canal de Lachine ou du parc Jean-Drapeau

Prix d'entrée / ($-$$)

Services / visites guidées, boutique, restaurant (l'Arrivage)

Horaire / mar-ven 10h à 17h, sam-dim 11h à 17h

Montréal

Découvrir le monde des insectes à l'Insectarium

Insectarium
4581 rue Sherbrooke E.
514-872-1400
www.ville.montreal.qc.ca/
insectarium

Collection vivante
300 espèces d'insectes et d'arachnides
(depuis l'ouverture)

Activités sur place
visite éducative

À l'Insectarium de Montréal, installé dans le Jardin botanique, plus de la moitié des 400 000 visiteurs par année sont des touristes, surtout des États-Unis et de l'Europe. C'est dire le caractère international de ce musée du monde des insectes.

Après tout, il y a des spécimens provenant de cinq continents. Il s'agit, dit-on, du plus grand insectarium en Amérique du Nord.

Crainte exagérée

Comme tout le monde, vous avez sans doute un peu peur des insectes. Juste pour vaincre cette crainte exagérée, il vaut la peine d'aller y faire un tour.

À vrai dire, ce n'est pas tant la collection remarquable de spécimens naturalisés ou vivants qui frappe le plus. C'est que, petit à petit, vous réalisez le rôle vital des insectes sur la planète.

Une visite grouillante!

Tout au long de votre visite de la nouvelle exposition permanente *Nous, les insectes...*, vous découvrirez le monde fascinant de plus de 160 000 spécimens d'insectes. Surveillez les diverses activités organisées tout au long de l'année!

Un rôle essentiel

Certains insectes décomposent la végétation morte pour la recycler. D'autres servent de nourriture aux oiseaux. Plusieurs sont aussi utiles aux humains. C'est le cas du ver à soie, à la base d'un art millénaire développé par les Chinois, pour fabriquer le fameux tissu.

Au menu

L'utilité des insectes va encore plus loin, car plusieurs espèces sont consommées avec délectation par les gens de plusieurs pays d'Afrique, d'Asie et d'Amérique du Sud. Les criquets, saisis dans l'huile, seraient aussi savoureux que les crevettes. Pourquoi ne pas profiter de votre visite pour acheter à la boutique une sucette contenant des larves de ténébrions?

Comment s'y rendre / en voiture: rue Sherbrooke Est par la rue Viau ou le boulevard Pie-IX / en transport en commun: métro Viau ou Pie-IX / à vélo: par la piste cyclable de la rue Rachel /

Prix d'entrée (incluant l'accès au Jardin botanique) / $-$$

Stationnement / $

Services / boutique

Horaire / tlj 9h à 17h (jusqu'à 18h en été et jusqu'à 21h sept et oct), ouvert toute l'année sauf les lundis du début novembre à la fin mai

Montréal

Hébertisme au Labyrinthe du hangar 16

Labyrinthe du hangar 16
Quai de l'Horloge, Hangar 16
514-499-0099
www.labyrintheduhangar16.com

Activités sur place
labyrinthe, pique-nique

Situé dans le Vieux-Port, le Hangar 16 loge un labyrinthe de 2500 m^2.

Surmonter les obstacles

Il faut compter environ 1h15 pour parcourir ce labyrinthe ponctué d'obstacles. Les enfants doivent se plier, grimper et parfois même glisser pour aller de l'avant. La thématique du labyrinthe change chaque année. Ces dernières années, les enfants ont eu l'occasion de se perdre parmi les pirates et les merveilleuses cités d'or.

À la lampe de poche

Pour les plus vieux (16 ans et plus), on organise, pendant les deux dernières fins de semaine d'octobre, des journées où l'on progresse dans le labyrinthe à la lueur d'une lampe de poche.

Comment s'y rendre / en voiture: par la rue Notre-Dame Est / en transport en commun: métro Champ-de-Mars

Prix d'entrée / ($$)

Horaire / mi-mai à fin juin, fin août à fin oct sam-dim 11h30 à 17h30; fin juin à fin août tlj 11h à 21h

Montréal

Jeux dans l'eau à l'Aquadôme

Aquadôme
1411 rue Lapierre
LaSalle
514-367-6460
www.aquadome-lasalle.com

Activités sur place
jeux dans l'eau, glissade

L'Aquadôme est un paradis aquatique de 1200 m² pour les enfants.

Comment s'y rendre / en voiture: par le boulevard De La Vérendrye, puis la rue Lapierre / en transport en commun: métro Angrignon

Prix d'entrée / ($)

Horaire / lun, mer et jeu 9h à 16h et 17h30 à 19h, mar 9h à 13h25, ven 9h à 16h et 17h30 à 21h, sam-dim 13h à 20h (glissades ouvertes lun, mer-ven 13h30 à 15h30, ven 18h à 20h25, sam-dim 13h à 20h)

Quatre glissades

Le centre comprend deux piscines. La première est plus «sérieuse», car on y va surtout pour faire des longueurs, alors que la deuxième est complètement déjantée, avec ses quatre glissades dont une assez impressionnante. Aussitôt sortis de l'eau, les enfants refont la file afin de pouvoir s'élancer à nouveau sur l'une des glissades. C'est l'élément fort de ce bassin récréatif. Vous verrez, vos enfants voudront y retourner.

Pour les adultes, on trouve une terrasse intérieure donnant sur une baie vitrée. On peut donc se reposer un peu en gardant l'œil sur les bambins.

Montréal

L'histoire de Montréal au Musée McCord d'histoire canadienne

Musée McCord d'histoire canadienne
690 rue Sherbrooke O.
514-398-7100
www.musee-mccord.qc.ca

Activités sur place
visite éducative

Parmi les 800 objets de l'exposition permanente du Musée McCord, Simplement Montréal, *il y a bien plus que des vieilles raquettes de babiche et des anciens vêtements d'hiver. Vous allez de surprise en surprise, découvrant même des accessoires dont vous ne connaissiez pas l'existence. C'est sans doute le cas du manchon en fourrure pour les pieds, porté par les dames lors des randonnées en carriole.*

Vous verrez, probablement pour la première fois, une bassinoire, qui ressemble à une poêle munie d'un couvercle percé de trous, qu'on remplissait de braises et qu'on passait entre les draps pour réchauffer le lit avant d'aller se coucher. Cette pratique était répandue dans la bourgeoisie au XIXe siècle.

Photos-chocs

Trop souvent, les photos d'archives s'avèrent ennuyeuses, car les sujets sont prévisibles et répétitifs d'une exposition à l'autre. Pas au Musée McCord. Plutôt que de montrer l'hiver au mont Royal avec le patin au lac aux Castors, l'exposition rappelle l'époque des énormes châteaux de glace au parc Jeanne-Mance et au Carré Dominion (square Dorchester). L'un des plus imposants, érigé en 1887, comprenait 25 000 blocs de glace et mesurait 32 m de haut!

D'autres photos de la fin du XIXe siècle montrent des Mohawks de Kahnawake vendant des fruits et légumes dans les

...ues publics de Montréal. Cette époque est suivie des débuts de l'industrialisation, illustrée par la photo géante d'une maison de travailleurs canadiens-français délabrée. Qu'on se le dise, les photos à elles seules valent le déplacement.

Comment s'y rendre / en voiture: rue Sherbrooke Ouest, près de la rue University / en transport en commun: métro McGill / en autobus: rue Sherbrooke, autobus 24 vers l'ouest

Prix d'entrée / ($-$$)

Services / Restaurant (Café McCord)

Horaire / mar-ven 10h à 18h (mer jusqu'à 21h), sam-dim 10h à 17h

Montréal

La Biosphère, pour écolos en devenir

Biosphère
160 ch. Tour-de-L'Isle
île Ste-Hélène
514-283-5000
www.biosphere.ec.gc.ca

Activités sur place
visite éducative, marche

Sur le pont Jacques-Cartier, en regardant vers l'ouest, on aperçoit la Biosphère qui domine le parc Jean-Drapeau. Mais savez-vous vraiment ce qu'on peut voir à l'intérieur de la grosse boule de l'île Sainte-Hélène? Comme la Biosphère est gérée par Environnement Canada, il ne faut donc pas se surprendre d'y retrouver une exposition reliée aux enjeux environnementaux. Contrairement à ce qu'on pourrait s'attendre, le visiteur ne se fait pas faire la morale. Il est plutôt appelé à faire des découvertes pour mieux comprendre l'état actuel et futur de la planète.

Des jeux

Un circuit composé de maquettes vous fait explorer l'écosystème des Grands Lacs et du Saint-Laurent. Des jeux interactifs démontrent l'importance de ce milieu dans votre quotidien.

Sur le thème Eau génie!, des modules interactifs vous invitent à relever des défis: construire un navire, créer de l'énergie et même marcher sur l'eau. N'oubliez pas d'apporter des vêtements de rechange!

Des expériences

Plusieurs activités s'adressent particulièrement aux familles. Le Brasse-cerveau connaît beaucoup de succès auprès des jeunes. Il s'agit d'une expérience virtuelle dans laquelle vous vous voyez transporté par la course effrénée d'une goutte d'eau, du robinet aux égouts, perturbée par les changements climatiques.

Une chasse aux trésors

Une activité qui amusera vos enfants est la chasse aux trésors avec GPS. À l'aide de la bio-trousse du Biodôme, vous partez à la recherche d'un point bien précis qui vous fera découvrir la biodiversité de l'île Sainte-Hélène. Cette chasse aux trésors vous permettra d'apercevoir une tour, une espèce d'arbre rare, et même des fossiles. Sans oublier que, si vous réussissez à répondre aux questions le long du parcours, vous pourrez ouvrir un coffre-fort.

Qu'on se le dise, l'environnement, ce n'est pas forcément ennuyant.

Comment s'y rendre / en voiture: par le pont Jacques-Cartier, sortie parc Jean-Drapeau; par l'autoroute Bonaventure (en provenance du centre-ville, par la rue University), sortie 2, avenue Pierre-Dupuy/Port de Montréal, suivre les indications «parc Jean-Drapeau», pont de la Concorde, au 1er arrêt, tourner à droite (chemin Macdonald) / en transport en commun: métro Jean-Drapeau / à vélo: par les pistes cyclables passant par les ponts Jacques-Cartier (en provenance de la Rive-Sud ou du centre-ville de Montréal) ou de la Concorde (en provenance du Vieux-Port de Montréal) / en bateau (en été): navette maritime entre le Vieux-Port et l'île Ste-Hélène

Prix d'entrée / ($$) / 17 ans et moins (G)

Stationnement / ($-$$)

Horaire / juin à oct tlj 10h à 18h, nov à mai mar-dim 10h à 18h

Montréal

Le cinéma unique au monde de la CinéRobothèque de l'ONF

CinéRobothèque de l'ONF
1564 rue St-Denis
514-496-6887
www.onf.ca/cinerobotheque

Activités sur place
visionnement de films

Vous connaissez le robot Ernest? C'est à lui que vous commandez par ordinateur le film de votre choix à la CinéRobothèque de l'Office national du film (ONF). Le robot-projectionniste automatisé prend le vidéodisque du film archivé et l'insère dans le lecteur. Et c'est parti! Vous pouvez visionner le film sur l'écran de l'ordinateur que vous avez loué.

Toute l'opération se déroule sous vos yeux car vous voyez Ernest à l'œuvre derrière une baie vitrée. Ce robot très spécial doit son nom au Montréalais Léo Ernest Ouimet, qui fonda en 1907 le Ouimetoscope, première salle d'Amérique du Nord exclusivement réservée au cinéma.

Plus de 10 000 films

À n'en pas douter, la CinéRobothèque offre le meilleur choix de films en ville.

Le répertoire comprend plus de 10 000 films produits durant plus de 60 ans par l'ONF. Documentaires, fictions, animations, bref, c'est impressionnant!

Pour des films d'archives, la qualité des images surprend. Il faut dire que les pellicules originales sont conservées à atmosphère contrôlée. Les vidéodisques laser, gravés sur place, reproduisent les films avec une fidélité étonnante.

Pour le visionnement, vous devez d'abord louer un des 21 cinémas personnels (seul

Clin d'œil

Si le cinéma vous fascine, au point de vouloir connaître des titres oubliés que vous ne verrez jamais dans les grandes salles, vous aimerez la CinéRobothèque de l'ONF. Car des découvertes, il est certain que vous en ferez.

ou en duo), puis consulter le répertoire sur ordinateur et noter les films qui vous intéressent. Assis confortablement, vous n'avez qu'à commander votre film par ordinateur. Ernest s'occupe du reste.

Comment s'y rendre / en voiture: angle de la rue Saint-Denis et du boulevard De Maisonneuve / en transport en commun: métro Berri-UQAM

Prix d'entrée / (G)

Services / restaurants et casse-croûte à proximité

Horaire / mar-dim 12h à 21h

Montréal

Les merveilles de la technologie au Centre des sciences de Montréal

Centre des sciences de Montréal
quai King-Edward
Vieux-Port de Montréal
514-496-4724 ou 877-496-4724
www.isci.ca

Activités sur place
visite éducative

Certains baby-boomers ont beau avoir la nostalgie de l'époque du téléphone noir à cadran alors que la vie semblait moins compliquée, il n'empêche que les progrès de la technologie nous rendent de fiers services. Au fond, c'est l'usage excessif des appareils et la surconsommation qui posent problème.

La technologie peut même être une source d'émerveillement, comme le démontre avec éloquence le Centre des sciences de Montréal, situé au cœur du Vieux-Port. Il suffit de parcourir ses expositions et d'essayer ses jeux interactifs pour tomber sous le charme.

Beaucoup d'action

À l'exposition *Imagine*, vous entrez littéralement à l'intérieur d'un cerveau humain. Les différentes bornes interactives mettent en lumière différents rêves de l'homme: sauver la planète et contrôler la matière par la pensée. Vous aurez d'ailleurs l'occasion d'essayer de faire bouger un objet seulement par la pensée. Et ça marche!

L'exposition *Science 26* promet des heures de plaisir. Les 26 îlots représentent chacun une lettre de l'alphabet qui est associée à une notion scientifique. À travers ses différents îlots, le visiteur aura le plaisir de faire un combat d'activité cérébrale, d'entrer dans une bulle de savon et de s'asseoir sur une chaise en clous.

Quant à l'exposition *idTV*, elle permet de créer un reportage télévisé sur un des cinq sujets préétablis. On s'occupe ensuite du montage et, si l'on est chanceux, on verra son reportage diffusé sur l'écran de la salle. Vous garderez un excellent souvenir de cette expérience, d'autant plus que vous pourrez envoyer votre reportage par courriel à votre adresse électronique.

★ *Clin d'œil*

Lorsque vous serez rendu au fond de la salle sur la gauche, retournez-vous et regardez le dragon. Il vous suivra des yeux peu importe où vous allez. Baissez-vous, sautez, il ne vous lâchera pas d'une semelle. C'est tout simplement ahurissant!

IMAX

D'une hauteur de sept étages, l'écran du cinéma IMAX du Centre des sciences promet aux visiteurs de leur faire vivre des sensations fortes. Avec son système de son, le plus puissant au monde, vous en aurez plein les yeux et, surtout, plein les oreilles.

Une patinoire près du fleuve

Non loin du Centre des sciences, sur les quais du Vieux-Port, se trouve une patinoire extérieure réfrigérée. De début décembre au mois de mars, on peut donc patiner sur de la glace de qualité, avec de la musique et parfois même des feux d'artifice. Féerique!

Comment s'y rendre / en voiture: par la rue de la Commune / en transport en commun: métro Champ-de-Mars / à vélo: par la rue de la Commune, en provenance de la piste du canal de Lachine ou de l'axe nord-sud

Prix d'entrée / ($-$$)

Autres tarifs / IMAX ($-$$)

Stationnement / ($-$$)

Service de location / patins

Autres services / restaurant et casse-croûte, boutique de souvenirs

Horaire / lun-ven 9h à 16h, sam-dim 10h à 17h

Montréal

Les tropiques à -30° au Biodôme

Biodôme
4777 av. Pierre-De Coubertin
514-868-3000
www.biodome.qc.ca

Animaux
225 espèces

Plantes
750 espèces

Activités sur place
visite éducative

Lorsque l'hiver vous pèse, pourquoi ne pas vous rendre au Biodôme afin de vous retrouver en pleine forêt tropicale humide? Et ce, à seulement deux pas de la station de métro Viau.

De la forêt tropicale au monde polaire

Le Biodôme comprend cinq écosystèmes: la forêt tropicale humide, l'érablière des Laurentides, le golfe du Saint-Laurent, les côtes du Labrador et les îles subantarctiques. La visite débute dans la chaude forêt tropicale humide des Amériques, agrémentée de cascades, de singes et d'oiseaux colorés. La froideur de l'hiver québécois sera déjà loin derrière vous. Vous pénétrez ensuite dans l'érablière à bouleaux jaunes, dernière forêt de feuillus avant la forêt mixte et la forêt boréale, où vous pouvez voir l'étang à castor. À travers une baie vitrée située sous le barrage, vous voyez nager brochets, dorés et achi-

gans. Sur un moniteur télé branché à une caméra de surveillance, vous apercevez le castor quand il est réfugié dans sa hutte.

Après la forêt des Laurentides, vous découvrez le golfe du Saint-Laurent, avec ses fonds poissonneux, ses caps rocheux survolés par les sternes et ses cuvettes de marée remplies d'oursins, d'anémones, de crabes et d'étoiles de mer. Vous arrivez ensuite dans le monde polaire. Au chaud et à l'abri, vous voyez s'ébattre, dans la même salle, des petits pingouins des côtes du Labrador et des manchots des îles subantarctiques.

Voilà une façon agréable d'oublier l'hiver quelques instants.

Comment s'y rendre / en voiture: par la rue Viau / en transport en commun: métro Viau / à vélo: par la piste cyclable de la rue Rachel ou de l'avenue Bennett

Prix d'entrée / ($-$$)

Stationnement / ($)

Services / boutique nature, bistro, cafétéria, vestiaire, audioguides

Horaire / tlj 9h à 17h (jusqu'à 18h en été), sauf les lundis du début janvier à la fin février et du début septembre à la fin décembre

Le printemps devancé

Si vous êtes pressé de voir le printemps se pointer le bout du nez, sachez que, chaque année, le Biodôme devance le printemps dans l'écosystème de l'érablière des Laurentides en augmentant graduellement l'éclairage et la température. Dès le début de mars, vous pouvez donc observer de petites feuilles apparaître sur les bouleaux et les érables, tandis que le thé du Labrador et les amélanchiers fleurissent. La forêt se réveille, littéralement.

Montréal

Patiner sans mitaines à l'Atrium du 1000 De La Gauchetière

Atrium du 1000 De La Gauchetière
1000 rue De La Gauchetière O.
514-395-0555
www.le1000.com

Activités sur place
patinage

La plus haute tour à bureaux de Montréal, Le 1000 De La Gauchetière, abrite, au rez-de-chaussée, une patinoire ouverte toute l'année. En été, l'endroit se fait rafraîchissant. En hiver, non seulement vous n'avez pas besoin de vous habiller chaudement, mais l'état de la glace s'avère habituellement meilleur ici que dans les patinoires extérieures.

Comment s'y rendre / en voiture: par la rue Peel / en métro: station Bonaventure

Prix d'entrée / ($)

Service de location / ($) / casiers, patins, casques protecteurs

Autres services / casse-croûte, affûtage de patins, prêt de supports d'apprentissage, cours de patin

Horaire / tlj

Apprentissage

Même si elle est presque deux fois moins grande qu'une patinoire de hockey, sa dimension suffit pour accueillir les habitués comme les nouveaux venus. Pour ces derniers, souvent originaires de pays chauds, la glace est une véritable attraction. Même s'ils ne savent pas patiner, au contraire de la plupart des Québécois d'origine, ils peuvent faire leur premiers pas en s'appuyant sur un support d'apprentissage, prêté gratuitement en dehors des périodes de grande affluence.

Cet accessoire est aussi fort utile aux enfants qui en sont à leurs débuts, tout comme le casque protecteur disponible en location. Des cours de patin sont adaptés pour les jeunes de 4 à 12 ans.

Animation

Les animations du samedi et du dimanche sont souvent destinés aux bouts de chou (12 ans et moins). Par contre, les soirs du vendredi et du samedi, il arrive fréquemment qu'un DJ fasse patiner la foule sur des airs disco.

Clin d'œil

Si vous avez des amis africains, antillais ou latino-américains, ne manquez pas de leur faire vivre l'exotisme de la glace et du patin. Ils n'ont pas besoin d'équipement, car ils peuvent tout louer sur place. De plus, ils n'auront pas froid même s'ils n'ont pas de vêtements d'hiver.

Montréal
Une caverne à Saint-Léonard!

Site cavernicole de Saint-Léonard
5200 boul. Lavoisier
St-Léonard
514-252-3323

Âge minimal requis
6 ans

Activités sur place
spéléologie, visite éducative

Qui aurait cru qu'il y avait une caverne à Saint-Léonard? Située en pleine zone résidentielle, la caverne est l'une des rares cavités naturelles au Québec dans un tel endroit.

Comment s'y rendre / en voiture: autoroute Métropolitaine, sortie boulevard Viau / en transport en commun: métro Viau, puis autobus 132 en direction nord, ou métro Cadillac, puis autobus 32, en direction nord

Prix d'entrée / ($)

Horaire / fin mai à mi-août mar-sam, visites à 9h45, 12h30 et 14h30

Longue de 40 m et avec une dénivellation de 9 m, la caverne aurait, selon la légende, logé les armes des Patriotes lors de la rébellion de 1837. Aucun vestige de ce passage n'a cependant été découvert.

On commence la visite de 1h45 en visionnant un diaporama qui explique ce qu'est la spéléologie et comment se forment les cavernes. Ensuite, casque sur la tête et bottes aux pieds, on entre dans les tunnels creusés par le passage des glaciers. Les enfants seront impressionnés à coup sûr.

Comme la température à l'intérieur de la caverne tourne autour de 5°C, mieux vaut s'habiller en conséquence et porter des bottes de pluie.

Les réservations sont obligatoires.

Montréal

Une exploration dans le ciel au Planétarium de Montréal

Planétarium de Montréal
1000 rue St-Jacques O.
514-872-4530
www.planetarium.montreal.qc.ca

Activités sur place
visite éducative

En 1966, bien avant qu'on parle de réalité virtuelle avec la venue des ordinateurs, le Planétarium de Montréal ouvrait ses portes pour nous donner la chance d'observer le ciel étoilé ou, plutôt, une reproduction fidèle.

Ainsi, en tout temps, peu importe les conditions atmosphériques, il devenait possible de voir à l'œil nu les mouvements de la voûte céleste, grâce à un planétaire (projecteur d'étoiles) et à un vaste dôme qui sert d'écran.

Théâtre des étoiles

Sous le dôme se trouve une salle de quelque 325 places. C'est le Théâtre des étoiles, où l'on projette des spectacles multimédias et des animations astronomiques pour toute la famille, sans oublier le ciel de la saison.

Le planétaire, qui compte plus de 150 projecteurs fixes ou mobiles, permet de reproduire aussi bien des constellations qu'une pluie d'étoiles filantes. Plus encore, il montre le ciel comme on pourrait le voir à l'œil nu de n'importe où dans le monde et à n'importe quel moment, passé ou à venir.

Un nouveau Planétarium

Prévu pour 2012, le nouveau Planétarium sera situé à côté du Biodôme de Montréal dans le Parc olympique. Sa superficie sera trois fois plus grande que l'actuelle.

Ce qui permettra au planétarium d'avoir deux «théâtres des étoiles», plusieurs laboratoires, un centre de documentation et une salle d'exposition permanente de 400 m².

Le théâtre principal sera sans aucun doute l'élément clé du nouveau Planétarium. Les visiteurs y plongeront, avec un réalisme étonnant, dans un amas d'étoiles ou survoleront la surface d'une planète.

Comment s'y rendre / en voiture: par la rue Peel / en transport en commun: métro Bonaventure / nouveau Planétarium: en voiture: rue Sherbrooke Est / en transport en commun: métro Pie-IX ou Viau / à vélo: par la piste cyclable de la rue Rachel

Prix d'entrée / ($)

Stationnement / ($)

Services / boutique

Horaire / mi-juin à début sept et mi-déc à début jan tlj, fin jan à mi-juin et début sept à mi-déc mar-dim

Montréal

Une sortie à la Grande Bibliothèque

Grande Bibliothèque
475 boul. De Maisonneuve E.
514-873-1100
www.banq.qc.ca

Activités sur place
lecture, animation

Sur le boulevard De Maisonneuve Est, à l'angle de la rue Berri se trouve la Grande Bibliothèque, qui a ouvert ses portes le 30 avril 2005.

Quatre millions de document

Projet pharaonique de près de 100 millions de dollars, ce bâtiment lumineux de six étages, construit tout en contraste de bois et de verre, concentre plus de quatre millions de documents, soit la plus importante collection québécoise de livres et de supports multimédias.

Après avoir jeté un coup d'œil, à l'entrée principale du bâtiment, sur cet «arbre de la connaissance», véritable bouquet d'étincelles d'aluminium, conçu par l'artiste Jean-Pierre Morin, empruntez l'un des ascenseurs panoramiques jusqu'au dernier étage: vous y aurez une vue imprenable sur Montréal.

Activités pour les enfants

La bibliothèque organise plusieurs activités pour les enfants. Que ce soit par le conte, le théâtre ou la musique, on y fait plus que de la lecture.

Comment s'y rendre / en voiture: par le boulevard De Maisonneuve ou la rue Berri / en transport en commun: métro Berri-UQAM / à vélo : par la piste cyclable de la rue Berri

Prix d'entrée / (G)

Horaire / mar-ven 10h à 22h, sam-dim 10h à 18h

Montréal

Voyage olfactif au Jardin botanique de Montréal

Jardin botanique de Montréal
4101 rue Sherbrooke E.
514-872-1400
www.ville.montreal.qc.ca/jardin

Plantes
22 000 espèces et variétés

Arboretum
2 000 espèces de partout dans le monde

Activités sur place
visite éducative

Quand on parle du Jardin botanique de Montréal, on ne réalise pas à quel point il s'agit d'une attraction d'envergure internationale. À preuve, le site reçoit près d'un million de visiteurs par année.

De ce nombre, près de la moitié sont des touristes étrangers, surtout des Américains et des Français.

Circuit

Par où commencer votre visite? Pourquoi pas par les «jardins d'exposition», à l'ouest, en vous attardant aux plantes médicinales? Peut-être y verrez-vous l'échinacée pourpre dont l'extrait donne de l'énergie aux humains.

Plus au nord, des canards sauvages pataugent dans des étangs égayés par les grosses fleurs blanches et jaunes des nénuphars. Chemin faisant, vous traverserez la roseraie, d'où se dégage un parfum enivrant. Des rosiers, il y en a 10 000. Alors, imaginez le bouquet!

Balade dans les serres

Ouvertes en 1958, les 10 serres d'exposition couvrent une superficie de 4 000 m². Les visiter devient presque une expédition. C'est si grand qu'il est à peu près impossible de tout voir en une seule fois.

En hiver, la végétation luxuriante et la chaleur humide donnent une atmosphère de tropiques instantanés. En été, vous retrouvez un abri contre la chaleur accablante ou contre la pluie. Vous y découvrez entre autres l'exotisme des penjings, ces petits arbres nains de la Chine. Chacune des serres vous entraîne dans une partie du monde différente.

Floraisons et plantes tropicales

Agrémentée d'une mezzanine et d'une cascade, la grande serre d'exposition se métamorphose au gré des saisons. Au printemps, les papillons virevoltent par milliers lors de l'événement «Papillons en liberté», suivi en été par de magnifiques floraisons, alors qu'octobre ramène le «Grand Bal des citrouilles».

«Serre du Soleil», l'hacienda, grâce à son architecture d'influence espagnole, vous fait faire un voyage éclair au Mexique et en Amérique du Sud. Sa cour est égayée de cactus et de plantes grasses de toutes sortes. Là, comme dans la serre des régions arides, vous retrouvez entre autres plusieurs espèces d'agaves, des plantes grasses avec lesquelles on fait la tequila au Mexique.

La serre des plantes tropicales alimentaires vous fait connaître à son tour caféier, figuier, etc., bref, 80 espèces qui fournissent nourriture, fibres pour tissus, épices ou médicaments. Décidément, explorer les serres, c'est aussi un voyage éclair au pays de la connaissance.

À voir ou à revoir

Le site est tellement grand qu'il est presque impossible de tout voir en une seule visite. Après tout, il y a une trentaine de jardins. Mais ne manquez surtout pas ce qui fait la renommée du Jardin botanique de Montréal, soit le Jardin de Chine, le Jardin japonais et le Jardin des Premières-Nations. Sans parler de l'Arboretum et de la Maison de l'arbre. Voilà sans doute pourquoi des visiteurs y sont déjà allés plusieurs fois!

Comment s'y rendre / en voiture: rue Sherbrooke Est par la rue Viau ou le boulevard Pie-IX / en transport en commun: métro Pie-IX ou Viau / à vélo: par la piste cyclable de la rue Rachel

Prix d'entrée / ($) / incluant l'accès à l'Insectarium

Stationnement / ($)

Services / boutique, mini-train durant l'été, restaurant

Horaire / tlj 9h à 17h (jusqu'à 18h en été et jusqu'à 21h en automne), sauf les lundis du début janvier à la mi-mai et du début novembre à la fin décembre (ouvert les jours fériés)

Festivals

Montréal

Des dimanches rassembleurs lors des Tam-tams du mont Royal

Tam-tams du mont Royal
Monument à Sir George-Étienne Cartier
avenue du Parc (au sud de l'avenue du Mont-Royal)

Quand
tous les dimanches de beau temps, de mai à octobre

Dès le premier dimanche de beau temps, en mai, une marée humaine circule au pied du mont Royal, près de l'avenue du Parc. Des dizaines de percussionnistes, regroupés autour du monument à Sir George-Étienne Cartier, font résonner leurs tambours à l'unisson.

Puis, le rythme augmente et devient frénétique. Ceux qui se défoulent en dansant lèvent les bras, et tout le monde crie sa joie.

Pas de paroles. Que du plaisir brut. Impossible de rester de glace dans cette ambiance torride, où le rythme est si contagieux.

Joueurs et danseurs

Qui donc joue du tambour? Une minorité seulement sont de vrais musiciens, mais tous sont des passionnés. Des gens de tous les âges et de tous les genres, au statut social non visible. Un jeune aux cheveux courts et aux gros bras. Un doyen aux cheveux longs, de l'époque Peace and Love. Un bambin blondinet qui tapote sur son petit tam-tam, sous le regard amusé de sa mère. Une ado aux cheveux mauves.

Des Noirs et des Blancs

Les danseurs au pied du monument sont tout aussi différents. Une Antillaise avec sa petite fille dans ses bras. Un rocker tatoué. Un vieil homme avec un costume de spectacle flamboyant. Des ados.

Comment s'y rendre / en voiture: par l'avenue du Parc ou par l'avenue du Mont-Royal Ouest / en transport en commun: métro Mont-Royal, puis autobus 11 / à vélo: par la piste cyclable de la rue Rachel

Prix d'entrée / (G)

Une tradition

Ce rassemblement dominical a lentement commencé en 1978, alors que Michel Séguin, considéré comme le père de la percussion à Montréal, allait jouer avec ses deux fils et des amis sur la place Jacques-Cartier, dans le Vieux-Montréal. À la suite des plaintes des résidents, ils se sont déplacés au pied du mont Royal.

Le mouvement n'a jamais cessé d'attirer des joueurs de tambour et une foule de plus en plus nombreuse. Si bien que des marchands se sont installés sur des couvertures pour étaler leur camelote, à quelques pas du monument. On y déniche bagues et pendentifs en argent, colliers en billes de bois, bracelets de cuir, pipes à hasch...

Finalement, le seul déplaisir, c'est de chercher un stationnement. Mieux vaut y aller par les transports en commun ou en taxi.

Le déplacement en vaut la peine. Il y a quelque chose d'extraordinaire dans le fait que 4 000 à 5 000 personnes de tout âge se retrouvent au pied de la montagne, et ce, de façon aussi harmonieuse. C'est la célébration de la tolérance et de la différence.

Montréal

Plaisirs gratuits au parc Jean-Drapeau lors de la Fête des enfants de Montréal

Fête des enfants de Montréal
parc Jean-Drapeau
île Ste-Hélène
514-872-6120
www.ville.montreal.qc.ca/
fetedesenfants

Quand
3ᵉ week-end d'août

Le troisième week-end d'août, le parc Jean-Drapeau se transforme et devient un grand parc d'amusement gratuit pour les enfants de moins de 12 ans et leurs parents. Une centaine d'activités y sont alors organisées. Clowns, jongleurs, musiciens et mascottes se promènent ici et là. Les grandes étendues de gazon se prêtent à un joyeux pique-nique.

Des jeux partout

Dans la Zone gonflée Caravane glacée se dressent une quinzaine de jeux gonflables. Des modèles adaptés aux bouts de chou de 5 ans et moins sont aussi disponibles.

Un terrain de jeux format géant donne l'occasion de participer à toutes sortes de sports dont le volleyball, le soccer et le frisbee «extrême». Un mur d'escalade donne l'occasion aux jeunes de faire leurs premiers pas comme grimpeurs. Leur sécurité est assurée par un harnais et par la supervision d'instructeurs des Scouts du Montréal métropolitain.

Des ateliers de création et d'expression sont aussi offerts dans un esprit de découverte des autres cultures. Les jeunes s'initient aux danses traditionnelles, à l'artisanat et aux jeux des enfants issus des quatre coins du monde.

Plusieurs trampolines sont aussi mis à la disposition des enfants afin qu'ils puissent s'initier à cette activité en toute sécurité.

Services pour poupons

Même les poupons peuvent être de la partie, car on retrouve tous les services requis sur place: stationnement pour poussettes, tente d'allaitement, tables à langer, chauffe-biberons et four à microondes. Il n'y a donc pas de raison de rester à la maison avec bébé durant ce week-end dédié à nos enfants.

Comment s'y rendre / en voiture: par l'autoroute Bonaventure, puis le pont de la Concorde; ou par le pont Jacques-Cartier, sortie parc Jean-Drapeau / en transport en commun: métro Jean-Drapeau

Prix d'entrée / (G)

Stationnement / ($)

SUR LA RIVE-NORD

Lanaudière

Berthierville

1. **L'île de la commune et l'Île du Milieu** (voir p. 89)

Joliette

2. **Rivière L'Assomption** (voir p. 78)

Notre-Dame-de-la-Merci

3. **Parc régional de la Forêt Ouareau** (voir p. 88)

Rawdon

4. **Arbraska Rawdon** (voir p. 97)
5. **Parc des Cascades** (voir p. 80)
6. **Parc des Chutes-Dorwin** (voir p. 80)
7. **Terre de bisons** (voir p. 123)

Saint-Côme

8. **Au canot volant** (voir p. 78)
9. **Parc régional de la Chute-à-Bull** (voir p. 79)

Saint-Donat

10. **Mont Sourire** (voir p. 93)
11. **Sentier national en Matawinie** (voir p. 95)

Saint-Ignace-de-Loyola

12. **Pourvoirie Roger Gladu** (voir p. 89)

Saint-Jean-de-Matha

13. **Auberge de la Montagne Coupée** (voir p. 97)
14. **Parc régional des Chutes-Monte-à-Peine-et-des-Dalles** (voir p. 82)
15. **Super-Glissades St-Jean-de-Matha** (voir p. 124)

Saint-Zénon

16. **Parc régional des Sept-Chutes** (voir p. 94)

Sainte-Émélie-de-l'Énergie

17. **Pourvoirie Auberge La Barrière** (voir p. 92)

Laurentides

Brownsburg-Chatham

18. **La Clef des Champs** (voir p. 129)

Estérel

19. **Centre de ski de fond et raquette de l'Estérel** (voir p. 106)

Lac-Supérieur

20. **Parc national du Mont-Tremblant** (voir p. 114)

Mirabel

21. **Domaine Magaline** (voir p. 133)
22. **Parc du Domaine Vert** (voir p. 117)

23. **Parc régional éducatif du Bois-de-Belle-Rivière** (voir p. 100)

Mont-Tremblant

24. **Station Mont Tremblant** (voir p. 110)

Morin-Heights

25. **Parc du Corridor aérobique** (voir p. 151)
26. **Ski Morin Heights** (voir p. 112)

Oka

27. **Parc national d'Oka** (voir p. 101)

Mauricie

Outaouais

Au bord de l'eau

Lanaudière

Activités sur la rivière L'Assomption

Corporation de l'aménagement de la rivière L'Assomption
Pavillon de la Rivière
100 rue Fabre, Joliette
450-755-1651
www.cara.qc.ca

Au canot volant
2058 route 347 (rang Versailles)
St-Côme
450-883-8886
www.canotvolant.ca

Sentiers pédestres
5 km

Patinoire
9 km (aller-retour)

Activités sur place
canot, kayak, randonnée pédestre, patinage

Ayant longtemps vécu des coupes des bois, le village de Saint-Côme, à l'est du parc national du Mont-Tremblant, est resté simple et authentique. Comme l'autoroute ne s'y rend pas, l'endroit a jusqu'à présent évité un trop grand développement touristique et immobilier.

Descente de rivière

Un peu passé le village de Saint-Côme, l'entreprise Au canot volant loue canots et kayaks dans un secteur de la rivière L'Assomption où les petits rapides sont accessibles même aux nouveaux venus. Un service de navette en camionnette vous évite de transporter l'embarcation et d'utiliser deux véhicules.

Les embarcations sont stables et sécuritaires. Les canots prennent aisément à bord deux parents, avec un enfant au centre. Le maniement des larges kayaks de plaisance simples n'exige pas de cours

Comment s'y rendre / en voiture: autoroute 40, sortie 122, autoroute 31 jusqu'à Joliette. Pour vous rendre à Saint-Côme, route 131 Nord à partir de Joliette et route 347 Ouest.

Tarifs / ($-$$$$)

Service de location / ($-$$) / canots, kayaks simples de plaisance, location de casiers pour le patinage au Pavillon de la Rivière, location de patins

Autres services / en hiver: casse-croûte, relais chauffés, aiguisage de patins ($)

Horaire / descente en canot et kayak: avr à sept / patinoire: jan et fév lun-ven 11h à 17h, sam-dim 10h à 17h

d'initiation au préalable, contrairement aux étroits kayaks de rivière munis d'une jupette.

Parmi les trois parcours offerts, celui de La Petite Descente est le plus court et le plus facile avec 6 km de descente. Si les premiers remous ont l'air un peu intimidants, vous vous rendez vite compte qu'ils ne sont pas suffisamment puissants pour déstabiliser l'embarcation.

Toute une patinoire!

Les deux corridors de glace de près de 5 km qui apparaissent sur la rivière L'Assomption lors de la saison froide en font la plus longue patinoire sur rivière au Québec. Il faut 90 min pour parcourir la patinoire dans les deux sens. C'est vous dire à quel point c'est grand.

Contrairement aux autres patinoires, vous n'avez pas à tourner en rond. Plus que n'importe où ailleurs, vous pouvez filer à vive allure dans les secteurs moins achalandés. Mais faites-le seulement quand la glace est lisse, après quelques jours de grand froid.

La patinoire est accessible par près d'une dizaine d'endroits dont le Pavillon de la Rivière. Vous y retrouvez trois abris chauffés pour chausser vos patins. Au fait, si la patinoire est si bien organisée, c'est que la Corporation de l'aménagement de la rivière L'Assomption assure la gestion et l'entretien du site depuis 1990.

Lanaudière

Le parc régional de la Chute-à-Bull, un territoire méconnu

Parc régional de la Chute-à-Bull
rang des Venne
St-Côme
450-883-2730 ou 866-266-2730

Sentiers pédestres
9 km

Activités sur place
marche

À Saint-Côme, un secteur surtout fréquenté pour la chasse et la pêche dans des pourvoiries, vous découvrez cette fois le parc régional de la Chute-à-Bull, laquelle tire son nom du premier draveur à avoir utilisé la rivière pour le transport du bois. D'ailleurs, ici et là le long du sentier, des panneaux explicatifs racontent l'épopée des bûcherons.

Chute isolée

Encore méconnu, ce territoire est sillonné par 9 km de sentiers. L'un d'eux, d'une longueur de seulement 1,5 km, permet d'atteindre les chutes. Peu développé, le site ne dispose d'aucun service, si ce n'est des toilettes sèches. Ceux qui aiment les lieux sauvages et peu fréquentés ne s'en plaindront pas.

La chute coule le long d'une falaise tout en laissant un nuage de bruine au-dessus du bassin de la rivière où elle se jette. Sa forme rappelle ces chutes dans les coins montagneux des Antilles à l'écart des sites touristiques. De toute beauté!

En aval, des cascades se jetant dans des bassins peu profonds permettent de se rafraîchir. Bien entendu, vous vous baignez à vos risques. Il suffit de faire preuve de prudence et de bon jugement, en chaussant des sandales antidérapantes et en évitant les rapides.

Comment s'y rendre / en voiture: autoroute 40 Est, route 131 Nord, route 347 Ouest et rang des Venne

Prix d'entrée / ($)

Horaire / tlj 9h à 18h, jusqu'à 17h en hiver

Lanaudière

Pique-nique
au bord de la rivière Ouareau

Parc des Chutes-Dorwin
3074 1ʳᵉ Avenue (route 337), Rawdon
450-834-2596
www.rawdon.ca

Parc des Cascades
6669 boul. Pontbriand (route 341)
Rawdon
450-834-2596
www. rawdon.ca

Sentiers
2,5 km

Activités sur place
marche, pique-nique

La popularité des chutes Dorwin, à Rawdon, ne se dément pas. Malgré une hauteur plutôt modeste de 20 m, elles demeurent spectaculaires. Encaissées dans une gorge de la rivière Ouareau, elles se jettent avec puissance sur les rochers.

À même la falaise, en haut à droite, on croit voir le profil d'un visage. Selon la légende, c'est la tête du sorcier Nipissingue, changé en pierre après avoir jeté dans l'abîme l'infirmière qui soignait son ennemi juré, Arondack.

Tourbillons dangereux

Ici, la beauté côtoie non seulement l'aspect mystique des lieux mais aussi le danger. Pas pour les visiteurs sur les passerelles, mais pour les jeunes téméraires osant défier les forces des tourbillons au creux du canyon. Dans les secteurs les plus turbulents se sont produites plusieurs noyades. On ne le dira jamais assez, un tel endroit est dangereux pour la baignade.

Chutes bavardes

Même depuis les sentiers, dans la forêt voisine, les chutes se font entendre. Cet écoulement incessant anime le site. À défaut de pique-niquer tout près, vous avez le loisir de vous installer sous de grands pins en guise de parasols, à deux pas du stationnement. Le site est enchanteur. Avec les enfants, c'est aussi plus sécuritaire de se trouver à une bonne distance des chutes pour casser la croûte.

Cascades fréquentées

Peu après avoir traversé le village de Rawdon, on découvre cette fois le parc des Cascades. Ici, la rivière Ouareau se transforme en un immense escalier fait de gros rochers plats. Durant la canicule,

Clin d'œil

Les chutes Dorwin sont à la fois les plus belles et les plus faciles d'accès à partir de Montréal. Cette destination est une valeur sûre, car elle plaît à beaucoup de gens, même à ceux qui ne sont pas des adeptes assidus de plein air.

plein de monde s'y installe pour profiter du soleil et se rafraîchir un peu. Nombreux sont ceux qui défient l'interdiction de baignade.

Sur la berge boisée, ce parc municipal se prête bien à un pique-nique. Puisque les week-ends de l'été sont très achalandés, dénicher une table n'est pas garanti. Mieux vaut apporter une couverture.

Parc des Chutes-Dorwin

Comment s'y rendre / en voiture: autoroute 25, route 125 et route 337, Nord / en transport en commun: métro Radisson, puis autobus 125 de la CRT Lanaudière

Prix d'entrée / ($)

Horaire / mi-mai à début oct tlj 9h à 20h

Parc des Cascades

Comment s'y rendre / en voiture: autoroute 25, route 125, route 337, rue Queen à gauche, 11e Avenue à gauche, route 341 / en transport en commun: métro Radisson, puis autobus 125 de la CRT Lanaudière

Prix d'entrée / ($)

Horaire / mi-mai à début oct tlj 9h à 20h

Lanaudière

Les gorges de la rivière L'Assomption au parc régional des Chutes-Monte-à-Peine-et-des-Dalles

Parc régional des Chutes-Monte-à-Peine-et-des-Dalles
Porte St-Jean-de-Matha: 440 rang Ste-Louise O.
Porte Ste-Béatrix: 561 rang des Dalles
Porte Ste-Mélanie: 60 ch. Champ-Vallon
450-883-6060
www.parcdeschutes.com

Sentiers pédestres
17 km (dont un sentier de 1,8 km pour l'interprétation de la nature)

Activités sur place
randonnée pédestre, cours de survie, pique-nique

Certains baby-boomers et leurs parents se rappelleront d'avoir vu à la télé une chute dans plusieurs scènes des Belles Histoires des Pays d'en Haut.

Monte-à-Peine

Il s'agit de la chute Monte-à-Peine à Saint-Jean-de-Matha, facile à reconnaître avec ses multiples petits escaliers à même un gros rocher. À partir du stationnement, il faut seulement 15 min de marche pour se rendre à la série de cascades. Au pied des eaux vives, dans un bassin plus calme, il n'est pas rare de voir des gens qui se baignent, même si c'est interdit. Les plus téméraires s'élancent à partir d'un cap de roche.

Autres chutes

Dans la rivière L'Assomption coulent deux autres chutes, également situées au cœur du parc régional des Chutes-Monte-à-Peine-et-des-Dalles, un territoire un peu plus grand que le parc du Mont-Royal à Montréal.
À Sainte-Béatrix, les chutes grognent au fin fond d'une gorge. C'est impressionnant, tout

Clin d'œil

Avant de devenir un parc très fréquenté, le site était un coin secret fréquenté par des nudistes. Pour contrôler cette pratique, les autorités locales ont commencé à encadrer le site, d'où la création d'un parc régional.

comme le pont suspendu au-dessus de ce canyon, un peu plus loin dans la forêt. Vous avez aussi accès au parc par Sainte-Mélanie. Les sentiers mènent aux chutes, longent la rivière ou passent près d'un belvédère.
À défaut d'un chalet d'accueil à chacune des trois entrées, on retrouve des petits bâtiments avec toilettes et eau potable provenant d'un puits artésien.

Comment s'y rendre / en voiture: autoroute 40 Est, route 31 (Joliette) et route 131 jusqu'à Saint-Jean-de-Matha

Prix d'entrée / ($)

Horaire / fin avr à mi-juin et mi-août à fin oct tlj 9h à 18h, mi-juin à mi-août tlj 9h à 20h

Laurentides

Autour des chutes Wilson, au parc régional de la Rivière-du-Nord

Parc régional de la Rivière-du-Nord
750 ch. de la Rivière-du-Nord
St-Jérôme
450-431-1676
www.parcrivieredunord.ca

Sentiers pédestres
32 km

Voies cyclables
14,5 km

Trajet cyclable
de Saint-Jérôme à Prévost, aller-retour

Distance totale
20 km

Lien cyclable
parc linéaire Le P'tit Train du Nord

Activités sur place
randonnée pédestre, vélo, canot, kayak, ornithologie, pêche, volleyball, pique-nique

À Saint-Jérôme, dans le parc régional de la Rivière-du-Nord, il faut seulement 15 min de marche ou quelques coups de pédales à partir du gros chalet d'accueil en bois rond pour se retrouver près des chutes Wilson.

Activités variées

Les chutes Wilson attirent inévitablement tous les visiteurs du parc. Des randonneurs font une halte, juste pour les admirer, puis repartent sur le sentier. Nombreux sont ceux qui viennent seulement pour pique-niquer ou se prélasser sur les roches plates des rives.

Plusieurs pêcheurs viennent taquiner la truite arc-en-ciel dans les fosses entre les rapides, en aval des chutes. Parfois, ce sont des adeptes de la pêche à la mouche, maniant la canne avec grâce. D'autres fois, des enfants venus à bicyclette avec leur canne à pêche capturent quelques truites près du petit pont, en se servant tout simplement de sauterelles qu'ils viennent d'attraper dans les champs.

La rivière du Nord se fait aussi invitante pour une balade en kayak ou en en canot. Voilà beaucoup de qualités pour une petite rivière!

En vélo

Au parc régional de la Rivière-du-Nord, un sentier en poussière de roche, aussi emprunté par les marcheurs, traverse la forêt et longe des cascades. La boucle de 20 km est un bien petit parcours comparé au parc linéaire Le P'tit Train du Nord, mais pour un après-midi c'est parfait.

En partant du chalet d'accueil du parc à Saint-Jérôme, vous vous retrouvez en quelques coups de pédales aux abords des chutes Wilson. Passé un petit pont, des cascades se bousculent. De grandes roches plates se font invitantes pour un bain de soleil. Dans des cuvettes peu profondes, près des rives, il y a souvent des gens assis dans l'eau.

En montant une pente, vous arriverez à un cap coiffé de grands pins. C'est l'endroit idéal pour une halte ou un pique-nique. Le point de vue donne sur les eaux vives au pied d'un ancien barrage. De là, le sentier rejoint la piste Le P'tit Train du Nord, que vous emprunterez sur une dizaine de kilomètres. Après la gare de Prévost, laissez la piste pour suivre la rue de la Station et traverser la route 117. Par le chemin du Plein Air, vous rejoindrez le sentier qui permet de revenir vers le chalet d'accueil du parc.

Le long du parcours, vous pédalerez au bord de l'eau et souvent sous les arbres. Que demander de plus?

Comment s'y rendre / en voiture: autoroute 15 Nord, sortie 45 / en autocar: Station Centrale de Montréal, transport avec Autocar Galland jusqu'au terminus de Saint-Jérôme, puis autobus 3 jusqu'au Carrefour du Nord; de là, le chalet d'accueil du parc se trouve à 5 min de marche

Prix d'entrée / ($) / 17 ans et moins (G)

Service de location / ($$-$$$) / pédalos, canots et kayaks simples ou tandems, vélos, canne à pêche

Autres services / aires de pique-nique

Horaire / mai à fin nov tlj 9h à 19h, déc à fin avr 9h à 17h

Laurentides

Le parc de la rivière Doncaster, le joyau méconnu de Sainte-Adèle

Parc de la rivière Doncaster
4675 ch. de la Doncaster
Ste-Adèle
450-229-6686
www.ville.sainte-adele.qc.ca

Sentiers
10 km (dont 2 km accessibles aux poussettes et fauteuils roulants)

Chiens
acceptés si tenus en laisse

Activités sur place
randonnée pédestre, ornithologie, pêche, pique-nique, géocaching

Contrairement à ce qu'on croit, la région des Laurentides n'est pas faite seulement de petites montagnes coiffées de chalets. Prenez pour exemple le parc de la rivière Doncaster, à Sainte-Adèle.

Le long du cours d'eau, les jolis points de vue se succèdent près des sentiers: des cascades sinueuses, des falaises boisées, des îlots de roches coiffés de grands pins...

Coins retirés

Près du kiosque d'accueil, une passerelle enjambe la rivière pour rejoindre le Grand Sentier, un chemin de gravier qui mène à un réseau de sentiers. Ce chemin longe le cours d'eau sur 3 km. De temps à autre, il suffit de sortir du chemin pour pénétrer dans la forêt et se retrouver au bord de la rivière, sur un gros cap de roche. C'est l'un des charmes de cet endroit. Il y a toujours un petit coin retiré pour faire une pause ou pique-niquer.

Sentier sauvage

En partant du chemin, vous avez accès à six sentiers dont plusieurs grimpent dans la montagne. Empruntez le sentier n°1, une boucle d'un peu plus de 1 km. Comme ce sentier est criblé de racines et de grosses pierres, puis ponctué de pentes ici et là,

il faut marcher lentement et être chaussé en conséquence. Quand le sentier rejoint la rivière, les paysages se révèlent spectaculaires. En bas d'une série de cascades glissant sur de grandes parois, se dresse, comme un monument, un énorme rocher. À vos pieds, une île boisée borde les rapides.

Ces paysages, vous avez la liberté de les découvrir en compagnie de votre chien, accepté si tenu en laisse. Voilà qui est rare dans un parc en milieu sauvage.

Comment s'y rendre / en voiture: autoroute 15 Nord, sortie 67, rue Saint-Joseph (à droite), rue Rolland (à gauche), chemin Doncaster (à gauche)

Prix d'entrée / ($)

Horaire / mai à mi-nov tlj 8h à 18h

 Laurentides

Place à la raquette de montagne au parc régional Dufresne

Parc régional Dufresne
1165 ch. Condor
Val-David
819-322-6999
www.parcregionaldufresne.com

Sentiers de raquettes
28 km

Pistes de ski de fond
63 km, dont 20 hors-piste

Sentiers cyclables
13 km

Activités sur place
raquette, ski de fond, glissade, randonnée pédestre, vélo, escalade

Les temps changent! Dans les Laurentides, berceau du ski de fond au Québec, on retrouve de plus en plus de sentiers pour la raquette de montagne. C'est le cas au parc régional Dufresne, qui comprend l'ancien Centre de ski de fond de Val-David et le réseau de pistes de ski de fond de Far Hills à Val-Morin. Le territoire englobe les monts Condor, King et Césaire.

La beauté des paysages enchante: sapins enneigés, falaises glacées, montagnes à perte de vue... Grâce à la raquette de montagne, qui permet de grimper les pentes sans déraper, de telles scènes sont davantage à la portée des randonneurs d'occasion. Avant, seuls ceux qui avaient l'habileté d'emprunter les pistes de ski de fond difficiles avaient droit aux plus beaux paysages.

Mont Condor

Le sentier A pénètre dans une sapinière dense, puis grimpe lentement. La pente, sans être abrupte, vous oblige à marcher lentement, pour ne pas trop dépenser d'énergie dès le départ et transpirer inutilement. Au pied du mont Condor, le sentier longe une série de gros rochers d'escalade, trois fois la hauteur d'une personne. Sur le sentier D, le parcours se dirige vers le sommet en empruntant deux courbes, ce qui adoucit la montée. Le trajet mène à la paroi d'escalade, recouverte de glace. Pour rester sur le circuit, ne perdez pas de vue les petites pancartes bleues et les rubans rouges attachés aux branches. Sinon, vous pourriez aboutir à la base de la paroi rocheuse, jusqu'à un passage à peine plus large que les raquettes.

À flanc de falaise, des glaçons beaucoup plus gros que vous se font menaçants. Même s'ils semblent bien accrochés à la paroi rocheuse, mieux vaut garder vos distances. On ne sait jamais. Ça pourrait être dangereux.

Au sommet

Le sentier mène au sommet de la paroi, à 460 m d'altitude. Vous y avez un beau

Clin d'œil

Les raquettes de montagne permettent de fouler des sentiers accidentés qui seraient difficiles d'accès en skis de fond. C'est le cas au pied du mont Condor où vous contournez de gros rochers.

point de vue sur les rues boisées et paisibles du village de Val-David, avec des montagnes à l'infini en arrière-plan. Petit détail: il n'y a pas de rampe. La prudence s'impose, surtout avec des ados.

À quelques minutes de là se trouve cette fois le belvédère du mont Condor, sécuritaire et confortable avec ses trois longs bancs. Après vous être régalé du point de vue, empruntez successivement les sentiers C, B et A. Presque tout le long du trajet, la pente vous fait descendre à grands pas. Au total, l'excursion dure 2h30 dont moins de 1h pour le retour. Chemin faisant, vous marchez tantôt sous les sapins chargés de neige, tantôt près des falaises givrées. C'est tout simplement féerique.

Comment s'y rendre / en voiture: autoroute des Laurentides (15), sortie 76, route 117 Nord, rue de l'Église à droite, traverser le village, puis après le parc linéaire, à droite dans le chemin de la Sapinière et encore à droite après le petit pont qui enjambe le lac Sapinière

Prix d'entrée / ($-$$)

Service de location / ($-$$) / raquettes de montagne, skis de fond

Horaire / tlj 8h30 à 16h30

Outaouais

Pique-nique au Site historique des chutes de Plaisance

Site historique des Chutes de Plaisance
100 rue Malo, Plaisance
819-427-6400
www.ville.plaisance.qc.ca

Sentiers pédestres
2 km

Activités sur place
randonnée pédestre, pique-nique

Si vous longez la rivière des Outaouais à Plaisance, jamais il ne vous viendrait à l'esprit que près de ce milieu plutôt plat et marécageux rugissent des chutes. Il faut dire qu'elles sont situées à l'intérieur des terres, là où la plaine agricole cède soudainement sa place aux escarpements de la rivière de la Petite-Nation.

Une petite route sinueuse aboutit au Site historique des chutes de Plaisance. À partir du stationnement, un sentier mène à un belvédère qui surplombe les chutes.

Anciens moulins à scie

Les eaux écumantes roulent sur deux paliers à une dénivellation de plus de 60 m, pour ensuite se séparer à même un gros rocher. Sur un coteau, des tables de pique-nique sont disposées sous les arbres, un peu en retrait. L'endroit est idéal pour manger en plein air.

Comme aucune infrastructure moderne ne vient altérer le paysage, on se sent à l'époque du village de North Nation Mills. Rappelons qu'au XIXe siècle deux moulins à scie étaient en exploitation. Ils sont aujourd'hui démantelés. Propriété d'Hydro-Québec jusqu'à maintenant, les chutes de Plaisance pourraient éventuellement passer aux mains de la Sépaq, qui désire en acquérir la gestion et qui gère

★ *Clin d'œil*

Pour un pique-nique, rares sont les sites aussi paisibles. Installé aux abords de la forêt, vous êtes dans un coin retiré des regards sans être bien loin.

déjà le parc national de Plaisance, situé tout près.

Pour remonter dans le temps, adressez-vous aux préposés à l'accueil, qui vous expliqueront la maquette de l'ancien village et commenteront quelques photos d'époque.

Comment s'y rendre / en voiture: route 148 Ouest, rue Papineau à droite, rue Malo à gauche

Prix d'entrée / ($)

Horaire / fin juin à début sept tlj 10h à 18h, horaire variable hors saison

En pleine nature

Lanaudière

Des montagnes encore vierges au parc régional de la Forêt Ouareau

Parc régional de la Forêt Ouareau
1500 route 125
Notre-Dame-de-la-Merci
819-424-1865
www.matawinie.org

Sentiers pédestres
plus de 100 km, dont 20 km sur le Sentier national

Activités sur place
randonnée pédestre, vélo de montagne, canot, kayak, escalade

Méconnue, la Forêt Ouareau est pourtant le plus grand espace encore sauvage situé le plus près de Montréal. C'est trois fois plus grand que le parc national du Mont-Orford.

Dans ce territoire, les montagnes de la chaîne des Laurentides sont restées vierges. Elles s'étendent à perte de vue. La Forêt Ouareau demeure tout de même facile d'accès, car le chalet d'accueil du Massif se trouve près de la route 125, à Notre-Dame-de-la-Merci, soit à 17 km au sud de Saint-Donat.

Rivière

Avant même d'emprunter un sentier, procurez-vous une carte au chalet d'accueil du Massif ou à la guérite du Pont suspendu. En été, le secteur du Pont suspendu est plus agréable, car un sentier longe la rivière Ouareau, encaissée par les montagnes. Pour s'y rendre, il faut emprunter de nouveau la route 125, puis la route 347. Un chemin forestier un peu raboteux de 2 km, tout de même carrossable avec une voiture standard, s'arrête abruptement aux abords de la rivière.

Comment s'y rendre / en voiture: autoroute 25 Nord et route 125 Nord jusqu'à Notre-Dame-de-la-Merci, surveiller les indications menant à l'entrée du Massif / en autobus: Montréal (métro Radisson) à Saint-Donat avec Lanaubus; arrêt sur demande sur la route 125, près du chalet d'accueil du Massif

Prix d'entrée / ($)

Hébergement / refuges (environ 10$/nuit) / camping (environ 10$/nuit)

Horaire / toute l'année, horaire variable selon le poste d'accueil

Sentier des Murmures

En longeant la rivière vers le sud-est, vous empruntez le sentier des Murmures. Plutôt plat, le trajet n'annonce rien de spécial jusqu'à ce que vous vous retrouviez sur une pittoresque passerelle rustique épousant une courbe de la rivière. À cet endroit, le sentier des Murmures porte vraiment son nom. Sur la droite, des rapides rugissent doucement; le son semble feutré par les montagnes tout autour. Tout devient soudainement magique: de grands pins, de gros rochers, une odeur de sous-bois enivrante et le calme.

Au bout d'une heure, mieux vaut revenir si vous avez envie de marcher en montagne. Empruntez alors le Sentier national, à partir du chemin d'accès. À moins de 1 km, vous avez droit à un superbe point de vue sur la rivière Ouareau et les montagnes qui l'entourent.

Surveillez les panneaux

Prenez garde à la signalisation. Les panneaux sont souvent petits et pas forcément placés aux abords de la route d'accès. Par contre, une fois sur les sentiers, vous vous retrouverez sans trop de difficulté.

Lanaudière

L'île de la Commune de Berthier et l'île du Milieu, un sentier dans l'archipel du lac Saint-Pierre

Société de conservation, d'interprétation et de recherche de Berthier et ses îles
588 rue Montcalm, bureau 304
Berthierville
450-836-4447
www.scirbi.org

Pourvoirie Roger Gladu
2435 rang St-Pierre
St-Ignace-de-Loyola
450-836-1317
www.pourvoirierogergladu.com

Sentiers pédestres
10 km

Pistes de ski de fond
15 km

Route de glace
25 km

Chiens
acceptés si tenus en laisse

Activités sur place
randonnée pédestre, pêche, ski de fond, raquette, observation des oiseaux et des chevreuils, pêche sur glace

Au nord des îles de Sorel s'étirent les îles de Berthier. Ces deux groupes d'îles forment ensemble l'archipel du lac Saint-Pierre, un vaste élargissement du Saint-Laurent. Si, sur la rive sud, des excursions en bateau motorisé nous permettent de découvrir les îles de Sorel, celles de Berthier, sur la rive nord, ne font pas l'objet de tels circuits nautiques organisés. Par contre, vous avez la possibilité d'explorer deux îles à pied, en suivant un sentier.

Accessible à tous

Après le premier des trois ponts qui mène à Saint-Ignace-de-Loyola, à quelques kilomètres de l'autoroute 40 passé Berthier, vous voilà déjà dans les îles. Un sentier longe l'île de la Commune, entre un chenal marécageux peuplé d'oiseaux et un pâturage pour les chevaux et les vaches.

Le sentier, plat et en gravier fin, est vraiment accessible à tous, aux aînés tout comme aux parents avec leur bébé dans une poussette. Avec un bambin, l'endroit est sécurisant car une clôture, celle du pâturage de la Commune de Berthier, longe le sentier sur la droite. Sur la gauche, une rangée d'arbres, de la broussaille et des herbes denses forment une barrière en plusieurs endroits.

La première des trois tours d'observation est également à la portée de tout le monde, car elle se trouve à seulement 10 min de marche. De là-haut, vous voyez le vaste pâturage de la commune d'un côté, puis le chenal donnant sur l'île du Milieu de l'autre côté. Vous apercevez aussi des marécages, nombreux dans l'archipel du lac Saint-Pierre.

Pâturage ancestral

Le sentier linéaire, qui totalise un peu plus de 4 km aller-retour, vous permet de côtoyer un pâturage pas ordinaire. Il s'agit d'une des dernières communes au Québec qui soient exploitées depuis 1683. Cette pratique ancestrale veut que les propriétaires d'animaux paient un droit de commune pour y faire paître leur bétail tout l'été.

La commune est louée à la Société de conservation, d'interprétation et de recherche de Berthier et de ses îles (SCIRBI), qui s'occupe de l'aménagement et de l'entretien du sentier. L'organisme est propriétaire de l'île du Milieu. La SCIRBI existe non seulement pour préserver ce milieu naturel, mais aussi pour le faire découvrir. Il s'agit de l'un des plus importants secteurs marécageux du

Clin d'œil

Sur la route de glace aménagée par le pourvoyeur Roger Gladu, vous avez l'impression de rouler dans un désert blanc. Quand vous apercevez au loin le village de pêcheurs sur le lac gelé, vous êtes surpris d'y voir des gens au milieu de nulle part.

lac Saint-Pierre. Malgré la proximité de Berthierville et de l'autoroute 40, le milieu demeure encore sauvage.

L'île, aussi sillonnée par un sentier, est accessible par un petit pont sur pilotis se trouvant à 2 km du point de départ. Les deux îles sont également reliées par une pittoresque passerelle flottante traversant un marais. Les aménagements de la SCIRBI sont modestes mais bien faits.

Ski de fond et raquette en hiver

Si vous n'êtes jamais allé dans les îles de Berthier en plein hiver, vous manquez quelque chose. Vous avez le loisir de vous promener en raquettes, en skis de fond ou à pied. Vous pouvez pousser davantage votre exploration en empruntant une route aménagée sur la glace pour aller observer des chevreuils (cerfs de Virginie).

Sur l'île de la Commune de Berthier et l'île du Milieu, des pistes de ski de fond tracées mécaniquement s'étirent sur plus de 15 km entre marais gelés et petits boisés. Un sentier pédestre sur neige battue fait 6 km aller-retour. Un abri à trois côtés, doté de toilettes sèches, est approvisionné de bûches pour une halte au bord d'un feu de camp. Le secteur est paisible et retiré, sans être au bout du monde. En fait, vous vous trouvez à seulement une heure à l'est de Montréal.

Si près et sauvage

À première vue, on dirait des champs entrecoupés de petites forêts inanimées.

Mais si vous observez le moindrement tout autour, vous faites des découvertes. Ainsi, les nombreux petits monticules enneigés aux abords des chenaux et des marais gelés sont en réalité des huttes à rat musqué.

Près de l'abri à quatre côtés où l'on peut se faire un feu à l'intérieur ou à l'extérieur, une mangeoire accueille mésanges et pics. Aux alentours, des ornithophiles ont aperçu plusieurs fois une chouette laponne et une chouette rayée. Ces rapaces sont probablement attirés par les écureuils qui viennent voler des graines de tournesol dans la mangeoire. L'endroit est très populaire auprès des ornithophiles. L'organisme a d'ailleurs ajouté des tours d'observation ainsi que des pans de mur avec seulement un trou pour les yeux, afin de pouvoir observer les oiseaux sans les faire fuir.

Des chevreuils

Chose méconnue, il y a quelques chevreuils dans les îles de Berthier, au cœur du fleuve Saint-Laurent. Donc si vous êtes chanceux, vous pourriez en apercevoir.

La route de glace

Pour 6$ par voiture, vous pouvez emprunter la route de 25 km aménagée sur la glace dans les chenaux du lac Saint-Pierre par le pourvoyeur Roger Gladu, qui loue une cinquantaine de cabanes pour la pêche sur glace. La pourvoirie est un site

Clin d'œil

En plus d'observer les oiseaux, vous avez le loisir de pêcher le brochet et le doré. Le meilleur guide de pêche dans toute la région est Roger Gladu de la pourvoirie du même nom. À la fin de la journée, il coupe vos prises en filets pour que vous les apprêtiez à la maison ou à l'un de ses chalets.

propice à l'observation des chevreuils, surtout actifs vers la fin de l'après-midi.

Séjour en chalet

Pour un séjour dans les îles de Berthier, la Pourvoirie Roger Gladu, à Saint-Ignace-de-Loyola, convient à merveille. L'établissement loue cinq chalets simples mais confortables pouvant accueillir de deux à neuf personnes. Situés sur les côtes de l'île Madame, au bout du rang Saint-Pierre, en bordure du chenal de l'île aux Ours, les chalets se trouvent dans un coin retiré. De temps à autre, de petites embarcations de plaisance ou de pêche passent devant le balcon.

Tout va lentement, un peu comme dans le Sud. On dirait que le temps s'est arrêté. Dans cet endroit paisible à seulement une heure de la métropole, le stress n'existe pas.

Comment s'y rendre / en voiture: autoroute 40 jusqu'à Berthierville, sortie 144 pour Saint-Ignace-de-Loyola

Prix d'entrée / (G)

Autres tarifs / accès à la route de glace ($)

Hébergement / chalets à la Pourvoirie Roger Gladu (600$ à 1000$/sem)

Lanaudière

Pêche et nature sauvage à la pourvoirie Auberge La Barrière

Pourvoirie Auberge La Barrière
1000 ch. du Club de la Barrière
Ste-Émélie-de-l'Énergie
450-884-5748
www.aubergelabarriere.com

Activités sur place
pêche, baignade, canot, pédalo

Située à Sainte-Émélie-de-l'Énergie, la pourvoirie Auberge La Barrière offre le meilleur des deux mondes à ceux qui ont envie d'un séjour en nature pour se ressourcer. Vous vous retrouvez au fin fond des bois, et pourtant ce n'est qu'à une heure et demie au nord de Montréal.

Chose remarquable, la qualité de la pêche est avantageusement comparable à celle des territoires situés beaucoup plus au nord et accessibles seulement par des petits avions de brousse. La pourvoirie, qui comprend une près d'une dizaine de lacs, est le seul territoire au Québec abritant à la fois l'omble de fontaine (truite mouchetée), la truite arc-en-ciel, la truite arc-en-ciel dorée, la truite brune et l'omble chevalier (aussi appelé «omble de l'Arctique»).

Faune et paysages

La Barrière, c'est aussi le plaisir de décrocher complètement au contact de la nature sauvage. Si vous regardez attentivement autour de vous, vous verrez peut-être la faune se donner en spectacle: des balbuzards pêcheurs qui planent au-dessus du lac, un orignal qui s'abreuve dans une baie ou encore un castor qui nage à la surface de l'eau.

Vous ne croisez pas forcément des animaux à chaque détour de chemin, mais, si vous avez les deux yeux bien ouverts, vous finirez par voir quelque chose durant la journée. Que dire aussi des paysages! Au cœur de la chaîne des Laurentides, le territoire s'étend sur des crêtes montagneuses, à plus de 500 m d'altitude. C'est vraiment tranquille. Il n'y a pas de route qui passe tout près. Il n'y a pas de yachts bruyants ni de motomarines. Sur les lacs, vous circulez en chaloupe de pêche propulsée par un moteur électrique silencieux. Vous avez aussi le loisir de vous balader en canot ou en pédalo.

Clin d'œil

Très accueillants, les proprios, Carole et Jean-Michel Gélinas, sont à la fois simples et courtois, des qualités qu'on retrouve également chez les serveuses et les autres membres du personnel. En d'autres mots, on se sent chez soi.

Chalets et pavillons

Exception faite de la pêche d'un jour, pour avoir accès à ce havre de paix, il faut dormir au moins une nuit en chalet ou en appartement dans un des pavillons. L'établissement comprend neuf chalets, dont la plupart se trouvent au bord de l'eau. Capacité d'accueil: de 4 à 12 personnes chacun.

Malgré leur allure rustique, les chalets, alimentés à l'électricité (sauf un), offrent l'essentiel du confort moderne. Plusieurs sont même dotés d'une télé avec antenne parabolique orientable extérieure pour capter les émissions par satellite. Très en demande, les chalets sont réservés longtemps à l'avance pour presque tous les jours de juillet.

La Barrière propose aussi des séjours dans des appartements tout équipés, aménagés dans des pavillons situés à quelques pas de la salle à manger et du lac principal. Certains des appartements sont munis d'un foyer et de la télé par satellite. Bref, il ne manque de rien.

Comment s'y rendre / en voiture: autoroute 40, sortie 122, autoroute 31 jusqu'à Joliette, puis route 131 Nord, passé le village de Sainte-Émélie-de-l'Énergie

Tarifs / pêche d'un jour ($$$$)

Hébergement / chalet ou appartement

Horaire / tlj

Lanaudière

Randonnée dans la région de Saint-Donat

Tourisme Saint-Donat
536 rue Principale, St-Donat
819-424-2833 ou 888-783-6628
www.saint-donat.ca

Activités sur place
randonnée pédestre, raquette

La région de Saint-Donat est magnifiquement située. Constellée de superbes montagnes, dont quelques-unes avoisinent les 900 m d'altitude, ainsi que d'immenses lacs et de rivières, elle est un des petits coins de paradis de Lanaudière que les amants d'activités de plein air quatre-saisons fréquentent assidûment. Pas trop loin de Montréal, mais juste assez éloignée afin d'éviter l'envahissement touristique, la région offre des dizaines de kilomètres de sentiers de randonnée qu'il vaut la peine d'explorer.

Le mont Sourire, à faire en famille

Cette petite randonnée vers le mont Sourire (1,2 km aller-retour) offre une des plus belles vues sur la région pour très peu d'effort.

Le sentier ne grimpe pas jusqu'au sommet du mont Sourire, mais plutôt jusqu'au belvédère d'observation. Du stationnement au point de vue, soit une distance de 1 km, le sentier monte modérément mais constamment. Il est large et facile à suivre. La montée ne demande que de 15 min à 20 min d'effort. Le belvédère est situé sur un rocher qui surplombe le lac Ouareau. D'ici, la vue est magnifique. On y distingue le village de Saint-Donat et son église, le lac Ouareau et ses îles, la vallée, ainsi que plusieurs montagnes à l'horizon. Le retour se fait par le même sentier.

La montagne Noire, pour les plus sportifs

La difficulté du sentier qui mène au sommet de la montagne Noire provient du fait qu'il grimpe continuellement et offre très peu d'occasions de se reposer ou de reprendre son souffle. Par contre, il permet d'accéder en un peu plus de 6 km à l'un des plus beaux sommets de Lanaudière, la montagne Noire (875 m). Du haut de la montagne, la vue sur les vallées, les lacs et les montagnes environnantes est tout à fait splendide. On aurait envie de monter encore plus haut! Du sommet, le retour se fait par le même sentier.

Comment s'y rendre / en voiture: autoroute 25, puis route 125 Nord jusqu'à Saint-Donat

Prix d'entrée / (G)

Horaire / toute l'année

Lanaudière

Randonnée pédestre au parc régional des Sept-Chutes

Parc régional des Sept-Chutes
4031 ch. Brassard S., route 131
St-Zénon
450-884-0484
www.matawinie.org

Sentiers
13 km

Activités sur place
randonnée pédestre

Entre Sainte-Émélie-de-l'Énergie et Saint-Zénon, sur une distance de 28 km, sept chutes se succèdent le long de la rivière Noire. La septième, nommée la «chute du Voile-de-la-Mariée», se trouve justement dans le parc régional des Sept-Chutes.

Un sentier linéaire y mène. Le trajet aller-retour se fait en seulement 45 min. Tous les autres sentiers, en forme de boucle, passent aux abords de la chute. Mais ils sont nettement plus ardus. Le plus long fait 6 km, à même le mont Brassard, dont l'altitude frise les 700 mètres d'altitude.

Comment s'y rendre / en voiture: autoroute 40 Est, route 31 (Joliette) et route 131

Prix d'entrée / ($)

Horaire / mai à fin oct tlj 9h à 17h

Sentiers à pic

Comme les sentiers sont plutôt à pic par endroits, il faut donc être assez en forme. Mieux vaut aussi être bien chaussé, avec des souliers ou des bottes confortables qui soutiennent bien le pied. L'effort pour grimper la montagne en vaut la peine, car huit belvédères donnent sur de beaux panoramas.

Lanaudière

Tout un parcours en raquettes
sur le Sentier national en Matawinie

MRC de Matawinie
3184 1re Avenue, Rawdon
450-834-5441 ou 800-264-5441
www.mrcmatawinie.org

Fédération québécoise de la marche
4545 av. Pierre-De Coubertin
Montréal
514-252-3157
www.fqmarche.qc.ca

Sentier national, secteur Matawinie
de Saint-Donat à Saint-Zénon

Longueur
170 km (divisés en 11 parties)

Activités sur place
raquette, marche, ski nordique

Le Sentier national, d'abord conçu pour les marcheurs, se prête très bien à la raquette de montagne. En effet, par endroits, le parcours est trop accidenté pour beaucoup de fondeurs. C'est le cas dans le secteur Matawinie, la région sauvage la plus rapprochée des grands centres.

Le tronçon de 170 km, divisé en 11 parties, va de Saint-Donat à Saint-Zénon. Plusieurs petits circuits s'y rattachent. Comme nous sommes dans la chaîne des Laurentides, à des altitudes variant de 400 m à 700 m, la neige abonde, même si Montréal se trouve à peine à plus d'une heure de route. Il y a quatre parties particulièrement intéressantes pour la raquette de montagne, avec des parcours à flanc de montagne et des panoramas.

Sentier du Mont-Ouareau

Cette partie du Sentier national mène du lac Ouareau au lac Archambault, à Saint-Donat, sur une distance de 13 km. Le parcours s'enfonce d'abord dans une érablière, pour ensuite traverser une sapinière et atteindre le mont Ouareau, à 3 km du point de départ. Situé au sud-est du massif du mont Tremblant, il atteint une altitude de 685 m. De là-haut, vous avez des points de vue dans plusieurs directions.

Les habitués de la raquette de montagne n'hésiteront pas à faire le trajet de 8 km pour se rendre au refuge Paul Perreault et y passer la nuit. En ce cas, il faut réserver par téléphone ou par courriel à la Fédération québécoise de la marche.

Forêt Ouareau

À ne pas confondre avec le sentier du Mont-Ouareau, car il s'agit de deux territoires distincts.

Puisque le Sentier national (portion du Massif du Corbeau) est utilisé pour le ski nordique, les adeptes de la raquette de montagne doivent emprunter le sentier Prud'homme. Ce trajet de 4,5 km (aller-retour) qui mène au refuge est considéré comme facile, même si nous sommes en montagne. Il faut dire que le chalet d'accueil se trouve déjà à 400 m d'altitude.

Sentier des Contreforts

C'est à Saint-Côme que ce sentier de 32 km est le plus facile d'accès. L'Auberge Val Saint-Côme, tout près de la station de ski, constitue le point de départ idéal. De beaux points de vue s'offrent à vous, mais il faut les conquérir. Une succession de montées et de descentes fait un parcours destiné aux raquetteurs en bonne condition physique.

Sentier de la Matawinie

Décidément, beaucoup de noms se ressemblent dans la région, et il faut être bien vigilant pour ne pas tout confondre. Le long de ce sentier de 20 km à Sainte-Émélie-de-l'Énergie, les points de vue se succèdent.

En terminant, permettez-moi quelques petits conseils. Apportez un ou deux litres d'eau et un goûter. Si vous n'êtes pas encore habitué à la raquette de montagne, planifiez d'abord des itinéraires de moins de 5 km. Vous risquez moins de vous épuiser et de manquer de vivres.

Ne partez jamais sans une carte de l'itinéraire. Les cartes du secteur Matawinie sont disponibles par commande postale à la MRC de Matawinie et à la Fédération québécoise de la marche ou en personne au pavillon d'accueil de la Forêt Ouareau. Bonne randonnée!

Comment s'y rendre / en voiture: sentier du Mont-Ouareau, depuis le stationnement du mont Ouareau aux abords de la route 125, à 8 km au nord de la municipalité de Notre-Dame-de-la-Merci; sentier de la Forêt Ouareau, par la route 125, à 3 km au sud de Notre-Dame-de-la-Merci; sentier des Contreforts, par la route 347 à Saint-Côme; sentier de la Matawinie, route 131 à Sainte-Émélie-de-l'Énergie, puis rang 4, quelque 3 km passé le village. / en transport en commun: métro Radisson, puis autobus de la CRT Lanaudière pour Saint-Donat, arrêt sur demande sur la route 125, près de l'accueil du Massif (Forêt Ouareau) ou près du stationnement du mont Ouareau

Prix d'entrée / (G)

Autres tarifs / Forêt Ouareau ($)

Hébergement / refuges de la Forêt Ouareau (environ 20$)

Lanaudière

Une falaise facile d'accès à la Montagne Coupée

Auberge de la Montagne Coupée
1000 ch. de la Montagne-Coupée
route 131, St-Jean-de-Matha
450-886-3891 ou 800-363-8614
www.montagnecoupee.com

Sentiers
2 km (éclairés le soir en majeure partie)

Activités sur place
marche

À Saint-Jean-de-Matha, au sommet de la Montagne Coupée, se dresse l'auberge du même nom. Juste derrière, le long du sentier, le coup d'œil sur la forêt est magnifique.

En talons hauts!

Un belvédère avec rempart de pierres se trouve à quelques pas, si bien que les femmes peuvent même y aller en talons hauts, avant de passer à la salle à manger. Il y a un autre point de vue à peine 150 m plus loin. Comme vous vous trouvez près d'une falaise, si vous y allez avec les enfants, ils doivent être sous supervision constante. Malgré une altitude modeste d'à peine plus de 300 m, la vue porte loin, car vous êtes juché sur une falaise de plus de 100 m surplombant le piedmont de la chaîne des Laurentides. C'est là que le nom de la Montagne Coupée prend tout son sens.

Comment s'y rendre / en voiture: autoroute 40, sortie Joliette, autoroute 31 Nord, route 131 Nord

Prix d'entrée / (G)

Services / piscine intérieure à l'eau salée, spa, salle à manger

Horaire / tlj

Lanaudière

Via Ferrata: l'escalade rendue facile grâce à Arbraska Rawdon

Arbraska Rawdon
4131 rue Forest Hill
Rawdon
450-834-5500 ou 877-886-5500
www.arbraska.com

Âge minimal
5 ans (pour le parcours d'aventure en forêt)
8 ans (pour l'escalade de type Via Ferrata)

Activités sur place
Via Ferrata, parcours d'aventure en forêt

Vous rêvez depuis longtemps de faire de l'escalade, mais ça vous a toujours semblé inaccessible? Si vous êtes le moindrement alerte et en bonne condition physique, vous êtes capable d'emprunter une Via Ferrata, soit un type de parcours encore nouveau au Québec. Chez Arbraska, à Rawdon, vous pouvez grimper falaises et parois rocheuses, sans avoir même suivi un cours.

Échelons et passerelles

La Via Ferrata, un terme italien qui se traduit littéralement par «chemin ferré», est un parcours sur des parois rocheuses où sont installés en permanence des rampes, des échelons ou des passerelles.

Votre sécurité est assurée par un câble d'acier fixé solidement dans le roc et auquel vous vous attachez avec les deux mousquetons du harnais ceinturant votre taille. Il ne s'agit donc pas d'escalade à la dure, nécessitant de placer les points d'ancrage au fur et à mesure de la montée.

★ *Clin d'œil*

Le terme Arbraska est une combinaison des mots «arbre» et «Alaska», représentant ainsi une nouvelle frontière du jeu ludique et sportif dans les grands espaces. Mais cet étonnant concept de parcours dans les arbres est d'abord européen. Il y a plus de 200 parcs de ce genre en France, surtout dans les régions montagneuses.

Récent au Québec

D'origine autrichienne et italienne, la Via Ferrata est très répandue en Europe où l'on répertorie 600 sites. La première au Québec, voire même en Amérique du Nord semble-t-il, aurait été installée en 2003 au canyon Sainte-Anne à Beaupré, à une hauteur de 73 m.

Anticonformiste

Au chalet d'accueil d'Arbraska, une ambiance relaxe et anticonformiste donne le ton. Dans ce bâtiment en bois de grange sont disposés de vieux divans et quelques chaises dépareillées. Sur le coup, vous vous sentirez dans un refuge de montagne éloigné ou encore dans un repaire «nouvel âge». De toute évidence, à Rawdon, Arbraska est plus qu'un aménagement dans une montagne. C'est aussi une bande de passionnés qui donnent une âme et un visage aux lieux.

Initiation

Après avoir enfilé votre harnais de sécurité au chalet d'accueil, vous empruntez un sentier qui mène à la Via Ferrata, aménagée sur trois parois rocheuses de 30 m au mont Pontbriand. Elle se trouve à 15 min de marche.

Au pied de la première paroi, le guide prodigue quelques consignes de sécurité. La plus importante à retenir: toujours attacher les deux mousquetons de votre harnais au câble d'acier fixé sur la paroi.

Comme vous devez prendre votre temps pour bien poser les pieds et attacher les mousquetons, la montée se fait graduellement et sans grands efforts. Tantôt vous vous accrochez à des câbles, tantôt vous appuyez vos pieds sur des échelons.

En haut de chaque paroi, il vaut vraiment la peine de prendre une pause pour admirer le paysage. De grands pins sculptés par les vents dominants se dressent au faîte des falaises. À vos pieds s'étire le réservoir Pontbriand.

La Via Ferrata se termine en beauté avec l'accès à deux tyroliennes de 150 m. Si ce type de système ne vous est pas familier, sachez qu'il s'agit d'un câble incliné le long duquel vous glissez tout en étant attaché à une poulie. Mais la tyrolienne, si excitante soit-elle, doit être considérée comme une prime au parcours. Le plaisir, c'est surtout de se retrouver sur la falaise et d'y grimper avec aisance.

Parcours d'aventure en forêt

Arbraska Rawdon permet d'aller d'un arbre à l'autre par toutes sortes de passerelles et de câbles suspendus. Bien attaché avec un harnais à un câble de sécurité, vous défiez les hauteurs sans crainte.

À première vue, se promener d'un arbre à l'autre à une hauteur de 4 m à 8 m a l'air plutôt casse-cou. Mais il n'en est rien, si vous respectez les consignes. Lors de l'initiation obligatoire, le moniteur vous demande carrément de vous laisser tomber. Après un moment d'hésitation, vous vous lancez. Le harnais autour de la taille et des cuisses, attaché à un câble de sécurité avec un ou deux mousquetons, vous retient fermement, et ça vous donne confiance. D'un coup, la peur disparaît.

Durant l'initiation, le moniteur insiste pour qu'à chaque étape d'un parcours vous laissiez continuellement un mousqueton ou deux sur le câble de sécurité. C'est un peu le même principe qu'en escalade.

Clin d'œil

L'épreuve la plus amusante et la plus facile est sans doute la tyrolienne. Suspendu à une poulie, vous glissez vivement le long d'un câble oblique.

Épreuves

Le circuit de parcours dans les arbres comprend près de 130 ateliers ou, si vous préférez, épreuves. La corde de Tarzan est à la fois excitante et exigeante. Il faut s'élancer pour s'agripper à un filet et grimper dans celui-ci. Marcher sur des rondins suspendus fait suer aussi.

D'une longueur de 1 km, le circuit se divise en parcours de divers niveaux: expert, intermédiaire, intermédiaire pour enfants et facile. Ce dernier parcours (de niveau facile) peut aussi être emprunté par les enfants, lesquels sont acceptés à partir de l'âge de 5 ans. Entre amis ou en famille, le défi est vraiment excitant.

Comment s'y rendre / en voiture: autoroute 440 Est (ou 640 Est), autoroute 25 Nord, route 125 Nord et route 337; à Rawdon, prendre la rue Queen Nord, puis la rue Forest Hill / en autobus: départ de Montréal (métro Radisson) avec Gaudreault Transport

Prix d'entrée / ($$$)

Horaire / début avr à fin oct tlj 8h30 à 17h30 (dernier départ), fin oct à fin nov et mi-mars à début avr tlj 9h à 15h30 (dernier départ)

Laurentides

À cheval au parc régional éducatif du Bois-de-Belle-Rivière

Parc régional éducatif du Bois-de-Belle-Rivière
9009 route Arthur-Sauvé (route 148)
Mirabel
450-258-4924
www.boisdebelleriviere.com

Sentiers pédestres
10 km

Activités sur place
randonnée équestre guidée, pêche, pique-nique, baignade, jeux pour enfants

À Mirabel, au Bois-de-Belle-Rivière, tout est conçu pour les familles, même avec des tout-petits. D'ailleurs, pas moins de 10 km de sentiers pédestres en poussière de roche sont accessibles en poussette. Les balades à cheval sont également bien adaptées aux familles.

Cavaliers en herbe

Tout en passant la journée au parc, parents et enfants ont l'occasion de faire une randonnée équestre. Vous en conviendrez, ce n'est pas à la portée de toutes les bourses. Par contre, pour un enfant seulement, accompagné d'un parent ou pas, c'est un peu plus abordable.

Si c'est pour essayer une fois, histoire d'en faire un beau souvenir d'été, voilà qui devient encore plus intéressant. En tout cas, ça vaut une photo!

Les chevaux sont entraînés en fonction des enfants. Ils ne font pas de trot ni de galop. Pas besoin d'avoir suivi des cours d'équitation pour vous joindre aux balades guidées. Les enfants sont admis à partir de l'âge de 7 ans. Les plus jeunes montent à cheval avec leurs parents. Les balades sont guidées par un moniteur du ranch. Le circuit traverse une érablière, à même des chemins et des sentiers.

Le ranch abrite une vingtaine de chevaux, presque tous des Quarter Horses, une race docile et sociable avec les enfants. Il y a aussi un demi-cheval et un poney, plus appropriés pour les jeunes qui ont une certaine crainte des grands chevaux, du moins la première fois.

Clin d'œil

Rares sont les sites naturels aussi bien adaptés aux familles. Il y a même des toilettes sèches à deux pas des étangs de pêche.

Pique-nique et baignade

Près du chalet d'accueil se trouve une grande aire de pique-nique dotée de 25 tables et d'un abri pour plus de 100 personnes. Vous avez également le loisir de pique-niquer dans la zone de pêche et dans le Jardin forestier. Puisque rien ne garantit qu'une table soit libre, apportez une couverture. Comme ça, vous ne serez pas pris au dépourvu.

À deux pas, une plage aux abords d'un tout petit lac permet de se rafraîchir lors des belles journées estivales. Les enfants ont à leur portée une glissoire, des balançoires et une aire de jeux.

Pêche en étang

Vers le Jardin ornemental, à 10 min de marche du chalet d'accueil, se trouvent deux étangs de pêche à la truite qui accueillent des jeunes venus s'initier. Même en plein été, l'eau n'est pas trop chaude pour que le poisson cesse de mordre, car ces petits plans d'eau sont alimentés par un puits artésien. Voilà certes une autre belle expérience à vivre avec les enfants.

Comment s'y rendre / en voiture: autoroute 15 Nord, puis autoroute 640 Ouest, sortie 11 (Arthur- Sauvé), direction Lachute

Prix d'entrée / ($-$$$)

Horaire / fin juin à début sept lun-ven 9h à 18h, sam-dim 9h à 19h, reste de l'année tlj 9h à 17h

Laurentides

Des activités toute l'année au parc national d'Oka

Parc national d'Oka
2020 ch. Oka
Oka
450-479-8365
www.sepaq.com/oka

Sentiers pédestres
21 km (14,2 km sur neige)

Voies cyclables
17,5 km

Sentier historique
4,4 km

Pistes de ski de fond
50 km (dont une piste éclairée sur 4 km)

Sentiers de raquettes
23,5 km

Activités sur place
randonnée pédestre, observation de la faune, vélo, baignade, pédalo, canot, kayak, planche à voile, camping, nudisme, ski de fond, raquette, glissade

Avec plus de 20 km de sentiers de randonnée pédestre en été, et près de 50 km de pistes de ski de fond en hiver, le parc national d'Oka est un incontournable pour tout passionné d'activités de plein air.

Pèlerinage au Calvaire

Même s'il se trouve dans le fameux parc national d'Oka, le Calvaire, classé site historique depuis 1982, demeure méconnu. Pourtant, il est situé sur la colline, de l'autre côté de la route. Le sentier historique de 4,4 km emprunte un chemin de croix, aménagé il y a plus de deux siècles. Depuis le stationnement de l'Orée, il grimpe doucement dans la colline. Il va d'abord vers l'ouest puis revient vers l'est, en croisant quatre petits oratoires. Ce sont les prêtres de Saint-Sulpice qui ont fait ériger ces bâtiments, entre 1740 et 1742, soit une vingtaine d'années après avoir établi une mission à Oka. On voulait ainsi susciter la dévotion des Amérindiens.

Depuis les chapelles, vous avez un point de vue sur le village d'Oka et sur le lac des Deux Montagnes. Par temps clair, vous apercevez même les Adirondacks, dans l'État de New York. Le sentier fait ensuite une boucle au sommet, avant de redescendre au pied de la colline. Partout ou presque, vous marchez dans une érablière. Très plaisant.

Une plage populaire, avec ses secrets...

Quand il fait très chaud, les baigneurs envahissent la plage du parc national d'Oka, située au bord du lac des Deux Montagnes. Tout près, sous les pins et les chênes, sont disposées des tables de pique-nique un peu partout. Si vous avez envie de prendre le large, il suffit de louer un pédalo, un canot, un kayak ou une planche à voile.

Un mot sur l'eau, souvent brouillée. Cela est dû, en bonne partie, au fond d'argile. Aucun rapport donc avec la pollution. Même si l'eau n'est pas claire, cela n'affecte en rien sa qualité pour la baignade, les résultats des tests des dernières années ayant donné des cotes A (excellente) la plupart du temps.

Sur 7 km de littoral, seulement 1 km de plage est surveillé. Bordée par la forêt, la majeure partie de la rive se trouve en retrait de la concentration des baigneurs. Cette plage sauvage dont le parc se garde bien de faire la promotion est fréquentée par des adeptes du naturisme dont quelques familles. Le nudisme intégral est courant, malgré son illégalité.

Comme la situation existe depuis plusieurs années, on croit à tort que le naturisme y est toléré. Il faut savoir que la Sûreté du Québec intervient seulement s'il y a des plaintes. Voilà la nuance. Étant donné la discrétion de l'ensemble des nudistes, tout porte à croire que les plaintes ne sont pas courantes.

Durant le Sylvicole moyen, de 400 av. J.-C. à 1000 apr. J.-C. le site était assidûment fréquenté par les Amérindiens, si l'on se fie aux tessons de poterie retrouvés lors de recherches archéologiques. Il y a quelques années, un enfant a même déniché une pointe de flèche.

Généralement, les découvertes effectuées par les visiteurs sont tenues dans le plus grand secret, de crainte que des gens commencent à chercher des objets, les trouvent et les gardent pour eux. Mais entre vous et moi, si jamais vous trouvez un tesson de poterie ou un fragment de pierre, qu'en ferez-vous? Le garderez-vous chez vous, dans le fond d'un tiroir? Il serait alors préférable de le rapporter au Centre de découverte de services pour que des archéologues l'identifient et pour que tout le monde le voie.

 *Clin d'œil*

Sur le chemin des Collines ou sur la route du parc, vous avez peut-être déjà croisé les trois pancartes indiquant une traverse de tortues. Ce n'est pas un canular. Cette signalisation vise à protéger les tortues durant le mois de juin, alors qu'elles partent des milieux humides pour aller pondre dans le sable, aux abords de la route.

Lors d'une randonnée guidée, vous allez justement voir des sites de ponte. Vous en saurez un peu plus sur les trois espèces qui vivent dans le parc: la tortue serpentine, qui peut atteindre 20 kg, la tortue peinte, la plus répandue, et la tortue géographique, une espèce rare.

La brousse derrière la plage

Si la plage du parc national d'Oka se passe de présentation, la brousse qui se trouve juste derrière passe à peu près inaperçue. Pourtant, ce secteur sauvage autour du camping est quatre fois plus grand que le camping même.

À l'entrée du parc, près de la rivière aux Serpents, marais et sous-bois inondés abondent. On dirait la jungle. Pour en découvrir tous les secrets, mieux vaut se joindre à une randonnée guidée avec naturaliste.

Dans la petite jungle du parc, une autre excursion vous amène cette fois à épier les amours de nos anoures. En tendant l'oreille, vous pouvez entendre le trille du crapaud ou le coassement de la grenouille des marais.

Ceux qui craignent les chauves-souris ont une belle occasion de confronter leur peur. On les observe juste après le coucher du soleil, à la brunante. La balade se fait dans le marais de la Grande Baie, doté d'une passerelle.

Du plaisir même en hiver

Les habitués du parc d'Oka en été n'en reviendraient tout simplement pas de voir à quel point il bourdonne d'activités une fois le lac des Deux Montagnes gelé et la neige tombée. Le cœur des activités gravite autour du centre de services Le Littoral, situé justement au bord du lac. Le bâtiment abrite une boutique de location d'équipement de sport tel que skis de fond et raquettes de montagne.

Dehors, les enfants s'en donnent à cœur joie sur la glissoire. Comme la pente est plutôt douce, les petits accompagnés de leurs parents peuvent en profiter. Les tapis-luges sont fournis.

Pour le ski de fond, le parc compte pas moins de 50 km de pistes (linéaires). Plusieurs sections sont de niveau facile, donc accessibles à toute la famille. Les fondeurs aguerris trouveront un circuit à leur mesure dans la colline du Calvaire.

Le sentier de la Pinède vous offre le loisir de prolonger votre journée de ski de fond en empruntant un sentier illuminé sur 4 km.

Trois sentiers sont offerts aux amateurs de raquette. Un circuit de 8,8 km mène jusqu'aux trois chapelles d'où vous avez le plaisir d'admirer un panorama du lac, de la forêt et des champs agricoles.

Comment s'y rendre / en voiture: autoroute 13 Nord ou 15 Nord, puis autoroute 640 Ouest / à vélo: par la piste cyclable La Vagabonde

Prix d'entrée / ($)

Stationnement / ($)

Service de location / ($-$$$) / vélos hybrides, vélos pour enfant, tentes, pédalos, canots, kayaks simples ou tandems, raquettes conventionnelles et de montagne, skis de fond pour pas de patin et pas classique

Autres services / restaurants, boutique nature, bar laitier, magasin général, centre de découverte et de services, boutique de ski, école de ski de fond (4 à 13 ans)

Hébergement / camping (environ 20$/nuit) / tente prêt-à-camper (Huttopia) (environ 110$/nuit)

Horaire / toute l'année (plage: début juin à début sept)

Laurentides

Une vaste forêt
aux portes de Saint-Sauveur

**Centre de plein air
Saint-Adolphe-d'Howard**
1672 ch. du Village
St-Adolphe-d'Howard
819-327-3519 ou 866-236-5743
www.stadolphedhoward.qc.ca

Sentiers
30 km (à pied et à vélo de montagne)

Pistes de ski de fond
80 km

Sentiers de raquettes
25 km

Anneau de glace
300 m à 400 m (éclairé)

Chiens
acceptés (tenus en laisse et dans les sentiers de raquettes seulement)

Activités sur place
randonnée pédestre, vélo de montagne, raquette, ski de fond, ski nordique, patinage, camping d'hiver

Il est tout à fait possible de sortir des sentiers battus sans s'enfoncer dans le fin fond des bois. Il suffit d'aller marcher ou pédaler dans les sentiers de Saint-Adolphe-d'Howard, à seulement 10 min de route au nord de la très animée municipalité de Saint-Sauveur.

Contre toute attente, c'est sauvage. Il semble bien que la forêt a été préservée d'un trop grand lotissement, car il n'y a dans le secteur qu'une petite station de ski, l'Avalanche. Maisons et chalets sont surtout concentrés autour du lac Saint-Joseph.

À pied ou à vélo de montagne

Une forêt aussi bien préservée ailleurs que dans un parc, c'est rare. Et avec un réseau de 30 km de sentiers pédestres partagés avec le vélo de montagne, c'est encore plus rare. Le réseau total, qui s'étend jusqu'à 100 kilomètres linéaires si l'on inclut les pistes de ski de fond, date des années 1950. Il avait été laissé à l'abandon, les bénévoles s'étant essoufflés.

En 1998, la municipalité l'a repris, pour ensuite en confier la gestion au Club de plein air Saint-Adolphe-d'Howard. Le club assure désormais l'entretien et le balisage des sentiers.

Facile d'accès

Malgré l'immensité du réseau, il ne faut pas forcément être un marcheur aguerri pour fouler les sentiers de Saint-Adolphe. En partant du Bureau du tourisme et du plein air, à la halte routière, vous vous retrouverez au petit belvédère en moins de 20 min. De là, vous aurez un beau point de vue sur le lac Saint-Joseph et la forêt des alentours.

Comme il s'agit d'une érablière, en automne c'est très coloré. Deux autres circuits, reliés au belvédère et aussi ouverts au vélo de montagne, permettent de pénétrer encore plus dans la forêt. Le plus long trajet se fait tout de même en moins de deux heures.

Circuits variés

À partir d'un autre stationnement, au nord du lac Sainte-Marie cette fois, un sentier de 1 km mène au Calvaire, d'où l'on a un joli panorama. Ce n'est pas long mais un peu à pic.

Plus à l'est, depuis le stationnement Val-de-Loire, un sentier de 3 km grimpe lentement jusqu'à un pittoresque refuge de bois rond. Vous avez le loisir d'y faire une halte. Vous pouvez aussi réserver le refuge pour la nuit (de 6 à 8 personnes). Aucun gîte n'est aussi paisible à des kilomètres à la ronde.

Le village de neige

Il n'est pas rare qu'il tombe une pluie verglaçante à Montréal, alors qu'il neige à Saint-Adolphe-d'Howard, à 15 min au nord de Saint-Sauveur. Non seulement les précipitations sont abondantes, mais aussi la neige reste, ce qui favorise grandement la pratique de la raquette de montagne et le ski de fond.

Ce phénomène s'explique par l'altitude. Le village s'élève à 370 m d'altitude, alors que les sommets près desquels passent les pistes atteignent plus de 500 m. Dans le secteur de Saint-Adolphe-d'Howard, la chaîne des Laurentides atteint une altitude suffisante pour que la différence de climat soit nettement marquée avec le piedmont et les basses terres du Saint-Laurent.

Ski de fond: vaste réseau

Plus de la moitié du territoire a beau appartenir à la municipalité ou se trouver sur les terres de la Couronne, le réseau ne serait pas aussi étendu sans l'accord d'une quarantaine de propriétaires. Certains proprios ont signé un droit de passage pour 20 ans, d'autres pour la vie.

Au nord, le réseau va jusqu'à Sainte-Agathe-des-Monts par la Canadienne. À l'est, la Fleur de lys pique une pointe à Sainte-Adèle. Les pistes sont destinées au ski nordique sur plus de 50 km, c'est-à-dire qu'elles sont signalisées mais non

Clin d'œil

Décidément, le Centre de plein air Saint-Adolphe-d'Howard a tout ce qu'il faut pour plaire: de la randonnée pédestre, du vélo, de la raquette, du ski de fond et du patin. Ce n'est pas cher, et vous pouvez amener votre chien (sentiers de raquettes seulement).

tracées mécaniquement. Mais il y a aussi des pistes faciles et entretenues, comme la Bertrand (1,4 km), qui ne se trouve pas loin du pavillon d'accueil.

Mais «facile» à Sainte-Adolphe ne veut pas dire «complètement plat», car il y a des montées et descentes quand même... C'est le genre d'endroit où l'on a beaucoup plus de plaisir si l'on maîtrise la technique, que ce soit le pas alternatif, la montée ou le chasse-neige, d'où l'utilité de suivre des cours.

En raquettes avec son chien

La raquette de montagne étant de plus en plus populaire, le centre de plein air a aménagé 25 km de sentiers répartis en six circuits. C'est l'un des réseaux les mieux développés au Québec. Chose particulière, les chiens sont admis dans les sentiers s'ils sont tenus en laisse. On sait qu'ils sont interdits dans les parcs nationaux, que ce soit à Orford ou à Tremblant.

Comme pour les pistes de ski de fond, les sentiers sont classés selon le niveau de difficulté: de facile à très difficile. Pour une première sortie, optez pour la Halte, un circuit de 3 km à la portée de tout le monde. Le parcours, sinueux à souhait, passe par un belvédère offrant une vue sur le lac Saint-Joseph et la forêt.

Abris

Les pistes de ski de fond et les sentiers de raquettes mènent à trois tentes prospecteur où un poêle à bois permet de se réchauffer. L'un de ces pittoresques abris est aussi un gîte que vous pouvez réserver et occuper dès 16h, histoire de passer la soirée et la nuit dans le bois. Aussi à louer: le refuge Charles D. Campbell, un camp de bois rond pouvant accueillir huit personnes.

Ceux qui ne se sentent pas à l'aise pour se débrouiller entre eux lors de leur première nuit d'hiver en forêt peuvent toujours se joindre à une excursion d'initiation au camping d'hiver organisée par le centre de plein air. On dort au refuge, dans une tente prospecteur ou dans une tente conventionnelle. L'initiation a lieu de 23h à 11h le lendemain.

Si jamais une telle expérience vous laisse froid, libre à vous de dormir dans une auberge du village ou encore de louer un chalet. Le centre de plein air, qui joue aussi le rôle de bureau d'accueil touristique, vous donnera quelques indications pour trouver un lit douillet.

Comment s'y rendre / en voiture: autoroute 15 Nord, sortie 60, route 364 et route 329 Nord

Prix d'entrée / ($) / 17 ans et moins (G) / patinoire (G)

Service de location / ($-$$) / patins, skis de fond ou raquettes de montagne

Hébergement / refuge (environ 15$/nuit) / tente prospecteur (environ 30$/pers./nuit) / camping d'hiver (environ 5$/tente/nuit)

Horaire / mi-mai à mi-juin ven-dim 9h à 17h, mi-juin à mi-sept tlj 9h à 17h, mi-sept à mi-déc jeu-dim 9h à 17h

Laurentides

Le paradis
pour le ski de fond et la raquette

Centre de ski de fond et raquette de l'Estérel
av. d'Anvers
Estérel
450-822-8687
www.skidefondlaurentides.com

Pistes de ski de fond
35 km

Sentiers de raquettes
12 km

Activités sur place
raquette, ski de fond

Le Centre de ski de fond et raquette de l'Estérel est un des centres les mieux organisés, et tout y est mis en œuvre pour que le skieur, quel que soit son niveau ience, puisse profiter de conditions idéales.

Établi à quelque 330 m d'altitude, le centre bénéficie en effet de très bonnes conditions de ski; les sentiers sont très bien entretenus et, pour la plupart, de faible longueur.

Parcours suggérés

Le parcours Vison (2,7 km), considéré comme facile, traverse d'abord le lac Dupuis pour ensuite sillonner un petit bois où il est possible d'apercevoir des pistes de lièvres et même de renards.

Le sentier Belette (difficile) parcourt sur 4 km une forêt à la flore diversifiée et passe près d'un petit lac.

Le sentier Orignal, qui traverse sur 6,2 km une magnifique érablière, offre de belles montées et descentes ainsi qu'un point de vue sur le lac Dupuis. Il s'agit d'un sentier très difficile.

Comment s'y rendre / en voiture: autoroute 15 Nord, sortie 69, route 3, à droite dans le chemin Masson, puis à gauche dans le chemin Chertsey

Prix d'entrée / ($-$$)

Service de location / ($$) / raquettes, skis de fond

Autres services / boutique

Saison / mi-déc à mars

Laurentides

Les sentiers suspendus du Centre touristique et éducatif des Laurentides

Centre touristique et éducatif des Laurentides
5000 ch. du Lac-Caribou
St-Faustin–Lac-Carré
819-326-9072 ou 866-326-9072
www.ctel.ca

Sentiers pédestres
36 km

Chiens
acceptés si tenus en laisse

Activités sur place
randonnée pédestre, pique-nique, canot, kayak, pédalo, camping, hébertisme, pêche

Au Centre touristique et éducatif des Laurentides, à Saint-Faustin–Lac-Carré, on retrouve une attraction rare: des passerelles pour marcher au bord des lacs. Il y a de quoi oublier la petite route cahoteuse qui y mène.

Passerelle
En partant du chalet d'accueil, allez au sentier L'Aquatique. Chemin faisant, vous

entendrez ou croiserez plusieurs écureuils roux. Empruntez le petit pont qui enjambe le cours d'eau entre le lac du Cordon et le lac à la Truite. Vous marcherez ensuite sur la passerelle, un étonnant sentier de planches suspendu de 400 m surplombant des eaux peu profondes parsemées de plantes aquatiques. Le circuit de moins de 2 km se fait en moins d'une heure, ce qui convient bien même avec un enfant en bas âge.

En poussette

Après avoir pique-niqué à l'ombre et au frais sous un grand abri ouvert, près du chalet d'accueil, rendez-vous au sentier Le Riverain, un petit circuit de 1 km autour de la partie nord du lac à la Truite. Un pictogramme indique que le parcours est aménagé pour les fauteuils roulants et les poussettes. La passerelle longe la rive jusqu'à un petit barrage, puis vous revenez sur la rive opposée, en bordure de la forêt, en empruntant un sentier en poussière de roche.

Autres attraits

Si marcher sur les passerelles s'avère un plaisir particulier de l'endroit, il y a autre chose à faire. Les enfants de plus de 6 ans s'amusent ferme sur la piste d'hébertisme.

Au pavillon d'interprétation, à même le chalet d'accueil, les jeunes qui s'intéressent à la forêt ont de quoi satisfaire leur curiosité. Les lieux ont l'air un peu désuet avec les animaux empaillés et les feuillets illustrés collés sur les murs, mais les enfants peuvent apprendre plein de choses, comme distinguer les arbres, par exemple. Vous avez de plus l'occasion de vous balader en canot, en kayak ou en pédalo. Par mesure de précaution, mieux vaut réserver avant votre départ.

Au fait, même le chien peut être de la partie (si tenu en laisse), ce qui est rarement le cas dans les parcs et autres lieux publics en forêt. Voilà bien des qualités pour un endroit qui reste méconnu.

Comment s'y rendre / en voiture: autoroute 15 Nord, route 117 Nord jusqu'à Saint-Faustin–Lac-Carré, direction Mont-Blanc, puis chemin des Lacs et chemin du Lac-Caribou

Prix d'entrée / ($)

Services de location / kayaks simples ou tandems, pédalos, canots rabaskas de 12 places

Autres services / aires de pique-nique, pavillon d'interprétation

Hébergement / camping (22$ à 32$/nuit)

Horaire / mi-juin à début sept tlj 8h (heures de fermeture variables), fin avr à mi-juin et début sept à mi-oct ven-dim 8h à 17h

Laurentides

Ma cabane au Canada au Domaine des Pionniers

Domaine des Pionniers
7014 route Principale
Wentworth-Nord
450-533-1111
www.domainedespionniers.com

Sentiers pédestres
10 km

Activités sur place
randonnée pédestre, équitation, canot, kayak, baignade, pêche à la truite (pour les clients en chalet), raquette

À Wentworth-Nord, à peine à plus d'une heure au nord-ouest de Montréal, le Domaine des Pionniers représente l'image romancée que se font beaucoup de Français sur l'Amérique du Nord: des maisons de bois rond dans la forêt et un ranch rappelant les films du Far West.

Mais curieusement, ce ne sont pas des Français qui forment la majorité des visiteurs, mais bien des Québécois.

À cheval

Une écurie abrite une douzaine de chevaux dressés pour la randonnée. Les plus dociles sont attelés pour les cavaliers sans expérience. Le guide invite les gens à passer dans un enclos pour leur donner quelques consignes. Tout en tournant en rond le long de la clôture, les cavaliers se familiarisent avec leur cheval et son attelage. Puis, ils partent en randonnée dans la forêt pour une heure ou deux, le guide en tête.

Chalets pièce sur pièce

Près de l'écurie se trouve un saloon, disponible sur réservation pour les groupes qui veulent faire la fête. Juste à côté se dresse l'Auberge du Trappeur, un gîte touristique de quatre chambres et une suite.

Le chemin principal, carrossable, mène aux chalets, tous situés au bord de l'eau sous les sapins. Il y en a 10, répartis autour de quatre petits lacs. Deux d'entre eux sont construits en pièce sur pièce, avec des billes massives de pin rouge de Colombie-Britannique. Le chalet Le Caribou, est l'image presque parfaite de «ma cabane au Canada». Au-dessus de la porte d'entrée trônent des bois d'orignal. À l'intérieur, tout est en bois: les murs, les rampes d'escalier, les meubles. C'est rustique et chaleureux mais aussi spacieux et confortable. Ça n'a rien à voir avec le petit camp de trappeur rudimentaire. Il y a même un lave-vaisselle et une télé avec magnétoscope discrètement cachée dans une armoire.

Comment s'y rendre / en voiture: autoroute 15 Nord, sortie 260, autoroute 50 Ouest, route 148 Ouest et route 327 Nord

Hébergement / chalets (entre 1000$ et 1800$/sem. pour un chalet de 4 à 10 personnes) / Auberge du Trappeur (115$/nuit pour 2 personnes, petit déjeuner inclus)

Sentiers

À quelques pas des chalets, des sentiers mènent vers les montagnes voisines. Le réseau fait 10 km, ce qui est bien suffisant pour une balade en forêt. À 15 min des chalets, un sentier conduit au «rocher d'observation» d'où l'on a un beau point de vue sur le domaine.

Quand il y a trop de neige pour marcher, c'est alors le temps de chausser vos raquettes. Avec juste un peu d'imagination, vous aurez l'impression de fouler le territoire des anciens coureurs des bois. Après tout, les castors sont toujours là. Comme à l'époque de la Nouvelle-France.

Laurentides

Oiseaux de proie
à la Station Mont Tremblant

Station Mont Tremblant
1000 ch. des Voyageurs
Mont-Tremblant
888-736-2526
www.tremblant.ca

Activités sur place
observation des oiseaux, randonnée
pédestre

Si le développement immobilier au mont Tremblant et dans les alentours soulève des inquiétudes bien légitimes, il faut aussi se rendre à l'évidence: une montagne de ski n'est pas une forêt vierge. Pour un contact avec la nature à pied, vous avez quand même le choix: le sommet ou le parc national (voir p. 114).

Vers le sommet

Ceux qui sont en excellente forme et bien chaussés ont le loisir d'emprunter un sentier pour se rendre au sommet. Il s'agit d'une vraie randonnée en montagne, impitoyable pour les jambes qui n'ont pas l'habitude de bouger.

Le parcours du sentier Les Caps, d'une longueur de 5 km, se fait en deux heures.

Vers la fin, il est nettement plus à pic. De temps en temps, le sentier sort de la forêt pour croiser des pistes de ski alpin: il faut donc être vigilant en portant attention à la signalisation. Le sentier Le Grand Brûlé, même s'il fait 1,5 km de plus, demeure moins exigeant car moins escarpé. Si la randonnée jusqu'au sommet ne vous convient pas, il faut alors prendre la télécabine.

Comment s'y rendre / en voiture: autoroute 15 Nord, route 117 et route 327 / en autobus: tous les jours, Autobus Galland, Station Centrale (métro Berri-UQAM), arrêt à Mont-Tremblant (chalet des Voyageurs) / à vélo: par la piste Le P'tit Train du Nord et la piste multifonctionnelle de Mont-Tremblant

Prix d'entrée / (G)

Autres tarifs / exhibition de rapaces en vol ($; fin juin à début sept) / télécabine ($-$$$; toute l'année)

Horaire de la station / tlj

Là-haut, à 875 m d'altitude, se dresse une tour d'observation offrant un panorama de 360 degrés. Comme il s'agit du plus haut point de vue des Laurentides, votre regard donne sur une impressionnante succession de sommets. Tout près se trouvent le casse-croûte Le Grand Manitou et des chaises de bois sur la pente Kandahar pour faire une pause.

Rapaces en vol

Si le paysage est exceptionnel, on peut en dire tout autant de l'exhibition des oiseaux de proie qui vaut à lui seul le déplacement au sommet. Présentée deux fois par jour, cette démonstration est la seule du genre au Québec à se faire sur une montagne. Deux fauconniers font voler hibou, buse et faucon juste au-dessus de votre tête, tout en vous parlant du mode de vie de ces oiseaux.

Laurentides

Promenade dans le Boisé multiressource Von Allmen

Boisé multiressource Von Allmen
route 344, St-André-d'Argenteuil
(secteur Carillon)
450-537-3527

Sentiers pédestres
5,5 km

Activités sur place
marche, observation des oiseaux, camping sauvage

À une heure à l'ouest de Montréal, le Boisé multiressource Von Allmen est situé dans un milieu naturel très riche, entre la rivière du Nord et la rivière des Outaouais. Dans ce parc municipal de Saint-André-d'Argenteuil, les sentiers traversent marais, érablière et prucheraie.

Plusieurs nichoirs sont accrochés aux arbres. Ils ont été installés pour favoriser entre autres la reproduction des canards huppés, mais aussi d'espèces plus communes comme les mésanges et les sittelles.

Rétrospective

Avant cette démarche de protéger le milieu naturel pour en faire profiter le public, le site a connu des vocations bien différentes. Le territoire a d'abord appartenu à un agronome nommé Fritz Werner Von Allmen et à son épouse, tous deux originaires de Müren en Suisse. Ils s'y sont installés vers 1950, dans le but de fonder une ferme et de faire des recherches.

Hydro-Québec a ensuite exproprié les occupants pour construire le barrage de Carillon. Pour protéger les habitats fauniques, le gouvernement du Québec prenait le site sous son aile. Vers la fin des années 1990, il en cédait la gestion pour 30 ans à la municipalité de Carillon, appelée aujourd'hui Saint-André-d'Argenteuil.

Tour d'observation

Se dressant à une hauteur de 10 m, une tour d'observation surplombe la rivière du Nord. De là-haut, vous voyez souvent patauger des bernaches du Canada. De temps à autre, un rapace plane.

Le sentier à gauche de la tour longe un marais. Au printemps, vous y entendez une mélodie de cris d'oiseaux, provenant le plus souvent des carouges à épaulettes, ces oiseaux noirs particulièrement bavards. À droite de la tour, une passe-relle donne accès au sous-bois humide d'une érablière argentée. Le sentier longe ensuite une prucheraie et des rapides. La pente qui surplombe la rivière se prête bien à une halte.

Habitats variés

Traversé par la Route verte, le Boisé multi-ressource Von Allmen est doté d'habitats variés. On dirait un parc national condensé.

Comment s'y rendre / en voiture: autoroute 640 Ouest, puis route 344 / à vélo: par la Route verte

Prix d'entrée / (G)

Stationnement / (G)

Horaire / tlj 9h à 20h

Laurentides

Ski Morin Heights, c'est plus que du ski alpin

Ski Morin Heights
231 rue Bennett, Morin-Heights
450-227-2020 (ligne directe de Montréal)
514-871-0101 (ligne directe de la Rive-Sud, de la Rive-Nord et de Laval)
www.skimorinheights.com

Activités sur place
ski alpin, ski de fond, raquette de montagne

Même si Ski Morin Heights est une des stations de ski alpin de Mont Saint-Sauveur International, les copropriétés se font discrètes, voire même inexistantes dans le secteur appelé «Camping & Cabines Nature Morin Heights». Là se dressent 20 cabanes de bois harmonisées à la forêt.

Refuges sophistiqués

Recouvertes de bardeaux de cèdre, ces cabanes en pin ont à première vue l'allure de refuges de ski de fond, mais elles sont beaucoup plus confortables. Malgré des dimensions modestes de 4 m sur 6 m, tout y est pour accueillir cinq personnes, que ce soit une famille ou des amis.

La chambre principale comprend un lit double et deux petits lits jumeaux. Sur la mezzanine sont disposés deux matelas simples. L'espace est utilisé avec ingéniosité. La table de cuisine est placée dans un coin près de l'entrée. Sur le mur opposé, une banquette permet à trois personnes de s'asseoir. Elle se relève pour y ranger accessoires et effets personnels. La cuisine inclut l'essentiel: cuisinière, réfrigérateur, chaudrons, vaisselle et ustensiles. Un poêle en fonte, alimenté au propane, vous tient au chaud. Ajoutez à cela des toilettes avec douche: voilà qui donne un cran de plus que les habituels refuges de ski de fond. Bien entendu, il faut apporter serviettes et literie (ou sac de couchage).

Pistes

Comme ce sont de petits chalets, vous n'y passez pas des journées entières. Il s'agit davantage d'un pied-à-terre pour prendre l'air en montagne. Vous n'avez même pas besoin d'utiliser votre véhicule, car plusieurs sentiers se trouvent tout près.

Dès qu'une bonne bordée de neige couvre le sol, vous pouvez emprunter les pistes de ski de fond et les sentiers désignés pour la raquette de montagne. Ne

manquez pas de prendre le sentier des Rapides, qui longe la rivière Chevreuil. Ce n'est pas loin, et pourtant c'est sauvage et tranquille.

Les fondeurs de niveau intermédiaire ont plusieurs pistes non damées à leur portée dans la montagne. Les skieurs occasionnels qui désirent simplement se promener n'ont qu'à se rendre au Corridor aérobique. Il n'y a pas de grosses côtes, et des pistes tracées dans les deux directions se rendent jusqu'à Montfort (9 km). Petite mise en garde: le Corridor aérobique étant linéaire, n'oubliez pas que vous devrez revenir sur vos pas.

Raquette de montagne

Si les pistes situées en montagne demandent de l'expérience en skis de fond, ce n'est pas le cas en raquettes de montagne. Comme leur nom l'indique, celles-ci sont adaptées aux pentes, entre autres par des crampons.

Le réseau de sentiers de raquettes, d'une longueur de 14 km, est accessible à tout le monde, même aux familles. Une exception: le Panoramique, court mais à pic. Peut-être préféreriez-vous prendre le télésiège Le Soleil pour aller au sommet. Une fois débarqué, il faut seulement 30 min pour atteindre le belvédère Baldy.

Comment s'y rendre / en voiture: autoroute 15 Nord, sortie 60, route 364 Ouest, puis suivre les indications vers Ski Morin Heights

Tarifs / ($) / raquette, ski de fond

Service de location / raquettes de montagne, skis de fond

Hébergement / refuge (100$ à 140$/nuit)

Laurentides

Un mont, six rivières et 400 lacs au parc national du Mont-Tremblant

Parc national du Mont-Tremblant
3824 ch. du Lac-Supérieur (accueil de la Diable)
Lac-Supérieur
819-688-2281
www.sepaq.com

Sentiers pédestres
82 km (6 km sur neige)

Pistes de ski de fond
200 km, dont 86 entretenus

Sentiers de raquettes
26 km

Voies cyclables
82 km

Activités sur place
randonnée pédestre, baignade, vélo, ski de fond, raquette, camping

Le parc national du Mont-Tremblant est le plus ancien parc du réseau de la Sépaq. Inauguré en 1894 sous le nom de «Parc de la Montagne tremblante» en hommage à une légende algonquine, il couvre un territoire de 1 510 km² qui englobe le mont, six rivières et quelque 400 lacs. Avec ses nombreuses activités proposées, le parc répond aux besoins des amateurs de plein air en toute saison.

Des plages vierges et sauvages

Entre Tremblant et Saint-Donat, dans le parc national du Mont-Tremblant, plusieurs lacs sont bordés de rives sablonneuses caressées par des eaux propices à la baignade. L'eau y est plutôt fraîche, mais, en pleine canicule, elle demeure tout de même plus chaude que sur la côte du Maine et du Massachusetts où les plages accueillent pourtant des milliers de vacanciers.

Le parc national abrite au moins une trentaine de rives sablonneuses sauvages. Plusieurs d'entre elles sont encore vierges. D'autres se trouvent à deux pas d'un terrain de camping rustique. Elles sont alors fréquentées mais si peu.

Au lac des Sables, une jolie rive de sable blanc s'étire sur un demi-kilomètre. Partout autour se succèdent des montagnes vierges à perte de vue. La seule musique qu'on entend est le cri mélodieux des huards.

Clin d'œil

Qui dit montagnes et forêts, dit aussi mouches noires et brûlots. Mais comment en éviter les désagréments? Il faut savoir que la mi-juin s'avère la période de pointe. Après, ça diminue graduellement. Toutefois, des précautions s'imposent pour éviter d'être harcelé: ne jamais mettre de parfum ni se laver la tête avec un shampoing parfumé. Au besoin, utilisez un répulsif à base de citronnelle et portez un chapeau pour prévenir les morsures. Ainsi, vous pourrez profiter de votre séjour en paix.

Fréquenté jusqu'à tout récemment par quelques habitués seulement, ce coin secret du secteur La Pimbina, accessible par Saint-Donat, est maintenant doté d'une aire de camping de 80 places avec services. Une aire de jeux pour les tout-petits a même été aménagée en bordure de la plage. Tout près, les enfants barbotent en sécurité, car le changement brusque de profondeur se trouve plus au large. Bien entendu, il faut quand même être vigilant, car il s'agit d'une plage sauvage et il n'y a pas de sauveteur. Comme le lac des Sables se trouve à 16 km du poste d'accueil de Saint-Donat, la majeure partie de la route pour s'y rendre est en gravier. Ce n'est donc pas un endroit où aller si vous vous sentez pressé.

Pour vous rendre au lac Escalier, vous devrez faire 26 km à partir du poste d'accueil de la Diable, du côté de Tremblant. La route de gravier fait 7 km. Remarquez, ça se fait bien. Là comme au lac des Sables, il faut rouler encore une demi-heure une fois franchi le poste d'accueil du parc.

Les atouts du lac Escalier valent à leur tour le déplacement pour les mêmes raisons: une plage sauvage et des services semblables autour. Là aussi se trouve une aire de camping, avec emplacements aménagés et bien isolés les uns des autres.

Deux plages surveillées

Si vous préférez profiter des belles journées d'été sur une plage surveillée, sachez que le parc en compte deux, soit la plage de la Crémaillère au lac Monroe et celle située au lac Provost.

Sentiers pédestres

Si vous désirez marcher en pleine forêt, il faut aller dans le secteur de la Diable. Pas moins de 11 sentiers, avec stationnement au point de départ, sont accessibles le long de la voie principale.

Clin d'œil

Mon sentier préféré se nomme «la Corniche». Un belvédère se trouve à 40 min de marche. À nos pieds s'étend le lac Monroe, alors qu'au loin se dresse le massif du mont Tremblant. C'est de loin l'un des plus beaux paysages des Laurentides.

De retour sur la voie principale, ne manquez pas d'aller admirer les chutes Croches. Un sentier de 400 m vous y mène. Près d'un pont de bois où se fracassent les eaux vives de la rivière du Diable, s'étalent de grandes roches où il fait bon s'asseoir juste pour le plaisir de prendre son temps.

En ski de fond ou en raquettes

Au parc national du Mont-Tremblant, les conditions d'enneigement sont souvent très bonnes sur les pistes de ski de fond ou les sentiers de raquettes de montagne. Si plusieurs circuits se prêtent davantage aux randonneurs expérimentés, d'autres itinéraires, plus courts et moins accidentés, conviennent bien aux promeneurs du dimanche, même en famille.

Dans le plus grand parc national du Québec, c'est le secteur de la Diable, situé non loin de Tremblant, qui est le plus fréquenté. La piste la plus populaire du secteur demeure le Bois-Franc. D'une longueur de 10 km, elle est classée intermédiaire. Plusieurs familles, habituées sur les planches, l'empruntent. Une halte s'impose au refuge de la Hutte, d'où vous avez un beau point de vue sur le mont Tremblant.

En raquettes de montagne, les nouveaux initiés ont le loisir d'emprunter le sentier du Lac-des-Femmes. Le circuit de 3 km passe à côté d'un éboulis pour ensuite emprunter le dos d'un esker avant d'arriver au lac. Les raquetteurs aguerris préféreront fouler les sentiers de la Roche et de la Corniche, un circuit de 8 km. Les deux belvédères offrent un beau panorama sur la vallée glaciaire du lac Monroe et le massif du mont Tremblant.

Beaucoup moins fréquenté, le secteur de La Pimbina, accessible par Saint-Donat, compte aussi de très beaux circuits de ski nordique. D'une longueur totale de 5,5 km, les sentiers de la Détente et du Ruisseau, agrémentés de deux refuges, sont les favoris des fondeurs, incluant les familles. Les montées sont nombreuses, mais pas trop abruptes. Comme tout ce qui monte redescend, de belles descentes nous font glisser joyeusement jusqu'au pavillon d'accueil à la fin de la randonnée.

Le secteur de la Pimbina mérite aussi d'être découvert en raquettes de monta-gne. Le sentier du Geai-Bleu, qui mène au refuge du même nom, est une enfilade de montées et de descentes. Ce trajet de 5 km, même s'il est classé facile, prend deux à trois heures à parcourir.

De calibre intermédiaire et faisant 1 km de plus, le sentier de l'Envol s'étire sur 400 m à partir du pavillon d'accueil de Saint-Donat, puis grimpe un dénivelé de 185 m. Votre effort se trouve récompensé par un joli panorama de la vallée de la Pimbina à partir du belvédère.

Mais peu importe où vous allez, c'est beau et c'est plaisant. L'hiver si détesté en ville devient si agréable dans les grands espaces du parc.

Comment s'y rendre / en voiture: autoroute 15 Nord jusqu'à Sainte-Agathe-des-Monts, route 117 Nord, sortie Saint-Faustin–Lac-Carré, puis Lac-Supérieur (faire 23 km jusqu'au poste d'accueil de la Diable); autoroute 25 Nord, puis route 125 Nord passé Saint-Donat

Prix d'entrée / ($)

Service de location / ($-$$) / raquettes de montagne, skis de fond, kayaks simples ou tandems, canots, pédalos deux ou quatre places, vélos

Autres services / boutique nature, dépanneur

Hébergement / chalets (environ 50$/pers./nuit) / refuges communautaires (environ 20$/pers./nuit) / camping (environ 20$/nuit) / tentes prêt-à-camper (Huttopia) (environ 110$/nuit) / yourtes (environ 120$/nuit)

Horaire / tlj 7h à 22h

Laurentides

Un parc pour les familles

Parc du Domaine Vert
10423 montée Ste-Marianne, Mirabel
514-435-6510
www.domainevert.com

Sentiers pédestres
5 km

Pistes cyclables
12 km

Sentiers de ski de fond
50 km

Sentiers de raquettes
2 km

Activités sur place
vélo, randonnée pédestre, baignade, aire
de jeux, pique-nique, raquette, ski de fond,
marche hivernale, glissade, patinage

Situé à une vingtaine de kilomètres au nord de Montréal, près de l'autoroute des Laurentides, le parc du Domaine Vert a beaucoup à offrir aux amateurs d'activités de plein air quatre-saisons.

En été

Avec 5 km de sentiers pour la marche, le parc du Domaine Vert offre de belles balades aux familles des environs. Le vélo y est aussi populaire, avec ses 12 km de pistes cyclables bien aménagées et perdues dans le bois. Durant la période estivale, on peut aussi se laisser tenter par le parcours d'aventure en forêt. Ponts, tyroliennes, cordes et autres obstacles procurent des sensations fortes aux familles.

Après toutes ces activités, un arrêt à la piscine sera bienvenu.

En hiver

Durant la saison froide, les fondeurs prennent d'assaut le parc du Domaine Vert. Avec quelque 50 km de pistes de ski de fond, dont près de 15 km pour le pas de patin, on peut dire avec certitude que vous trouverez bien de quoi vous activer.

Les raquetteurs ne sont pas en reste avec 2 km de sentiers.

Enfin, pour les patineurs, le parc compte aussi un sentier de glace de 1 km.

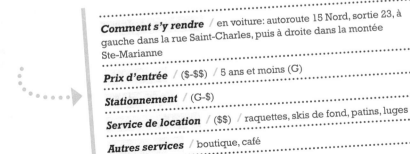

Comment s'y rendre / en voiture: autoroute 15 Nord, sortie 23, à gauche dans la rue Saint-Charles, puis à droite dans la montée Ste-Marianne

Prix d'entrée / ($-$$) / 5 ans et moins (G)

Stationnement / (G-$)

Service de location / ($$) / raquettes, skis de fond, patins, luges

Autres services / boutique, café

Saison / mi-déc à mars

Laval

Au fil de l'eau dans le parc de la Rivière-des-Mille-Îles

Parc de la Rivière-des-Mille-Îles
345 boul. Ste-Rose, Laval
450-622-1020
www.parc-mille-iles.qc.ca

Circuits nautiques
20 km

Sentiers pédestres
5 km

Activités sur place
kayak, pédalo, pique-nique, randonnée
guidée en rabaska, croisières en ponton,
pêche

Pour explorer l'archipel marécageux du parc de la Rivière-des-Mille-Îles, dans le quartier Sainte-Rose à Laval, il n'y a rien comme une petite embarcation. Un canot ou un kayak convient très bien, mais si vous craignez d'y prendre place, louez alors un pédalo. Vous parcourrez moins de distance, mais vous pourrez tout de même découvrir quelques îles. Du quai de location, mettez le cap vers l'ouest, histoire de foncer tout de suite contre le courant et le vent, plutôt qu'en fin de journée quand vous êtes fatigué. Vous passerez alors dans un tunnel, sous la rue qui mène à l'île Gagnon.

Parcours

En longeant les côtes de l'île, vous vous retrouverez devant l'immense maison de Céline et René. En kayak comme en pédalo, des promeneurs s'arrêtent un instant devant, sur la rivière. À vrai dire, comme on ne voit pas grand-chose et qu'il n'y a à peu près jamais personne sur le terrain, la halte est de courte durée. Ne manquez pas d'aborder dans l'île Kennedy, juste au nord. Quel endroit magnifique pour faire une halte! On a aménagé une aire de pique-nique, en laissant de gros arbres en guise de parasol. Apportez une couverture, car il y a seulement quelques tables.

Petit chenal

En mettant à nouveau le cap vers l'ouest, il faut remonter vent et courant dans le tout petit chenal entre l'île Kennedy et l'île aux Fraises. Heureusement, il y a seulement quelques mètres à parcourir avant de s'engouffrer dans l'entrée de la passe étroite.

Le long de ce chenal paisible, aux abords de l'île des Juifs, vous croisez le secteur d'une plante rare et particulière à la région, comme l'indique la carte du parc. Il s'agit de la lézardelle penchée, reconnaissable par ses feuilles en forme de cœur et sa tige rappelant le bambou. Peu après une hutte de castor se trouve une épave énigmatique. Selon la description qu'en fait la carte du parc, certains croient qu'il s'agit d'un bac ayant servi au transport de matériaux de construction, mais d'autres prétendent que ce fut une scène d'orchestre flottante.

Passerelle

En sortant du petit chenal, longez l'île des Juifs jusqu'au quai. Un sentier mène à une passerelle surplombant un marais. Pour éviter d'être harcelé par les moustiques, enduisez-vous de répulsif à la citronnelle.

Regardez bien autour de vous, car vous pourriez voir des choses étonnantes. Peut-être apercevrez-vous des grands pics en train de picorer sur de vieux érables

morts. Dans les arbres sont accrochés des abris à chauve-souris, un peu à la manière des cabanes d'oiseau.

Pour revenir, mettez le cap vers le sud, sans détour. Puis empruntez le chenal entre l'île Gagnon et la terre ferme. Les berges sont bordées de saules et de végétation aquatique. Ce jardin sauvage est un pur ravissement, jusqu'au dernier coup de pédales ou d'aviron.

Clin d'œil

Un peu partout le long du parcours, vous croisez souvent des canards et des hérons. Le parc, il faut le dire, est extraordinairement vivant.

Comment s'y rendre / en voiture: autoroute 15 Nord, sortie 16 (à droite), puis boulevard Sainte-Rose (1 km à l'est) / en transport en commun: métro Cartier, puis autobus 73 de la Société de transport de Laval (STL)

Prix d'entrée / (G)

Service de location / ($-$$) / canots, pédalos, kayaks simples ou tandems, chaloupes, rabaskas de 12 places

Autres services / aires de pique-nique, centre d'interprétation de la nature

Horaire / mi-mai à mi-oct tlj 9h à 18h

Laval

Le Centre de la nature de Laval, une destination idéale pour la famille

Centre de la nature de Laval
901 av. du Parc, Laval
450-662-4942
www.ville.laval.qc.ca

Chemins et sentiers pédestres
5 km

Pistes de ski de fond
5 km (1 km pour le pas de patin)

Patinoire
500 m de contour sur le lac

Activités sur place
randonnée pédestre, observation des animaux, carrousel de poneys, ski de fond, ski alpin, patinage, glissade, marche hivernale

Pour une sortie en plein air avec les enfants, vous ne pouvez vous tromper en allant au Centre de la nature de Laval. Autour d'un lac, les chemins pédestres asphaltés sont assidûment fréquentés par les parents avec leur bambin dans une pou.....

Les plus grands ont à leur portée un vaste terrain de jeux avec balançoires et glissoires. Les tours à dos de poney dans le carrousel font la joie de beaucoup de bambins. Un parc donne l'occasion aux enfants de voir des chevreuils (cerfs de Virginie) de près.

Petite ferme

Les enfants ne se lassent jamais de voir les animaux de ferme qui se trouvent dans la grange ou dans les enclos. Toujours aussi sociable, Fleur d'Ibiscus, une vache Jersey, va au devant des visiteurs, près de la clôture.

Au Coin des petits, souris, cochons d'Inde et lapins ne manquent pas d'attirer la curiosité des enfants. Lewis, un cheval canadien aux poils noirs, habite l'enclos voisin de Porto, un étalon de couleur pie-baie (roux et blanc) de seulement 86 cm de haut!

Serre tropicale

À quelques minutes de marche de la ferme se dresse la serre tropicale. L'ambiance est agréable: murmures de chutes, végétation dense baignée de lumière et cris d'oiseaux. Ce que vous entendez, ce sont surtout des perruches de plusieurs espèces. Elles se trouvent au cœur de la serre dans de grandes cages. Tout près, des passerelles surplombent un ruisseau aménagé dans lequel nagent lentement de gros poissons multicolores. Il s'agit de carpes japonaises.

Chemin faisant, entre les bananiers, vous croisez un caféier et un poivrier. Ici et là, vous découvrez une dizaine de variétés d'arbres fruitiers dont le goyavier, le limettier et le kumquat. En tout, il y a 125 espèces de plantes.

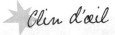

Clin d'œil

Tous les enfants trouvent quelque chose qui leur plaît au Centre de la nature de Laval. Ça peut être les petits animaux de ferme, les passerelles dans le jardin ou encore le grand terrain de jeu.

Comment s'y rendre / en voiture: pont Papineau-Leblanc, boulevard de la Concorde vers l'est, puis avenue du Parc vers le nord / en transport en commun: métro Cartier, puis autobus 58 de la Société de transport de Laval (STL) / à vélo: par la piste cyclable de l'avenue du Parc

Prix d'entrée / (G)

Autres tarifs / carrousel de poneys ($)

Stationnement / ($)

Service de location / canots, kayaks, rabaskas, patins, skis de fond, chambres à air

Autres services / casse-croûte, aires de pique-nique, observatoire astronomique, chalet d'accueil, aiguisage de patins

Horaire / tlj 8h à 22h; ferme et pâturage lun-ven 9h30 à 16h, sam-dim 9h30 à 18h (la glissoire et la ferme ne sont pas ouvertes en soirée)

Ski de fond, patinage et ski alpin

En hiver, glissade sur chambre à air dans cinq corridors, patinage sur le lac et ski de fond font partie des activités. Aussi, un réseau de chemins et de sentiers de 5 km permet de marcher en tirant un traîneau dans lequel des bambins sont emmitouflés.

Grâce à un partenariat avec l'Association des stations de ski alpin du Québec, les enfants de 5 à 8 ans ont la chance de s'initier au ski alpin durant 45 min, à même une butte desservie par un canon à neige. L'équipement est fourni. La remontée se fait au moyen d'un convoyeur.

Les conditions de ski et de patinage sont mises à jour quotidiennement sur la boîte vocale du Centre de la nature.

Laval

Ski de fond au Bois Duvernay

Les Coureurs des Boisés
Centre communautaire Philémon-Gascon
2830 boul. St-Elzéar, Laval
450-661-1766 ou 450-622-1020 (Éco-Nature)
www.parc-mille-iles.qc.ca

Pistes de ski de fond
17 km pour le pas classique, 8 km pour le pas de patin

Activités sur place
ski de fond

Saviez-vous qu'un des plus gros clubs de ski de fond se trouve à Laval? Voilà qui surprend, compte tenu du relief plutôt plat et des redoux fréquents en hiver. Il s'agit du club Les Coureurs des Boisés, qui compte quelque 3 000 membres. Il est situé au Bois Duvernay.

Pendant une trentaine d'années, ce club à but non lucratif a été géré exclusivement par des bénévoles, des retraités pour la plupart. Tous étaient tellement dévoués que, malgré des conditions climatiques défavorables, les pistes demeuraient en très bon état. C'est encore le cas aujourd'hui même si c'est Éco-Nature, le gestionnaire du parc de la Rivière-des-Mille-Îles, qui gère le site et entretient les pistes depuis quelques années. Comment font-ils? Après tout, Laval n'est pas particulièrement choyée par la neige. En plus, le club n'utilise que deux motoneiges avec des traceurs. Leur secret? Avant la saison, les pistes sont nivelées le plus possible. En saison, quand il manque de neige sur une portion de la piste, les préposés à l'entretien en ajoutent à la pelle tout simplement.

Parcours

Le club Les Coureurs des Boisés offre six circuits variant de 6 km à 17 km, sans oublier 6 km de pistes pour le pas de patin. Comme les pistes se trouvent en terrain plutôt plat, elles sont accessibles à tout le monde.

À moins de 3 km du point de départ se dresse un refuge chauffé au bois et doté d'une terrasse. À 10 endroits, des mangeoires d'oiseaux égaient les sentiers.

Proximité

Il y a aussi une autre très bonne raison d'aller skier dans ce coin de Laval: la proximité de la ville. Selon Éco-Nature, le club convient parfaitement à tous ceux qui préfèrent passer une heure de plus sur leurs skis plutôt que dans leur voiture. Vous brûlez ainsi des calories plutôt que votre argent en carburant coûteux, disent les gestionnaires qui, bien entendu, prêchent pour leur paroisse. Mais bon, à vous d'en juger.

Comment s'y rendre / en voiture: autoroute 15, autoroute 440 Est, autoroute 19 Nord, boulevard Dagenais à droite, puis boulevard Saint-Elzéar

Prix d'entrée / ($)

Horaire / tlj 9h à 17h

Outouais

Rafting sur la rivière Rouge

Propulsion Rafting
619 ch. de la Rivière-Rouge
Grenville-sur-la-Rouge
800-461-3300
www.propulsion.ca

Poids minimal et maximal
de 40 kg à 135 kg

Activités sur place
rafting, baignade, volleyball, bain à remous

Au cœur de l'Outaouais, la rivière Rouge est reconnue comme l'une des plus importantes et des plus sportives rivières pour le rafting dans l'est du Canada. Propulsion Rafting se spécialise dans cette activité, où des milliers de pagayeurs se font brasser chaque année.

Comment s'y rendre / en voiture: autoroute 15 Nord, sortie autoroute 50 Ouest. Au bout de l'autoroute, tournez à gauche. Faites environ 1 km, puis prenez la route 148 Ouest à droite. Tournez à droite dans le chemin Kilmar, puis à gauche dans le chemin de la Rivière-Rouge.

Tarifs / ($$$)

Horaire / mi-avr à mi-sept tlj

Pourquoi ne pas vous rendre dans la belle région de l'Outaouais afin de descendre la rivière Rouge en rafting? Propulsion Rafting organise une activité d'une journée qui compte deux descentes, pour 4h à 5h de plaisir. L'activité comprend un repas, le visionnement vidéo de l'excursion ainsi que la présentation des photos prises pendant la journée.

Après toutes ces émotions, vous pourrez profiter de la piscine et du bain à remous pour vous relaxer.

À la campagne

Lanaudière

Des bisons dans Lanaudière!

Terre de bisons
6855 ch. Parkinson, Rawdon
450-834-6718
www.terredesbisons.com

Sentiers d'interprétation
1,5 km

Activités sur place
balade en charrette, marche

À 10 km de Rawdon se trouve une ferme d'élevage de bisons où une centaine de bêtes paissent tranquillement.

De Montréal à l'élevage de bisons

Tous deux natifs de Montréal, Josée Toupin et son conjoint ont déménagé dans Lanaudière au début des années 1990 et y ont fondé une ferme d'élevage de bisons. De trois têtes en 1994, ils sont passés à une centaine aujourd'hui.

Toucher à un bison

Des visites de 45 min sont offertes à bord d'une charrette afin d'aller voir le troupeau de bisons de plus près. Comme il s'agit d'animaux très imposants et plutôt imprévisibles, il n'est pas possible d'entrer dans l'enclos. Par contre, on peut

Comment s'y rendre / en voiture: autoroute 640 Est, puis autoroute 25 Nord, route 125 Nord et route 337 Nord

Prix d'entrée / ($)

Services / boutique

Horaire / visites: sam-dim à 15h / boutique: mai à oct tlj, nov à avr mer-dim

faire la rencontre de Buffy, une femelle domestiquée. La propriétaire l'attire en lui donnant des grains de maïs. On peut alors la caresser et admirer toute sa prestance. La visite se termine à la boutique, où l'on peut goûter à quelques produits à base de viande de bison tels que le tartin, qui ressemble à du creton.

Un petit sentier d'interprétation d'une longueur de 1,5 km encercle l'enclos. Les panneaux donnent de l'information supplémentaire sur le bison.

Lanaudière

L'hiver aux Super-Glissades St-Jean-de-Matha

Super-Glissades St-Jean-de-Matha
2650 route Louis-Cyr
St-Jean-de-Matha
450-886-9321
www.cvc-lanaudiere.com

Pistes de ski de fond
66 km

Grandeur requise pour le rafting
1,25 m

Activités sur place
glissade sur chambre à air, ski de fond, raquette, balade en carriole, patinage

Avec une vingtaine de couloirs pour la glissade hivernale, les Super-Glissades St-Jean de Matha promettent une journée de sensations folles pour toute la famille.

Glissade et autres activités

Parmi les nombreux couloirs, on en retrouve quelques-uns spécifiquement pour les tout-petits. Ceux en quête de sensations fortes se tourneront vers les pistes extrêmes. Le versant 1 propose de la glissade sur chambre à air, alors que le versant 2 propose du rafting sur neige en groupe de 12 personnes.

En plus de la glissade qui comblera toute la famille, le site offre un anneau de glace de plus de 600 m de circonférence et des sentiers pour le ski de fond et de raquette.

Comment s'y rendre / en voiture: autoroute 40 Est, sortie 122, puis route 131 Nord

Prix d'entrée / ($$$)

Autres tarifs / patinage et raquette ($), ski de fond ($$)

Service de location / patins, skis de fond, raquettes

Autres services / restaurant, salle de fartage

Horaire / mi-déc à mi-mars tlj

Laurentides

Au monde des autruches

Ferme Nid'Otruche
825 ch. Fresnière, St-Eustache
450-623-5258
www.nidotruche.com

Activités sur place
observation des animaux

À la ferme Nid'Otruche, à Saint-Eustache, on remarque tout de suite que cette ferme a quelque chose de bien différent des autres. En plus de son décor africain, elle abrite plus de 200 autruches.

Tour guidé

Un tour guidé débute par la salle d'incubation. Dans l'incubateur vitré sont alignés quelques douzaines d'œufs énormes pesant près de 1,5 kg chacun! Après deux semaines, les œufs sont examinés à la lumière pour conserver ceux qui sont fertiles. Puis au bout de 39 jours, ils sont amenés dans la salle d'éclosion. La naissance a lieu quelques jours plus tard.

Des oiseaux géants

Après la naissance, les autruchons sont gardés deux à trois semaines à la pouponnière. Le tour guidé permet cette fois de voir des autruchons de six mois dans un enclos. À cet âge, ils sont déjà plus grands que vous!

Dans un autre bâtiment sont gardés des reproducteurs. En entrant, vous croiserez le mâle Rouge-Gorge, avec ses deux femelles Griseline et Roselyne. Ce sont des autruches rouges. Avec une taille supérieure à 2 m, voire même 2,5 m, cette espèce originaire de la Tanzanie est la plus grande de toutes. Dans l'enclos voisin, Jaco, un superbe mâle, gesticule les ailes ouvertes, il fait le beau pour sa femelle et les visiteurs. Lui et Dame Plume sont des autruches noires, une espèce provenant d'Afrique du Sud.

Boutique

Dans une boutique adjacente au bâtiment principal, on retrouve des coquilles d'œufs sculptées et peintes et des huiles d'autruche. Profitez-en pour vous procurer de la viande d'autruche. En steak ou en saucisses, c'est tout simplement délicieux. Pour offrir un petit cadeau ou pour vous faire plaisir, les longues plumes blanches vaporeuses sont vraiment tentantes.

Comment s'y rendre / en voiture: autoroute 640 Ouest, sortie 11, boulevard Industriel, puis chemin Fresnière (chemin de la Rivière Sud)

Visite guidée / ($-$$)

Saison / mai à fin oct

Laurentides

Au royaume de La Magie de la Pomme

La Magie de la Pomme
925 ch. Fresnière, St-Eustache
450-623-0062
www.lamagiedelapomme.com

Activités sur place
autocueillette, théâtre, balade en charrette,
observation des animaux, maquillage,
décoration de citrouilles, pique-nique

La Magie de la Pomme à Saint-Eustache a quelque chose que les autres vergers n'ont pas: une princesse. Pour les tout-petits, ça compte.

Place au spectacle

Avant la cueillette, la Princesse Api accueille parents et enfants dans une vieille grange bien préservée pour une présentation théâtrale. Debout, devant son château rouge, vert et jaune, elle nous entretient de la floraison des pommiers, de la façon de cueillir une pomme et de la décoration des courges, fort abondantes dans les champs voisins des vergers.

De temps à autre, la marionnette Miss Pommette intervient. Après quelques chansons avec les enfants, toutes sur les pommes, la Princesse Api les invite à monter dans une charrette tirée par un tracteur, pour aller au verger.

Cueillette de pommes

Avant de cueillir, la Princesse Api dit comment faire: on ne tire pas sur la pomme, on la lève vers le ciel. Après quelques pommes, les enfants comprennent le truc.

Clin d'œil

Les enfants repartent avec le souvenir de la Princesse Api. Parfois, ils ne se rappellent pas son nom, mais ils savent que quelque part il y a un verger habité par une princesse.

Petites citrouilles

À deux pas du verger se trouve un champ de petites citrouilles, cultivé spécialement pour les enfants. De retour à la grange, vous avez le loisir d'aller voir les animaux. Dans une section aménagée pour les tout-petits, vous avez le plaisir de côtoyer un cheval nain, des chèvres et un âne. Il y a aussi des canards et des lapins.

Comment s'y rendre / en voiture: autoroute 640 Ouest, sortie 11 (direction Lachute), boulevard Industriel (à gauche), puis chemin de la Rivière Sud (à droite) et chemin Fresnière (faire 6 km)

Prix d'entrée / (G)

Autres tarifs / navette (G) / maquillage pour enfants ($) / atelier de décoration de citrouilles ($)

Services / casse-croûte

Saison / sept et oct 10h à 17h

Courges peintes

Au kiosque de produits, des courges décoratives sont en montre. Bon nombre d'entre elles ont été habilement peintes à la main par la Princesse Api, soit Patricia Daoust de son vrai nom, propriétaire du verger et de la ferme avec son mari.

Passionnée des courges décoratives ou utilitaires, Patricia en a d'ailleurs rapporté plusieurs de ses voyages à Cuba. Vous pouvez d'ailleurs en voir quelques-unes à son kiosque. Plusieurs sont des instruments de musique dont le guayo, couvert de multiples stries qu'on frotte avec une baguette fine.

 Laurentides

Ho! Ho! Ho!

Le Village du Père Noël
987 rue Morin, Val-David
819-322-2146 ou 800-287-6635
www.noel.qc.ca

Activités sur place
jeux pour enfants, glissade, baignade, escalade, pique-nique, patinage

Le Village du Père Noël attire chaque année des enfants désireux de rencontrer ce célèbre personnage dans sa retraite d'été. Tout est prévu pour faire de cette journée un bon souvenir, diverses activités étant organisées.

De nombreuses activités

Avec plus de 30 activités pour les enfants, le Village du Père Noël leur permet de passer une journée bien remplie. Jeux d'eau, escalade, glissades, tyroliennes, hébertisme, ferme avec animaux (lama, moutons et chèvres), piscine, tours de poney et circuit de voiturettes, voilà un bref aperçu du vaste choix que vos enfants auront lors de leur passage. Sans oublier qu'ils pourront visiter la maison du Père Noël et même le rencontrer, moment fort de la visite.

Les parents remarqueront sans aucun doute l'aspect plutôt vieillot des installa-

tions. Mais les enfants ne s'en préoccuperont nullement.

Pensez à apporter costumes de bain et appareil photo.

Pendant le temps des Fêtes

Lors du temps des Fêtes, le Père Noël revient au village pour accueillir les familles venues patiner et glisser. Plusieurs activités sont alors organisées, et les enfants peuvent caresser les animaux de la ferme.

À noter qu'on peut apporter son lunch.

Comment s'y rendre / en voiture: autoroute 15 Nord, sortie 76

Prix d'entrée / ($$) / 2 ans et moins (G)

Stationnement / (G)

Autres services / casse-croûte, boutique

Saison / juin à août tlj 10h à 18h, mi-déc à début jan tlj 11h à 17h (fermé le 25 déc)

Laurentides

Initiation à l'équitation à la Ferme du Brin d'Air

Ferme du Brin d'Air
1372 ch. St-Camille, St-Jérôme
(secteur Bellefeuille)
450-432-5602

Activités sur place
équitation

À Saint-Jérôme, dans le secteur Bellefeuille, une petite route sinueuse mène à la Ferme du Brin d'Air. Pour un premier contact avec des chevaux, il s'agit de l'endroit idéal.

Rudiments de base

Un instructeur vous enseignera quelques rudiments de base dans un manège extérieur, soit comment guider le cheval, le faire arrêter et le faire repartir. Le message est simple: il faut diriger les chevaux avec douceur mais fermeté.

Pour un non-initié, un premier cours et quelques pas dans un manège suffisent souvent à donner le goût de découvrir les chevaux. C'est une véritable révélation.

Découvrir les chevaux

À la Ferme du Brin d'Air, ce contact intime, on le ressent aussi dans l'écurie et dans les enclos voisins. Tag, Copain, les chevaux ont chacun leur personnalité. La ferme abrite une douzaine de chevaux de races variées: appaloosa, canadien,

Clin d'œil

Dès la première fois, vous serez en contact avec le cheval en le brossant et en montant à cheval. Vous avez alors tout de suite une idée des plaisirs de l'équitation.

belge et autres. Il faut entendre Nathalie Beaulieu, propriétaire de la ferme avec son conjoint Claude Valiquette. Elle parle de ses protégés, tantôt avec tendresse, tantôt avec humour. Mère de trois enfants, Nathalie est directrice des communications à Québec à cheval, une fédération vouée à promouvoir l'équitation de loisir et le tourisme équestre.

Comment s'y rendre / en voiture: autoroute 15 Nord, sortie 45, boulevard de la Salette à gauche, puis rue Saint-Camille à droite (faire 5 km)

Tarifs / initiation à l'équitation ($$$)

Saison / toute l'année

Laurentides

Le Paradis de la glissade aux Pays d'en Haut

Glissades des Pays d'en Haut
440 ch. Avila, Piedmont
450-224-4014 ou 800-668-7951
www.glissade.ca

Activités sur place
glissade, rafting sur neige

Avec plus de 50 pistes pour glisser, les Glissades des Pays d'en Haut se targuent d'être «le plus grand centre de glissades sur neige au monde».

Toute la famille trouvera son compte dans l'une ou l'autre des 51 pistes disponibles. Que ce soit sur le versant Tube ou sur le versant Rafting, il y en a pour tous les goûts. Il est même possible de glisser en soirée sur des pistes éclairées. Avec plus de 75 m de dénivellation, le versant Tube promet des sensations fortes.

Après quelques descentes, vous pourrez vous réchauffer au coin du feu dans le chalet d'accueil.

Comment s'y rendre / en voiture: autoroute 15 Nord

Tarifs / ($$-$$$)

Services / restaurant

Horaire / mi-déc à fin mars lun-jeu 9h à 17h, ven-sam 9h à 22h, dim 9h à 20h, horaire variable pendant le temps des Fêtes

Laurentides

Prendre la clef des champs en randonnée équestre

La Clef des Champs
564 route du Canton
Brownsburg-Chatham
819-242-4536 ou 888-297-6337
www.clefdeschamps.ca

Âge minimal
8 ans

Activités sur place
randonnée équestre guidée

À environ 1h de Montréal, dans les Basses-Laurentides, La Clef des Champs propose des randonnées équestres guidées.

Des randonnées accessibles à tous

Avant de commencer la randonnée, on initiera les débutants à l'équitation en leur montrant les différentes positions, comment tenir les rênes, et on les aidera à comprendre le comportement des chevaux.

Les randonnées se déroulent dans plusieurs sentiers. Selon le sentier, on peut passer dans un champ, en forêt ou encore dans des chemins de terre.

À noter que les cavaliers sont regroupés selon leur niveau d'expérience.

Comment s'y rendre / en voiture: autoroute 15 Nord, sortie 35, puis autoroute 50 Ouest, sortie 252

Prix d'entrée / ($$$)

Horaire / toute l'année

Laurentides

Reptiles et autres petits monstres à l'Exotarium

Exotarium
846 ch. Fresnière, St-Eustache
450-472-1827
www.exotarium.net

Animaux
300 reptiles, grenouilles et invertébrés

Activités sur place
visite éducative

Lors d'une présentation, Hervé Maranda, le fondateur de l'Exotarium, montre aux visiteurs que ses petits monstres sont inoffensifs. Autour d'une table, tout le monde attend, avec un sentiment mêlé de crainte et de curiosité, de voir de plus près ces bestioles qui nous glacent le sang.

Une mygale sur les bras

D'entrée de jeu, Hervé Maranda fait promener sur ses bras une mygale, souvent appelée à tort «tarentule». N'est-ce pas dangereux? Selon le maître des lieux, la mygale peut mordre, mais seulement si elle est menacée. Il suffit de ne pas poser de geste brusque. Le naturaliste autodidacte va même jusqu'à la déposer sur les mains des plus braves. Réaction: c'est doux comme du velours, disent les participants.

Lors de sa présentation, Hervé Maranda nous apprend que les 800 espèces de mygales sont venimeuses, mais seulement deux peuvent tuer. Voilà qui est un peu plus rassurant, si l'on peut dire.

Manipuler un serpent

La présentation peut aussi comprendre la manipulation d'un autre spécimen impressionnant comme le serpent-roi de Californie, ou un python de 1 m de long. La réticence des participants augmente d'un cran, mais se calme un peu quand ils apprennent que la langue ne pique pas et qu'elle sert plutôt à sentir, comme le museau d'un chien.

Le guide-naturaliste va même jusqu'à placer le serpent dans les mains d'un participant, puis l'enroule autour du cou des plus curieux, même de ceux qui s'étaient jurés de ne jamais y toucher. Pendant un instant, vous oubliez que le reptile a une cinquantaine de dents acérées!

Clin d'œil

Il n'y a pas de meilleur endroit pour s'initier au monde des reptiles. Le propriétaire, Hervé Maranda, en parle avec tellement de calme et d'assurance que la peur fait place à la curiosité.

Apprivoiser les visiteurs

Le scinque à langue bleue contribue aussi à changer la perception des visiteurs. C'est un lézard omnivore d'Australie, calme et rassurant. À l'Exotarium, ce n'est pas nous qui apprivoisons les reptiles, mais ce sont les reptiles qui nous apprivoisent...

Comment s'y rendre / en voiture: autoroute 640 Ouest, sortie 8 (suivre les indications)

Prix d'entrée / ($)

Horaire / sept à juin ven-dim 10h à 17h, juillet et août tlj 10h à 17h (exhibitions avec manipulation à 11h30, 13h, 14h30 et 16h)

Laurentides

Un parc d'attractions au Pays des Merveilles

Au Pays des Merveilles
3795 ch. de la Savane, Ste-Adèle
450-229-3141
www.paysmerveilles.com

Activités sur place
manèges, pique-nique, hébertisme, observation des animaux, glissade

Au Pays des Merveilles est un petit parc d'attractions sans prétention qui plaira surtout aux jeunes enfants.

Le royaume des enfants

Dans un décor rappelant les aventures rocambolesques d'*Alice au pays des merveilles*, on a aménagé glissades, pataugeuse, minigolf, labyrinthe, maison hantée et plusieurs autres activités.

Comme 80% des activités se trouvent en haut de la montagne, nous vous conseillons d'explorer le bas de la montagne en premier, puis de prendre le minitrain pour vous rendre en haut.

L'endroit est vraiment apprécié des enfants, et vous verrez que, même après plusieurs heures, ils voudront encore essayer différentes activités.

Comment s'y rendre / en voiture: autoroute 15 Nord, sortie 72

Prix d'entrée / ($$)

Service de location / ($) / poussettes, chariots

Autres services / boutique, restaurant, aire de pique-nique

Horaire / mi-juin à fin août tlj 10h à 18h

Laurentides

Une ambiance tropicale à Perroquets en folie

Perroquets en folie
1430 route 344, St-Placide
450-258-4713
www.perroquetsenfolie.com

Oiseaux exotiques
175 spécimens, 40 espèces

Activités sur place
observation des perroquets

Un peu passé Oka, à Saint-Placide, la dernière chose à laquelle on s'attend, c'est de voir des volières d'oiseaux exotiques. Cet endroit surprenant se nomme «Perroquets en folie».

La musique cubaine se mêle aux jacassements des volatiles de toutes les couleurs. Avec leurs faux toits de tuiles rouges, plusieurs volières nous plongent dans la chaude ambiance d'un pays ensoleillé. Les volières sont identifiées selon l'origine des oiseaux: Amérique du Sud, Afrique, Indonésie... Les propriétaires, Linda Hervieux et Robert Papineau, ont su transmettre leur passion du voyage et de l'exotisme.

Chanteurs et parleurs

Les visites d'une durée d'une heure, qui ont lieu en après-midi, commencent par un exposé et un petit spectacle. Robert Papi-neau présente quelques-uns de ses colorés pensionnaires, sous un abri de toile, bien à l'ombre. Pinocchio, un perroquet amazone à front jaune, dit spontanément

Allo, Comment ça va et Coucou. Il fredonne La Bamba (s'il n'est pas trop fatigué), et il lui arrive d'imiter le rire des visiteurs.

Un amazone à front jaune, comme Pinocchio, peut dire de 500 à 600 mots. Chez les perroquets, c'est le deuxième plus grand parleur. Mais la palme revient au perroquet gris d'Afrique, comme Donald. Vocabulaire possible: de 700 à 800 mots.

Clin d'œil

Vous serez conquis par le tempérament enjoué et l'intelligence des perroquets, au point de vouloir vous en procurer un. Mais attention, ces oiseaux vivent aussi longtemps que nous. On parle donc d'une relation à long terme!

Drôles de personnalités

Max, un ara hyacinthe, accueille les clients. C'est le premier oiseau qu'on voit en entrant sur le site. Et avec son magnifique plumage bleu avec ses yeux jaunes, on ne peut le manquer. L'ara hyacinthe est la plus grosse espèce des aras.

Snow, un cacatoès de Goffin, est un petit malin. Rien ne lui échappe. Si bien qu'un

jour il avait remarqué que le cadenas de sa volière n'était pas barré. Il l'a donc ouvert, pour ensuite se percher, triomphant, sur le toit. Depuis ce temps, Robert Papineau l'appelle le «Houdini des perroquets»! Bref, la visite vous en apprend beaucoup sur ces oiseaux remarquables, en plus de vous apporter un brin de dépaysement.

Comment s'y rendre / en voiture: autoroute 640 Ouest, puis prendre le chemin d'Oka et se rendre jusqu'au 1430, route 344 / à vélo: par la piste cyclable La Vagabonde, incluse dans la Route verte

Prix d'entrée / ($)

Horaire / juil et août jeu-dim 10h30 à 17h, mi-juin et sept sam-dim 10h30 à 17h

Laurentides

Une cabane à sucre western au Domaine Magaline

Domaine Magaline
7091 montée Villeneuve, Mirabel
(secteur St-Augustin)
450-258-4132
www.domainemagaline.com

Activités sur place
observation des animaux, cabane à sucre

Au Domaine Magaline, à Mirabel, vous vous rendez à la cabane à sucre à bord d'un chariot western tiré par deux percherons. S'il y a beaucoup de neige, vous monterez plutôt à bord d'une charrette traditionnelle, aussi conduite par un cowboy.

Ambiance de fête

Dès votre arrivée, vous vous retrouvez dans l'ambiance western. L'atmosphère demeure chaleureuse, car la cabane à sucre n'est pas trop grande, accueillant 250 convives. Cowboys et cowgirls assurent le service. Le week-end, la fin du repas est égayée par un spectacle de danse country. Bien entendu, vous êtes invité à vous joindre aux danseurs. Durant ces soirées, Magaline Maclean, copropriétaire, accueille les convives. Très élégante dans sa longue robe western, elle prend part à la fête en l'animant et en dansant.

Visite

Une partie de sucre au Domaine Magaline comprend la visite de la bouilloire de même que la visite des écuries abritant 40 chevaux et plusieurs petits animaux de ferme. Vous en avez vraiment pour votre argent.

Comment s'y rendre / en voiture: autoroute 640 Ouest, puis route 148

Tarifs / tours de charrette (G) / repas traditionnel à l'érable ($$-$$$)

Saison / fin fév à fin avr

Laurentides

Une montagne russe au mont Saint-Sauveur

Mont Saint-Sauveur
350 av. St-Denis, St-Sauveur
450-227-4671 ou 514-871-0101
www.montsaintsauveur.com

Longueur du trajet
1,5 km

Âge minimal requis
3 ans

Activités sur place
montagne russe alpine

Très populaire en Allemagne et en Suisse, la montagne russe alpine a fait son apparition au mont Saint-Sauveur en 2009.

Comment s'y rendre / en voiture: autoroute 15 Nord

Prix d'entrée / ($-$$)

Horaire / toute l'année, horaire variable

Unique au Canada

Mais qu'est-ce qu'une montagne russe alpine? Il s'agit à la fois d'une montagne russe traditionnelle et d'une descente en luge, et généralement en milieu alpin.

Le visiteur est donc assis dans un toboggan qui peut accueillir deux personnes. Le toboggan est posé sur des rails qui zigzaguent sur le flanc de la montagne. La vitesse est contrôlée au moyen d'un système de freinage. Il est donc possible de ralentir ou encore d'atteindre la vitesse maximale, soit 35 km/h.

Le tout est très sécuritaire et peut être pratiqué toute l'année.

Laurentides

Verger Pommalefun, sur mesure pour les enfants

Verger Pommalefun
1673 ch. Principal, St-Joseph-du-Lac
450-491-7319
www.vergerpommalefun.com

Activités sur place
autocueillette, jeux pour enfants, observation des animaux, balade en charrette, dégustations, théâtre, pique-nique

Au verger Pommalefun de Saint-Joseph-du-Lac, au nord-ouest de Montréal, tout a été pensé en fonction des enfants. Les propriétaires, Marie Danièle Gervais et Robert Labelle, n'ont rien laissé au hasard. De nombreuses branches basses ont été conservées près du sol, afin que les bambins, à partir de 18 mois, puissent cueillir quelques pommes. Dans chacune des deux salles de toilettes, il y a même une table à langer.

Un village pour jouer

Au cœur du verger, des maisonnettes et des modules de jeu colorés ajoutent une touche de magie. L'un des modules est muni de cordage pour grimper et d'une glissoire. On retrouve également une petite grange avec glissoire, une maison de poupées et un tracteur de bois, très populaire auprès des garçons. Une fermette se trouve à quelques pas. Les enfants peuvent y voir moutons, lapins et poules.

Promenade

Dans le verger, le transport est assuré par un véhicule tout-terrain qui tire deux voitures sur roues prenant chacune 10 adultes confortablement assis, à part les enfants. Pour faire le tour des lieux, il faut plutôt monter à bord des charrettes tirées par un tracteur. Vous faites une halte près d'un étang où s'ébattent des canards de Barbarie.

Resto, chocolaterie et cidrerie

Dans la grange, un théâtre a été aménagé avec comme décor un pommier géant et des cerfs-volants. Les samedis et dimanches après-midi, c'est l'heure du conte avec Marie Quatre Pommes.

La grange, qui est le bâtiment principal, abrite également un resto-santé. Tout est fait maison. On y sert soupe, sandwichs et desserts à base de fruits. Confitures et gelées de pomme et de petits fruits sont en vente à la boutique champêtre. Également dans la grange, la chocolaterie propose d'autres gâteries du verger. Les groseilles enrobées de chocolat et les tartinades au chocolat et fruits sont tout simplement exquises.

La grange compte également une cidrerie où vous pourrez faire la dégustation de cidre mais également de produits alcoolisées, entre autres une boisson alcoolisée aux framboises. À deux pas de l'entrée, vous pouvez vous installer pour manger à l'une des tables de pique-nique placées à l'ombre des pommiers. Vraiment, le verger Pommalefun, c'est une foule de petits plaisirs à partager en famille.

Comment s'y rendre / en voiture: autoroute 640 Ouest, sortie 11 (Saint-Eustache), boulevard Arthur-Sauvé, boulevard Industriel, chemin de la Rivière Sud, montée McMartin, puis tourner à droite dans le chemin Principal, à Saint-Joseph-du-Lac

Prix d'entrée / (G) / à l'achat d'un sac de pommes (9 kg)

Autres tarifs / navette (G) / balade ($)

Services / restaurant, chocolaterie, cidrerie

Saison / sept et oct

Laval

En cheval à la Ferme L'Auteuilloise

Ferme L'Auteuilloise
830 boul. des Mille-Îles, Laval (Auteuil)
450-625-5586
www.fermelauteuilloise.com

Activités sur place
balade en charrette, poney-luge, skijoering, promenade en poney, randonnée équestre guidée, observation des animaux

Le boulevard des Mille-Îles, près de la rivière du même nom, ressemble bien plus à une route de campagne qu'à un boulevard: des maisons espacées, des champs, des boisés et quelques fermes. Jamais on ne se croirait à Laval, surtout quand on se trouve à la Ferme L'Auteuilloise, un centre équestre bien particulier. Passionnés des chevaux depuis 30 ans, les propriétaires, Anne Ladouceur et Jean Sweeney, organisent plusieurs activités en lien avec les chevaux.

Tours de charrette

Quand il fait beau, parents et enfants vont faire un tour de charrette à la Ferme L'Auteuilloise. Une dizaine de personnes peuvent monter à bord. L'attelage est habituellement formé de deux superbes chevaux belges. La charrette traverse les terres sur un chemin en gravier bien entretenu. Le trajet se fait lentement. On dirait presque à pas de tortue. Cette impression vient surtout de l'immensité des champs.

Du boulevard des Mille-Îles jusqu'à l'avenue des Perron, la première voie routière au sud, il y a un peu plus de 2 km, une distance supérieure à celle entre les rangs dans les cantons. La balade dure une heure ou plus, si désiré. Il y a tellement de chemins dans les boisés que vous pouvez vous promener en charrette durant des heures sans jamais repasser au même endroit. Vraiment, nous sommes loin des centres commerciaux de Laval...

Étang à canards

Après avoir parcouru les champs et être passés par une érablière, les passagers sont invités à faire une halte près d'un étang. Oies et canards domestiques barbotent en compagnie de quelques congénères sauvages. À deux pas se trouve un enclos de cerfs rouges. Cette halte pour voir les animaux fait la joie des enfants.

En hiver, un tour de poney-luge

Le poney-luge rappelle un peu le traîneau à chiens. Vous conduisez debout à l'arrière, mais les deux pieds solidement ancrés sur une plaque antidérapante au lieu de deux patins étroits. Conçue par Jean Sweeney, la fameuse luge est en métal tubulaire. Les premiers modèles qu'il a mis à l'essai étaient en bois et brisaient trop souvent. De plus, les patins larges, rappelant ceux d'une motoneige, procurent une meilleure stabilité que les traîneaux à chiens.

Habituellement, c'est un adulte qui conduit. Un passager, souvent un enfant, s'asseoit dans la luge. Un coussin et une couverture lui assurent un minimum de confort. En d'autres mots, la luge à poney s'apparente à la fois au traîneau à chiens et à la carriole.

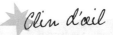

Clin d'œil

Près de la ville, la Ferme L'Auteuilloise est le meilleur endroit pour que les enfants puissent monter un cheval une première fois.

Vraiment amusant

Les poneys des attelages ne sont pas dressés pour marcher nonchalamment à la queue leu leu. Il faut les diriger car ils sont souvent fringants et prêts à galoper à la moindre occasion. Pour que la situation reste sous contrôle, Jean Sweeney conduit la luge de tête sur le chemin de neige battue. D'ailleurs, la randonnée est toujours guidée, soit par lui, soit par une personne de confiance.

Au fait, le parcours est égayé par une petite halte à l'enclos des cerfs rouges. Curieux, ils vous regardent autant que vous le faites!

Promenade en poney

À la Ferme L'Auteuilloise, les enfants ont aussi l'occasion de monter un poney. La balade dure 30 bonnes minutes et se fait avec un accompagnateur qui tient les rênes en marchant devant. Par mesure de sécurité, du moins pour les plus jeunes enfants (de deux ans et demi à cinq ans), on demande au père ou à la mère de soutenir leur bambin. Le cavalier en herbe a tout de même la sensation de monter à cheval. En partant de l'écurie, il emprunte le chemin qui le mène dans les champs et la forêt.

Comme la ferme abrite plusieurs poneys et que les promenades sont très prisées, il faut réserver, ce qui est aussi nécessaire pour les tours de charrette.

Les adultes ne sont pas oubliés: ils peuvent faire une randonnée équestre guidée. D'une durée d'une heure, elle permet de se promener autour de la ferme et de se familiariser avec les différentes techniques équestres.

L'espace ne manque pas. Dans les alentours immédiats, on se promène sur plus de 20 km de chemins, sans avoir même à traverser une rue ou une route. Qui aurait dit que Laval est un endroit fantastique pour les promenades à cheval?

Comment s'y rendre / en voiture: autoroute 19 Nord jusqu'au 830 boulevard des Mille-Îles / en transport en commun: métro Cartier, puis autobus 74 de la Société de transport de Laval (STL)

Tarifs / promenade en poney ($$) / tours de charrette ($$) / randonnée équestre guidée ($$$) / tours de poney-luge ($$$)

Horaire / mai à déc

Mauricie

1001 activités à l'Auberge Le Baluchon

Auberge Le Baluchon
3550 ch. des Trembles, St-Paulin
819-268-2555 ou 800-789-5968
www.baluchon.com

Sentiers
22 km

Activités sur place
randonnée pédestre, vélo de montagne, canot, kayak, géocaching, randonnée équestre, balade en charrette, ski de fond, raquette, patinage, glissade, traîneau à chiens

L'Auberge Le Baluchon se présente comme une véritable réussite qui allie le tourisme et l'écologie. Son vaste domaine bénéficie de divers aménagements qui ont pour but de faire profiter les visiteurs des beautés de son environnement. Entourée d'un archipel de huit îles, d'une rivière remarquable, de jolies chutes et d'une magnifique forêt, l'Auberge Le Baluchon est un centre de villégiature qui, depuis 1990, met l'accent sur les activités de plein air.

Été...

Le site compte sept sentiers de randonnée pour un total de 22 km. Un sentier linéaire de 1,2 km, entièrement recouvert de planches, est accessible aux personnes en fauteuil roulant. Il permet d'aller observer deux jolies chutes ainsi que des rapides.

Parmi les autres sentiers, plusieurs longent la jolie rivière du Loup, dénommée Maikan-Sipi par les Amérindiens. On y trouve aussi des relais où il fait bon s'arrêter quelques instants pour manger ou se reposer. Les sentiers parcourent des plaines et des coteaux boisés, et mène aux chutes à Damphousse et à la chute aux Trembles. Parmi les autres points d'intérêt à visiter, notons le camp de trappage, le camp des Britanniques, le campement amérindien ainsi que l'érablière avec sa cabane à sucre de bois rond.

Comme autres activités estivales, descendez la rivière en kayak ou en canot, partez à la chasse aux trésors avec un GPS ou chevaucher un cheval lors d'une randonnée.

...comme hiver

Lors de la saison hivernale, il est possible de patiner sur la rivière, qui devient un couloir de glace de 5 km. Près de la rivière se trouve une glissade pour toute la famille. Pour les raquetteurs et les fondeurs, plus de 20 km de sentiers permettent de profiter de la blanche saison.

Les activités ne manquent pas ici!

Comment s'y rendre / en voiture: autoroute 40, sortie Louiseville, puis route 138 vers Louiseville et route 349 Nord vers Saint-Paulin

Tarifs / ($-$$$)

Service de location / ($) / patins, raquettes, skis de fond

Autres services / restaurant, spa

Hébergement / auberge (à partir de 139$/pers./nuit) / chalet (à partir de 300$/nuit)

Mauricie

À la découverte du Saint-Élie de Fred Pellerin

Station touristique Floribell
départ de la balade: 52 ch. des Loisirs, St-Élie-de-Caxton
819-221-5731
www.st-elie-de-caxton.com

Activités sur place
balade en charrette

Transformé en véritable conte vivant durant la belle saison et le temps des Fêtes, le petit village de Saint-Élie-de-Caxton est le lieu de naissance de Fred Pellerin, l'un des conteurs les plus connus au Québec.

Une balade mémorable

Vous pourrez vous promener dans le village avec un audioguide personnel, qui, par la voix du conteur Fred Pellerin, vous racontera les légendes des lutins et des «paparmanes», ainsi que l'histoire de quelques-uns des illustres citoyens de Saint-Élie.

Une autre option consiste à faire la tournée guidée du village avec un accompagnateur à bord d'un véhicule adapté pour l'occasion (en l'occurrence, un tracteur de ferme avec une charrette à l'arrière pour transporter les gens). Une belle visite sympathique et un peu surréaliste.

Dans le temps des Fêtes, on peut combiner la visite à un souper traditionnel. Les réservations sont recommandées.

Comment s'y rendre /en voiture: autoroute 40 Est, sortie 151, puis route 138 Est et route 349 Nord

Tarifs / balade ($-$$) / repas traditionnel ($$-$$$)

Horaire / juin à sept tlj 10h à 15h, début déc à début jan tlj 16h30 et 18h (forfait balade et repas), 20h (balade seulement)

Mauricie

Du patin au Domaine de la forêt perdue

Domaine de la forêt perdue
1180 rang St-Félix
Notre-Dame-du-Mont-Carmel
819-378-5946 ou 800-603-6738
www.domainedelaforetperdue.com

Activités sur place
patinage, observation des animaux,
observation des oiseaux, chasse au trésor,
pique-nique

Situé à Notre-Dame-du-Mont-Carmel, à mi-chemin entre Trois-Rivières et Shawinigan, le labyrinthe du Domaine de la forêt perdue, c'est plus de 10 km de sentiers glacés à parcourir en patins dans une pinède et d'autres types de forêts.

Un labyrinthe de glace

Des heures de plaisir garanties en se promenant en patins à travers toutes les boucles et tous les méandres, en observant les cervidés qu'on peut nourrir et les oiseaux qui nichent en grande quantité dans le secteur.

En été, le labyrinthe est animé, et l'on peut y faire des chasses aux trésors.

Comment s'y rendre / en voiture: autoroute 40 Est, sortie 203, puis route 157 Nord

Prix d'entrée / ($-$$)

Service de location / patins, traîneaux

Autres services / casse-croûte

Horaire / déc à mars tlj 10h à 22h, mai à fin juin et début sept à fin nov sam-dim 10h à 17h, fin juin à début sept tlj 10h à 17h

Mauricie

Un zoo à échelle humaine

Zoo de St-Édouard
3381 route 348 O.
St-Édouard-de-Maskinongé
819-268-5150
www.betes.com

Activités sur place
observation des animaux, marche, pique-nique, manèges

Le Zoo de St-Édouard héberge plus de 90 espèces d'animaux sur un site dont l'aménagement vise à préserver les beautés naturelles de l'endroit.

Toucher les animaux

En plus des espèces communes du Québec tels que les loups, coyotes et cerfs, on peut observer des zèbres, yacks, dromadaires et autres animaux exotiques.

Comme le zoo est plutôt petit et qu'il est moins achalandé que les zoos habituels, vous pourrez voir les animaux de très près, et il vous sera même possible d'en caresser et nourrir plusieurs. Au grand plaisir des tout-petits!

Des animations sont prévues pour divertir les enfants.

Comment s'y rendre / en voiture: autoroute 40 Est, sortie 166, puis route 348 Ouest

Prix d'entrée / ($$) / 2 ans et moins (G)

Horaire / fin mai à début sept tlj 10h à 18h

Outaouais

Un safari condensé au Parc Oméga

Parc Oméga
399 route 323 Nord, Montebello
819-423-5487
www.parc-omega.com

Animaux introduits
15 espèces (en plus des dizaines d'espèces sauvages)

Sentiers pédestres
6 km

Activités sur place
observation des animaux, marche, pique-nique

Imaginez un jardin zoologique sans cage que vous visitez en voiture. Ici et là, vous croisez des wapitis, des bernaches du Canada et d'autres animaux, pour la plupart nord-américains. Voilà un aperçu du Parc Oméga, à Montebello.

Petites routes

À la billetterie, on vous remet une carte du circuit routier de 10 km. La plupart des visiteurs en profitent pour acheter un sac de carottes, afin de nourrir les animaux le long du trajet. Dès la première courbe, vous verrez sans doute quelques wapitis, ces grands cervidés originaires de l'ouest du continent. Aux abords de la forêt, vous apercevrez quelques sangliers, ces porcs sauvages originaires d'Europe.

Pour ne rien manquer, ajustez votre radio à la station FM 90,1. Comme la plupart des animaux sont libres d'aller et venir sur de grandes superficies, les infos sur eux ne sont évidemment pas synchronisées avec la balade. Mais bon, vous pouvez toujours baisser un peu le volume, quitte à l'augmenter en temps et lieu.

Arrêt

Passé les prairies, vous arrivez dans le secteur des sentiers pédestres. Situé à mi-chemin du parcours, cet endroit est le seul où vous êtes autorisé à sortir de votre véhicule. Sitôt débarqué dans le stationnement, vous êtes attendu par quelques chevreuils avides de carottes (n'oubliez pas votre sac!). Après avoir mangé, les bêtes s'éloignent, pour ensuite se coucher dans les hautes herbes des champs.

Loups et ours

Après avoir repris la route, vous passerez devant l'enclos des loups, un secteur clôturé dans la forêt. Vers la fin du parcours se trouve le seul autre enclos du parc, aménagé celui-là pour les ours noirs. Pourquoi des enclos, alors que les autres animaux sont laissés libres dans le parc? Par sécurité pour les visiteurs, mais aussi parce que même nourris les ours et les loups gardent leur instinct de prédateur et qu'ils s'attaqueraient sans doute aux herbivores comme les cervidés.

Prédateurs et proies

Au Parc Oméga, on a beau dire que les bêtes vivent en liberté, on ne peut reproduire exactement la vie dans la nature. Pas question de mêler prédateurs et proies. On ne peut non plus laisser les bêtes à elles-mêmes sans les nourrir, car la forêt à elle seule ne pourrait subvenir aux besoins de tous ces animaux.

N'empêche. Le parc vaut le déplacement, car vous avez l'occasion de voir plusieurs mammifères nord-américains dans un milieu naturel, ce qui est rare, sinon unique.

Comment s'y rendre / en voiture: route 323 Nord, au nord de Montebello

Prix d'entrée / ($$)

Services / casse-croûte, aires de pique-nique

Horaire / juin à mi-oct tlj 9h à 17h30, jan à fin mai et mi-oct à fin déc tlj 10h à 16h

Beau temps, mauvais temps

Laval

À la conquête de l'espace au Cosmodôme

Cosmodôme
2150 autoroute des Laurentides, Laval
450-978-3600
www.cosmodome.org

Activités sur place
visite éducative, camp spatial

Le Cosmodôme à Laval est bien connu pour son camp spatial où les astronautes en herbe prennent place dans des simulateurs. Mais il abrite aussi le Centre des sciences de l'espace, un lieu de découverte remarquable sur la conquête spatiale et l'évolution de la technologie. Dans cinq sections distinctes, la visite du Centre des sciences permet d'approfondir ses connaissances entre autres sur l'histoire de la conquête spatiale, la station spatiale internationale et le système solaire. Un film fait revivre les premiers pas sur la Lune comme si vous y étiez. Pour faire une découverte encore plus tangible de cette époque marquante, ne manquez pas de voir une roche lunaire (une vraie) et un authentique scaphandre des missions Apollo.

Fusées

Dans la section sur la conquête de l'espace se trouvent de superbes répliques de fusées. Parmi elles, vous verrez la fusée de Goddard (États-Unis), propulsée en 1926 par de l'oxygène liquide et de l'essence, jusqu'à la très modeste altitude de 12 m... Vous apercevrez également la première fusée à mettre un satellite (Spoutnik 1) en orbite, exploit réalisé le 4 octobre 1957 par l'Union soviétique. Sur le même plancher se dresse Saturne 5, de la mission Apollo 11, rappelant le périple du premier

Clin d'œil

Il serait temps de reconnaître qu'il y a plus que des centres commerciaux à Laval. Le Cosmodôme est une attraction d'envergure internationale, et nous avons la chance de l'avoir à notre portée.

homme à avoir marché sur la Lune, l'Américain Neil Armstrong, le 20 juillet 1969.

Comment s'y rendre / en voiture: autoroute 15, sortie 9 ou 10 / en transport en commun: métro Montmorency, autobus 61 ou 70 de la Société de transport de Laval (STL)

Prix d'entrée / ($)

Services / casse-croûte

Horaire / fin juin à mi-sept tlj 10h à 17h, mi-sept à fin juin mar-dim 10h à 17h

Laval

Des heures de plaisir à Funtropolis

Funtropolis
3925 boul. Curé-Labelle, Laval
450-688-9222
www.funtropolis.ca

Activités sur place
labyrinthe, trampoline, glissade, tyrolienne

Funtropolis est une impressionnante aire de jeux intérieure abritant entre autres des glissades géantes, des trampolines, des tyroliennes et des labyrinthes à obstacles.

Du plaisir à l'état pur

L'endroit, qui couvre plus de 6 000 m², est gigantesque. En plus des trampolines, tyroliennes, glissades et labyrinthes, Funtropolis compte plusieurs jeux d'adresse et des milliers de balles en styromousse qui offrent autant de façons de jouer.

À noter que, compte tenu du nombre d'enfants qui peuvent s'y trouver au même moment, l'endroit peut parfois devenir bruyant.

Comment s'y rendre / en voiture: autoroute 15 Nord, puis route 117 Nord

Prix d'entrée / ($-$$)

Services / casse-croûte

Horaire / dim-jeu 9h à 18h, ven-sam 9h à 20h

Laval

Des jeux pour tous à la Récréathèque

Récréathèque
900 boul. Curé-Labelle, Laval
450-688-8880
www.larecreatheque.com

Activités sur place
patin à roues alignées ou à roulettes, tennis, racquetball, quilles, billard, ping-pong

Rares sont les endroits offrant autant d'activités ludiques que la Récréathèque de Laval. Pour les enfants, les ados et toute la famille, c'est génial.

Patin et plus

La Roulathèque accueille les adeptes de patin à roues alignées ou de patins à roulettes traditionnels sur une surface de bois franc grande comme une patinoire olympique. Des jeux de lumière multicolores combinés au son de la *dance music* triée dans le palmarès créent une atmosphère survoltée. Que faire d'autre? Un minigolf traditionnel de neuf trous est à votre disposition pour tester votre habileté. Les ados et tous ceux qui ont la bougeotte vont plutôt opter pour le Delta Laser, un jeu de guerre opposant deux équipes.

Bananazoo

Pour les enfants de 10 ans et moins, le Bananazoo constitue un super-terrain de jeux. Tantôt ils s'amusent dans la structure gonflable en forme de station spatiale, tantôt ils explorent le labyrinthe simulant la forêt en passant tour à tour par des tunnels, des glissoires et des parcs à balles.

Sur place, ils ont le plaisir de se faire maquiller. Au fait, les parents doivent accompagner leurs enfants. Il ne s'agit pas d'une garderie. Tant mieux car l'endroit est idéal pour que toute la famille s'amuse.

Comment s'y rendre / en voiture: autoroute 15 Nord, boulevard Saint-Martin Ouest, boulevard Curé-Labelle (à gauche) / en transport en commun: métro Cartier, puis autobus 24, 46 ou 60 de la Société de transport de Laval (STL)

Prix d'entrée / ($)

Service de location / ($) / patins à roues alignées ou patins à roulettes

Horaire / jeu-dim (Roulathèque et Delta Laser)

Laval

En chute libre avec Skyventure

Skyventure
2700 av. du Cosmodôme, Laval
514-524-4000
www.skyventuremontreal.com

Âge minimal
4 ans

Poids maximal
104 kg

Activités sur place
chute libre

«Seul simulateur de chute libre intérieur à air recirculé au Canada», Skyventure offre une expérience hors du commun qui fera de vous le parent le plus «cool» du moment.

Une chute libre en toute sécurité

On vous offrira tout d'abord une petite formation pour vous expliquer le fonctionnement de l'envol. Vous passerez ensuite à l'étape de l'habillage, qui consiste en une combinaison, un casque, des lunettes de sécurité et des bouchons pour les oreilles. Puis, on vous emmènera près de la chambre d'envol. Vous attendrez votre tour en observant les autres visiteurs faire leur envol. Les fins de semaine, l'endroit est souvent très fréquenté.

Puis viendra votre tour. Vous entrerez dans la chambre d'envol avec un instructeur. Il vous placera adéquatement en position, et vous pourrez profiter de la sensation de chute libre. Le tout durera environ 1 min.

Vous retournerez ensuite vous asseoir afin d'attendre qu'on vous appelle pour votre deuxième envolée.

Après vos envolées, votre instructeur vous fera visionner la vidéo de votre expérience. Si vous le désirez, vous pourrez l'acheter en format DVD.

Le tout est extrêmement sécuritaire.

Comment s'y rendre / en voiture: autoroute 15 Nord, sortie 9 ou 10 / en transport en commun: métro Montmorency, autobus 61 ou 70 de la Société de transport de Laval (STL)

Prix d'entrée / ($$$)

Horaire / lun-ven 13h à 22h, sam-dim 8h à 22h

Laval

Quand je serai grand...

Musée pour enfants de Laval
3805 boul. Curé-Labelle, Laval
450-681-4333
www.museepourenfants.com

Activités sur place
visite éducative

Ce musée présente aux enfants différents métiers et les fait revivre afin qu'ils puissent voir en quoi ils consistent.

Comment s'y rendre / en voiture: route 117 Nord / en transport en commun : métro Montmorency, puis autobus 61 de la Société de transport de Laval (STL)

Prix d'entrée / ($-$$)

Horaire / lun-jeu 9h à 17h, ven-dim 9h à 18h

Je voudrais être...

À travers 16 stations, les enfants peuvent se costumer et manipuler les objets d'autant de professions. Que ce soit à la station de police ou dans la grotte des archéologues, les enfants s'amusent comme des petits fous à reproduire le travail des grands. La station de l'épicerie est particulièrement appréciée avec ses véritables lecteurs optiques.

Des animateurs se costument plusieurs fois dans la journée et mettent en scène une profession. Les enfants, spectateurs, sont captivés.

Une aire de repas permet aux parents d'apporter un lunch.

Laval

Sauter en trampoline

Club de trampoline Acrosport Barani
1365 boul. Dagenais O., Laval
450-622-0077
www.acrosportbarani.com

Activités sur place
trampoline, trapèze, escalade

Le Club de trampoline Acrosport Barani propose une activité originale à essayer, le trampoline.

De quoi amuser vos enfants

Vos enfants ont des fourmis dans les jambes et vous ne savez plus quoi leur faire faire? Emmenez-les au Club de trampoline Acrosport Barani qui prévoit régulièrement des périodes de pratique libre pendant lesquelles ils pourront sauter à cœur joie sur des trampolines, escalader une paroi artificielle ou se balancer sur des trapèzes dans un environnement des plus sécuritaires. De quoi satisfaire pendant un moment leur besoin de bouger.

Comment s'y rendre / en voiture: autoroute 15 Nord / en transport en commun : métro Montmorency, puis autobus 45 de la Société de transport de Laval (STL)

Prix d'entrée / ($)

Horaire / juil et août lun-sam 16h30 à 18h; sept à juin mer, ven-sam 16h30 à 18h, dim 9h30 à 11h et 13h30 à 15h

Laval

Surf à Laval!

Maeva Surf
2005 boul. Daniel-Johnson, Laval
450-934-6238
www.maevasurf.com

Grandeurs minimales
106 cm pour le bodyboard
132 cm pour le surf debout

Activités sur place
surf, flowboard, bodyboard

Ouvert depuis l'automne 2010, Maeva Surf vous propose de surfer sur une vague artificielle intérieure. De quoi vous donner l'impression d'être dans les Îles... à seulement quelques minutes de Montréal!

Sécuritaire et pour tous

Tout le monde, ou presque, peut s'initier au surf chez Maeva Surf. Il suffit d'être en forme et de mesurer au moins 106 cm ou 132 cm selon l'activité.

Un maximum de huit surfeurs se trouve en même temps sur la vague. La séance dure 30 min, mais vous ne resterez pas sur votre planche tout ce temps. Chaque séance dure entre 1 seconde, pour les débutants, et 45 secondes pour les plus expérimentés.

L'activité est très bien encadrée et, comme il n'y a pas de bassin d'eau comme tel, il n'y a aucun risque de noyade.

Comment s'y rendre / en voiture: autoroute 15 Nord, sortie 9 ou 10 / en transport en commun: métro Montmorency, autobus 61 ou 70 de la Société de transport de Laval (STL)

Prix d'entrée / ($$$)

Horaire / tlj

Mauricie

Apprendre l'histoire de l'industrie papetière

Boréalis
200 av. des Draveurs, Trois-Rivières
819-372-4633
www.borealis3r.ca

Activités sur place
visite éducative

Situé au confluent de la rivière Saint-Maurice et du fleuve Saint-Laurent, Boréalis raconte l'histoire de l'industrie papetière dans la région de Trois-Rivières.

Un musée surprenant!

Logé dans une ancienne usine de filtration d'eau pour les pâtes et papiers, Boréalis présente des expositions qui relatent un pan d'histoire très important de la région. L'exposition *Racines et identités* explique l'origine de cette industrie, le dur métier de draveur, et ce qu'était la vie des travailleurs dans les années 1920.

Dans la zone industrielle, on voit des machines de l'ancienne usine, ce qui permet de comprendre son fonctionnement.

Un passage dans le laboratoire permet aux enfants de faire leur propre papier. Une expérience des plus appréciées.

On descend ensuite dans les voûtes qui, jusqu'à très récemment, étaient remplies d'eau. On peut maintenant se promener dans cette grande salle sombre à l'aide d'une lampe de poche afin de découvrir les phrases luminescentes inscrites sur les murs. Un rallye est d'ailleurs proposé afin de rendre le tout plus ludique.

Avant de quitter, ne manquez pas d'aller vous promener autour de la tour, accessible par une passerelle, et plantée en plein milieu de la rivière. Une vue magnifique s'offrira alors à vous.

Sans oublier la superbe terrasse où vous pouvez casser la croûte pendant la période estivale.

Comment s'y rendre / en voiture: autoroute 40 Est, sortie 201

Prix d'entrée / ($-$$)

Services / boutique, bistro

Horaire / fin juin à mi-oct tlj 10h à 18h; mi-oct à fin juin, mar-dim 10h à 18h

Mauricie

Patrimoine industriel à la Cité de l'énergie

Cité de l'énergie
1000 av. Melville, Shawinigan
819-536-8516 ou 866-900-2483
www.citedelenergie.com

Activités sur place
visite éducative, pique-nique

La Cité de l'énergie promet d'en initier plus d'un, petits et grands, à l'histoire du développement industriel de la Mauricie et du Québec.

À pied, en bateau et en trolleybus

Vaste parc thématique, la Cité de l'énergie regroupe plusieurs attraits: l'Espace Shawinigan, deux centrales hydroélectriques, dont une encore en activité, la centrale Shawinigan 2, le Centre des sciences et une tour d'observation haute de 115 m qui offre, il va sans dire, une vue imprenable sur les environs.

La visite de ces attraits, facilitée par le transport en trolleybus et en bateau, ainsi que le visionnement d'un spectacle multimédia, permettent de voyager à travers les 100 ans d'histoire des diverses industries de la région (hydroélectricité, pâtes et papiers, aluminium, etc.) Suivez pas à pas l'ébauche des innovations qui ont fait avancer la science dans ces domaines. Dans le Centre des sciences, où sont regroupés divers services tels que restaurant et boutique, vous pouvez en outre voir des expositions interactives.

Comment s'y rendre / en voiture: autoroute 40 Est, puis autoroute 55 Nord

Prix d'entrée / ($$)

Services / boutique, restaurant

Horaire / mi-juin à fin sept tlj

Mauricie

Une visite en prison

Musée québécois de culture populaire / Vieille Prison de Trois-Rivières
200 rue Laviolette, Trois-Rivières
819-372-0406
www.culturepop.qc.ca
www.enprison.com

Activités sur place
visite éducative

Le Musée québécois de culture populaire et la Vieille Prison de Trois-Rivières sont des attraits méconnus qui méritent qu'on y fasse un arrêt.

Un musée audacieux

Le Musée québécois de culture populaire met en valeur ce que la culture populaire produit, consomme et lègue: les objets, les environnements, les connaissances et le savoir-faire.

Cela peut paraître rébarbatif pour certains au premier regard, mais c'est tout le contraire. En plus de l'exposition permanente qui offre une véritable incursion dans l'histoire des produits d'usage courant au Québec grâce à la réserve ouverte du musée, les visiteurs parcourent différentes expositions thématiques pour découvrir la culture des Québécois autrement.

On a donc pu y voir au fil des années des expositions sur l'histoire criminelle au Québec, les pratiques funéraires et Passe-Partout. Bref, ce sont des expositions originales qui ne ressemblent à rien à ce que nous pouvons retrouver dans les autres musées.

Une exposition pour les enfants

L'Odyssée de Maeva est une exposition temporaire qui se tient jusqu'en 2015. Les enfants doivent enfiler un sarrau blanc avant d'y accéder. Ils doivent aider Maeva à organiser son voyage dans l'espace afin de trouver une nouvelle planète. L'exposition, faite à 80% d'objets recyclés, permet de voir ce qu'il serait important d'apporter dans le vaisseau, mais aussi ce que nous devrions laisser derrière nous. Une belle façon de faire réaliser aux enfants l'importance de conserver ce qui nous entoure.

La vie de détenus

Attenante au musée, la Vieille Prison de Trois-Rivières permet de vivre une expérience unique en présentant la vie en prison telle qu'elle était dans les années 1960 et 1970. On vous enfermera même pendant quelques minutes dans une cellule. Une exposition d'autant plus authentique que les guides sont des ex-détenus!

Pour une immersion complète, il est aussi possible de passer la nuit dans une cellule (groupe d'au moins 15 personnes).

Comment s'y rendre / en voiture: autoroute 40 Est, sortie 199

Prix d'entrée / ($-$$)

Hébergement / cellule (60$/pers.)

Horaire / fin juin à début sept tlj 10h à 18h, début sept à fin juin mar-dim 10h à 17h

À vélo

Laurentides

Le parc du Corridor aérobique, une piste sauvage

Parc du Corridor aérobique
450-426-1220
www.morinheights.com

Trajet
de Morin-Heights à Amherst

Distance totale
58 km

Dans les Laurentides, le parc linéaire Le P'tit Train du Nord est tellement populaire pour pédaler que le parc du Corridor aérobique, qui relie Morin-Heights et Amherst à l'ouest de Mont-Tremblant, reste méconnu. Il s'agit pourtant d'une piste cyclable sauvage de près de 60 km, ce qui n'est vraiment pas banal.

Installé à même une ancienne voie ferrée du Canadien National, le Corridor aérobique n'est peut-être pas doté d'autant de services que la piste du P'tit Train du Nord, mais il a ses charmes. Une condition s'impose: aimer l'aventure et les grands espaces. Il suffit alors d'être équipé d'un vélo hybride ou d'un vélo tout-terrain, pour mieux rouler sur la surface en gravier et dans les pentes. Si les enfants pédalent régulièrement, vous pouvez penser à les amener passé l'âge de 12 ans.

Être autonome

Le long de la piste qui s'enfonce dans la forêt, défile une étonnante variété de paysages: lacs, rivières, vallées, champs de ferme... C'est paisible et retiré. Comme vous pédalez sous les arbres, vous ne crevez pas de chaleur, même en pleine canicule.

Puisque le parcours est sauvage, prévoyez le nécessaire pour être autonome. Apportez une pompe, un tube de rechange, quelques outils de base et un ensemble de pièces pour pneus. Glissez dans vos bagages un bon lunch, de l'eau, une trousse de premiers soins, une lotion insectifuge à la citronnelle et des vêtements de rechange.

Diviser le trajet

Quelques adeptes aguerris du vélo de montagne ont la capacité de faire le trajet de 60 km d'une traite, mais ce n'est pas à la portée de tout le monde. Ceux qui veulent se promener à leur rythme feraient mieux de s'en tenir à un trajet de 20 km aller-retour, au moins pour la première fois. Pour apprécier, il ne sert à rien de se presser et de tenter de traverser plusieurs villages lors d'une seule excursion. Mieux vaut partir d'un village et y revenir.

Clin d'œil

La piste s'enfonce dans la forêt. Quand c'est frais, vous pédalez à l'abri du vent, et quand il fait chaud vous êtes à l'ombre.

À partir de Morin-Heights, vous faites 9 km à vélo pour atteindre Wentworth-Nord (Montfort). Vous faites une pause sur une petite plage au bord du lac Saint-François, puis vous revenez à bicyclette. Plus au nord, vous avez le choix d'emprunter la piste à Montcalm (Weir), à Arundel ou à Huberdeau. À l'autre extrémité, à Amherst, vous pouvez voir les chevreuils de la Ferme Monette ou encore marcher jusqu'à la Tour à feu afin d'admirer le paysage.

Dans toutes les municipalités mentionnées, vous retrouvez un stationnement gratuit près de la piste. Pour passer la nuit, il y a un petit hôtel, une auberge ou un autre gîte pas trop loin.

Comment s'y rendre / en voiture: autoroute 15 Nord, route 364 à Morin-Heights par le chemin du lac Écho (km 0 de la piste cyclable); route 364 à Wentworth-Nord (Montfort) par le chemin Montfort; route 364 au village de Lac-des-Seize-Îles; route 364 à Montcalm (Weir); route 327 à Arundel; route 323 à Saint-Rémi (Amherst)

Prix d'entrée / (G)

Services / hébergement et restauration restreints à deux secteurs le long du parcours

Laurentides

Parc linéaire Le P'tit Train du Nord, l'autoroute des Laurentides... pour vélos

Tourisme Laurentides
450-224-7077 ou 800-561-6673
www.laurentides.com/parclineaire

Trajet
de Bois-des-Filion à Mont-Laurier

Distance totale
232 km

Lien cyclable
avec le parc du Corridor aérobique entre Saint-Jovite et Saint-Rémi (Amherst)

S'étirant sur plus de 230 km entre Bois-des-Filion et Mont-Laurier, le parc linéaire Le P'tit Train du Nord est une véritable autoroute cyclable. Cette voie rapide pour vélos est asphaltée sur près de la moitié du trajet, notamment entre Labelle et Mont-Laurier.

Une piste bien organisée

Tout le long du parcours, vous êtes en mesure de faire une halte dans les villes et villages pour bien manger ou pour dormir dans un gîte accueillant. Les services de transport rendent aussi votre périple beaucoup plus facile à organiser. En autobus avec remorque, des transporteurs amènent cyclistes, vélos et bagages n'importe où entre Saint-Jérôme et Mont-Laurier.

Non seulement vous n'avez pas à vous préoccuper de revenir à votre véhicule en fin de journée, mais encore vos bagages peuvent être transportés d'une auberge à l'autre sur demande. C'est vraiment bien organisé.

Comment s'y rendre / en voiture: autoroute 15 Nord, sortie 39 Est, 41 Est ou 43 Est jusqu'à la gare de Saint-Jérôme (km 0 de la piste cyclable); sortie 76 à Val-Morin par le chemin de la Gare ou à Val-David par la rue de l'Église; sortie 86 à Sainte-Agathe-des-Monts par le chemin de la Rivière au parc Préfontaine ou par la rue Saint-Paul; route 117 à Sainte-Agathe-des-Monts (secteur Ivry-sur-le-Lac) par le chemin de la Gare; route 117 à Saint-Faustin-Lac-Carré par la rue Principale; route 117 à Mont-Tremblant par la montée Kavanagh, par la rue Limoges ou par le chemin du Village; route 117 à La Conception par la rue de la Station; route 117 à Labelle par la rue Allard

Prix d'entrée / (G)

Services / hébergement et restauration dans une vingtaine de secteurs le long du parcours; transport de vélos et bagages

Festivals

Laurentides

Cerfs-volants géants au Festi-Vent sur glace

Festi-Vent sur glace
rue de l'Église, St-Placide
450-258-4517
www.festi-vent.com

Quand
un week-end à la mi-février

Imaginez des dizaines de cerfs-volants multicolores de toutes les formes, faisant plus de 10 m de long chacun. C'est ce que vous voyez durant tout un week-end, vers la mi-février, lors du Festi-Vent sur glace de Saint-Placide, juste à l'ouest d'Oka. L'événement attire en moyenne 25 000 visiteurs.

Formes variées

Les cerfs-volants prennent des formes variées: un clown de 15 m, des manches à air de 21 m ou encore des personnages de Sesame Street de plus de 22 m de long. Le spectacle ne serait pas complet sans les fameux combats de Rokkakus, ces cerfs-volants de forme hexagonale issus d'une tradition japonaise. Les combats consistent à forcer le cerf-volant de son adversaire à s'abattre au sol.

En skis

Le Festi-Vent donne aussi l'occasion de voir à l'œuvre le ski cerf-volant. À un niveau avancé, ses adeptes en viennent à faire toutes sortes de figures dans les airs. Certains s'exécutent aussi avec une planche à neige. Des cours d'initiation sont offerts par des instructeurs chevronnés.

L'aire réservée à ces démonstrations vous fait également découvrir le cerf-volant de traction, très populaire en Europe. Il s'agit d'un cerf-volant à quatre lignes de contrôle dont la fabrication est inspirée des ailes de parapente. Si le vent est de la partie, des experts filent devant vous à des vitesses allant jusqu'à 100 km/h.

Autres attraits

Plusieurs activités gravitent autour des cerfs-volants. Les enfants de 3 à 13 ans peuvent déverser leur trop plein d'énergie dans trois jeux gonflables. Les jeunes ont également à leur disposition des glissades pour la descente en chambre à air. Les enfants de 7 à 15 ans ont de plus l'occasion de participer à un atelier de fabrication de cerfs-volants animé par Robert Trépanier, un Montréalais qui est allé jusqu'en Chine et en Israël pour des compétitions.

Deux chapiteaux permettent de faire une halte, bien au chaud, pour manger une «queue de castor», ou encore déguster du cidre, du miel ou un autre produit du terroir. Vous pouvez aussi vous procurer un cerf-volant. Il y a de quoi être inspiré pour en faire l'essai.

Comment s'y rendre / en voiture: autoroute 640 Ouest, puis route 344 (direction Oka)

Prix d'entrée / ($)

Laval

Au bord de l'eau, à Laval, pour la Grande Fête des enfants

Sainte-Rose en Bleu
Laval (quartier Ste-Rose)
450-628-9374
www.lavalenfete.org

Quand
5 jours lors de la première semaine d'août

Sur la berge des Baigneurs, dans le vieux Sainte-Rose, un petit train multicolore, rempli de bambins rieurs, longe la rivière des Mille Îles. Même si les parents ont les jambes recroquevillées dans les minuscules wagons, la balade est l'une des attractions les plus courues lors la Grande Fête des enfants.

Animation continuelle

L'événement est un feu roulant d'activités amusantes. Chasse au trésor et feu d'artifice captent l'attention à coup sûr. Dans le château médiéval, les bambins adorent se faire maquiller. Comme une section du boulevard Sainte-Rose est fermée à la circulation, vous circulez à pied sans contrainte d'une attraction à l'autre. Plusieurs spectacles pour enfants ont lieu sur la grande scène, en face de l'église.

Comment s'y rendre / en voiture: autoroute 15 Nord, sortie 16 (à droite), puis boulevard Sainte-Rose (1 km à l'est) / en transport en commun: métro Montmorency, puis autobus 76 de la Société de transport de Laval (STL)

Prix d'entrée / (G)

Autres tarifs / spectacles ($-$$)

Laval

Le Mondial Choral Loto-Québec

Mondial Choral Loto-Québec
Billetterie à la salle André-Mathieu
475 boul. de l'Avenir, Laval
450-667-2040
www.mondialchoral.org

Quand
10 jours à partir de la mi-juin

En 2005, à sa première édition, le Mondial Choral Loto-Québec a accueilli 500 000 personnes selon les organisateurs. L'événement se veut d'envergure internationale, comme en fait foi la grande variété de genres musicaux: populaire, folklorique, gospel, classique, musique du monde et autres. Cette variété, on la doit en grande partie à Gregory Charles, concepteur et directeur artistique du Mondial Choral, lui-même chanteur et interprète très polyvalent. Le caractère grandiose de l'événement vient de la participation de plus de 10 000 choristes du Québec et du Canada, mais aussi des États-Unis, des Caraïbes, de l'Afrique et de l'Europe.

Près de 100 spectacles

C'est au Centre de la nature de Laval que sont présentés tous les grands spectacles extérieurs. Les meilleurs chœurs de jeunes du Québec, mais aussi d'un peu partout dans le monde, se produisent en soirée. Des spectacles ont également lieu dans des églises ou en salles dans plusieurs établissements.

Laval est la ville du Québec avec la plus forte concentration de choristes. Des institutions renommées en témoignent, comme le Théâtre d'art lyrique de Laval et le Chœur de Laval. Cette réputation se trouve renforcée par les quelque 400 voix du Chœur du Nouveau Monde, des Voix Boréales et des Petits Chanteurs de Laval dirigés par Gregory Charles.

Comment s'y rendre / en voiture: pont Médéric-Martin, boulevard de la Concorde vers l'ouest, puis rue Lucien-Paiement vers le nord jusqu'à l'Espace Montmorency (dans le stationnement du Collège Montmorency, en face de la station de métro Montmorency) / en transport en commun: métro Montmorency / à vélo: par la piste cyclable de l'avenue du Parc

Prix d'entrée / (G) / spectacles en salles ($)

SUR LA RIVE-SUD

Cantons-de-l'Est

Brome
1. **Foire agricole de Brome** (voir p. 215)

Bromont
2. **Musée du Chocolat de la confiserie Bromont** (voir p. 205)

Canton d'Orford
3. **Parc national du Mont-Orford** (voir p. 171)

Coaticook
4. **Parc de la Gorge de Coaticook** (voir p. 167)

Frelighsburg
5. **Mont Pinacle** (voir p. 168)

Glen Sutton
6. **Station de montagne Au Diable Vert** (voir p. 166)

Granby
7. **Centre d'interprétation de la nature du lac Boivin** (voir p. 174)

8. **Fête des mascottes et des personnages animés du Québec** (voir p. 214)
9. **L'Estriade** (voir p. 211)
10. **Parc national de la Yamaska** (voir p. 169)
11. **Zoo de Granby** (voir p. 191)

North Hatley
12. **L'Épopée de Capelton** (voir p. 207)

Sherbrooke
13. **Musée de la nature et des sciences de Sherbrooke** (voir p. 206)

Stoke
14. **Miellerie Lune de miel** (voir p. 190)

Sutton
15. **Arbre Sutton** (voir p. 173)
16. **Mont Sutton** (voir p. 213)
17. **Parc d'environnement naturel de Sutton** (voir p. 165)

Centre-du-Québec

Drummondville
18. **Village Québécois d'Antan** (voir p. 193)

Montérégie

Boucherville
19. **Le Cache-à-l'eau** (voir p. 209)
20. **Parc national des Îles-de-Boucherville** (voir p. 180)

Chambly
21. **Lieu historique national du Fort-Chambly** (voir p. 203)

Châteauguay
22. **Refuge faunique Marguerite-D'Youville** (voir p. 185)

Au bord de l'eau

Montérégie

Comme dans le Sud à la plage municipale de Saint-Zotique

Plage municipale de Saint-Zotique
110 81ᵉ Avenue, St-Zotique
450-267-3003
www.st-zotique.com

Activités sur place
baignade, danse, jeux pour enfants,
pédalo, kayak

L'immensité du lac Saint-François rappelle la mer. Sur la plage de Saint-Zotique, des airs de musique tropicale vous transportent tantôt à Cuba, tantôt en République dominicaine. Il n'en faut pas plus pour se sentir en vacances, ne serait-ce que pour une journée.

Salsa et merengue

Une petite piste de danse se trouve sous un chapiteau adjacent à la plage. Le rythme de la salsa et du merengue crée instantanément une ambiance festive. Les gens passent, exécutent quelques danses, puis vont se baigner. Même les enfants montent sur la piste. C'est beau à voir. Une animatrice accueille petits et grands, puis leur apprend quelques pas.

Bondée mais chaleureuse

Cette plage familiale s'étire sur 750 m. Quand il fait beau, elle est bondée.

⭐ *Clin d'œil*

J'aime danser la salsa et le merengue sur la petite piste à deux pas de l'eau. J'aime bien faire cuire du poisson frais sur mon barbecue portatif pour mes amis ou pour ma petite famille. J'aime aussi me détendre sous un parasol et aller rejoindre de temps à autre ma fillette pour faire des châteaux de sable avec elle.

Pourtant l'endroit reste chaleureux. Assidûment fréquentée par des gens de toutes origines, l'aire de pique-nique répand un savoureux parfum d'épices provenant des grillades en train de cuire.

L'attitude du personnel contribue aussi à rendre l'endroit agréable.

Jeux pour enfants

Un peu en retrait de la plage, les enfants ont amplement de quoi s'amuser dans une pataugeoire avec jets d'eau. Aux deux aires de jeux avec balançoires, glissades et câbles, s'ajoute un module pour les bambins de 6 à 12 ans. Il s'agit d'un bateau à voiles de 10 m rappelant la folle épopée des pirates.

Pédalos et kayaks

À l'extrémité de la plage, vous avez le loisir de louer un pédalo ou un kayak de plaisance. La limpidité de l'eau permet de voir jusqu'à 4 m de profondeur. Étonnant!

En pédalo, vous ne pouvez aller plus loin que la grosse bouée blanche en face de la plage. Sinon vous risquez de dériver contre votre gré jusqu'à Montréal! Ce n'est jamais arrivé car les promeneurs sont surveillés discrètement à distance. N'empêche. Le lac Saint-François faisant partie du fleuve Saint-Laurent, le courant demeure assez fort.

En pédalo ou en kayak, ne manquez pas d'aller vous balader dans les pittoresques canaux, bordés de bateaux amarrés et de résidences. On se croirait bien plus en Floride qu'au Québec.

Comment s'y rendre / en voiture: autoroute 20 Ouest, sortie 6 / à vélo: par la piste cyclable Soulanges

Prix d'entrée / ($-$$)

Service de location / ($-$$$) / canots, kayaks simples ou tandems, pédalos à deux ou quatre places, canots, accessoires de plage tels que ballons, flotteurs, parasols, barbecues au charbon de bois

Autres services / casse-croûte

Horaire / fin juin à début sept tlj 9h à 20h

Montérégie

En kayak sur la rivière Châteauguay

Kayak Safari
2 rue Henderson, Huntingdon
450-264-0111 ou 866-664-0111
www.kayaksafari.ca

Activités sur place
kayak

Prenant sa source dans le lac Upper Chateauguay dans l'État de New York, la rivière Châteauguay coule sur 130 km pour enfin se jeter dans le lac Saint-Louis, à l'ouest de Montréal. Mais c'est vraiment dans les alentours d'Huntingdon que la rivière Châteauguay s'avère la plus intéressante à découvrir à coups de pagaie.

Installée dans une ancienne meunerie située juste au bord de la rivière Châteauguay, l'entreprise Kayak Safari loue des kayaks. Ce petit cachet campagnard a l'air rassurant.

De toute façon, comme il n'y a pas de gros rapides le long des parcours, les non-initiés n'ont rien à craindre. De plus, les kayaks sont stables et faciles à manier.

Descentes

Parmi les quatre descentes proposées, toutes bien décrites sur une carte avant le départ, l'itinéraire vers Dewittville, plus à l'est, est particulièrement intéressant. Le trajet de 9 km longe la route 138, au sud.

Mais la route, vous ne la voyez jamais car la rivière coule dans une vallée. Peu de temps après le départ, le vrombissement occasionnel des camions fait place au silence, entrecoupé de chants d'oiseaux.

Très sinueuse, la rivière montre un visage différent à chaque détour. Mais ce qui frappe le plus, c'est l'abondance de gros arbres matures le long des rives, malgré l'agriculture.

À mi-chemin, vous traversez de petits rapides. Durant la canicule, quand l'eau est basse, vous devez parfois débarquer, immergé jusqu'aux genoux, pour passer avec le kayak flottant à vos côtés. Chaussé de sandales antidérapantes, vous pouvez marcher sans glisser sur le fond de roches.

À cet endroit, l'eau est vraiment claire. Près des berges, à l'écart des remous, vous verrez peut-être des bancs de petits poissons.

Par la suite, la rivière devient plus en plus calme. Le courant vous pousse de moins en moins, au point où il faut pagayer avec plus d'énergie. Seule une série de petits rapides vous donne une erre d'aller avant d'arriver au petit quai de Kayak Safari, à Dewittville.

Quelques conseils

Le retour au point de départ se fait en camionnette, ce service de navette étant offert par Kayak Safari. Vous n'avez donc pas à stationner un véhicule à la destination prévue sur la rivière pour revenir à la fin de l'excursion.

À apporter: des sandales antidérapantes ou de vieilles espadrilles, un chapeau, une crème protectrice contre le soleil, une bouteille d'eau.

Il est préférable d'enfiler un maillot de bain, surtout en kayak, car l'eau ruisselle sur la pagaie. Quand l'eau est froide en début de saison, ça peut devenir inconfortable mais en pleine canicule, personne ne s'en plaint.

Comment s'y rendre / en voiture: route 138 Ouest jusqu'à Huntingdon / en transport en commun: métro Angrignon, puis transport avec Autobus Dufresne

Service de location / ($) / kayaks

Horaire / mi-mai à fin juin sam-dim 9h à 16h, fin juin à oct lun-ven 10h à 16h et sam-dim 9h à 16h

Montérégie

Un petit lac près de la ville au Récré-O-Parc

Récré-O-Parc
5340 boul. Marie-Victorin
Ste-Catherine
450-635-3011
www.ville.sainte-catherine.qc.ca

Activités sur place
baignade, pique-nique, volleyball

À seulement 20 min du pont Champlain, près des écluses de Sainte-Catherine, se trouve le Récré-O-Parc, à l'entrée duquel il y a un petit lac artificiel aux rives sablonneuses. Pas si petit quand même, car il accueille jusqu'à 3 000 baigneurs.

Pique-nique au bord de l'eau

Au casse-croûte, une terrasse est mise à la disposition des visiteurs. Vous avez aussi le loisir de pique-niquer près de la plage. Mieux vaut apporter une couverture car il n'y a pas beaucoup de tables. Si vous avez un barbecue portatif, vous pouvez vous installer plus en retrait dans le parc, face aux rapides de Lachine.

Comment s'y rendre / en voiture: pont Champlain, route 132 Ouest /
à vélo: par la piste cyclable de la Voie maritime

Prix d'entrée / ($)

Stationnement / ($)

Services / casse-croûte

Horaire / mi-juin à la mi-août tlj 10h à 18h, 8h à 20h30 pour l'ensemble du parc

En pleine nature

Cantons-de-l'Est

À la conquête du Sommet Rond

Parc d'environnement naturel de Sutton
1000 ch. Réal, Sutton
450-538-4085
www.parcsutton.com

Sentiers pédestres
52 km

Chiens
acceptés si tenus en laisse

Activités sur place
randonnée pédestre, raquette

Le Parc d'environnement naturel de Sutton (PENS), que plusieurs nomment simplement le «parc Sutton», occupe actuellement une partie du massif des monts Sutton.

Une randonnée populaire

La randonnée la plus populaire est celle qui mène au Sommet Rond (Roundtop), d'où la vue est fantastique.

Cette randonnée de 4,5 km aller-retour offre plusieurs points de vue à ne pas manquer. On emprunte d'abord le sentier principal et, passé l'intersection du sentier du lac Spruce, on grimpe directement vers le sommet. Le Sommet Rond (Roundtop), avec ses 962 m d'altitude, est le point culminant des monts Sutton. La vue sur la région, de la vallée de la rivière Missisquoi au mont Jay Peak et aux montagnes Vertes (Green Mountains) du Vermont, est tout à fait exceptionnelle.

Certains randonneurs affirment même avoir aperçu le mont Washington, au New Hampshire, lorsque le ciel est dégagé. Sur le belvédère, des plaques identifient les sites d'intérêt géographiques et font découvrir les sommets environnants.

Des activités récréatives, éducatives, culturelles et sportives sont proposées au mont Sutton. Les fins de semaine, le télésiège quadruple est en activité. Le mont Sutton est également l'une des belles stations de ski alpin au Québec, réputée pour ses nombreux sous-bois agréables à parcourir.

Comment s'y rendre / en voiture: autoroute des Cantons-de-l'Est (10), sortie 68, puis route 139 (vers Cowansville), traverser le village de Sutton, puis à gauche dans la rue Maple

Prix d'entrée / ($) / 5 ans et moins (G)

Horaire / toute l'année

Cantons-de-l'Est

Au cœur des Appalaches à la station de montagne Au Diable Vert

Station de montagne Au Diable Vert
169 ch. Staines, Glen Sutton
450-538-5639
www.audiablevert.qc.ca

Sentiers pédestres
12 km (lien avec le Sentier de l'Estrie)

Activités sur place
randonnée pédestre, kayak, pêche à la mouche, pique-nique

Au sud du centre de ski de Sutton se trouve Au Diable Vert, une station de montagne très discrète avec trois appartements et des cabanes perchées dans les arbres à louer pour le week-end, des sites de camping sauvage en forêt et de beaux sentiers.

Pour atteindre ce coin encore méconnu situé à Glen Sutton, il faut faire 15 km en voiture sur une petite route tortueuse mais pittoresque depuis le village de Sutton. De cette même route, le chemin Staines, d'une longueur de 600 m, mène Au Diable Vert.

Coin secret

À 300 m d'altitude, le site est retiré et paisible. Vous pouvez stationner votre véhicule pour ne plus y toucher du week-end si vous voulez, car il y a tout ce qu'il faut sur place. Mais si jamais vous avez envie d'aller au village de Sutton, il se trouve à seulement 10 min de route.

Puisque vous êtes d'abord accueilli dans une maison, vous vous sentez comme chez vous. Meublées d'antiquités, les pièces créent une atmosphère chaleureuse. Des repas cuisinés à partir de produits du terroir sont servis.

Clin d'œil

Une grande terrasse donne sur les Appalaches. Pour siroter un apéro, aucun endroit n'offre un aussi beau point de vue. Les monts Sutton qui nous entourent deviennent les montagnes Vertes (Green Mountains) au Vermont, tout près de là. On voit clairement le sommet Little Jay, près de Jay Peak.

Champ penché

Devant la maison, dans un drôle de champ en pente, se dresse un étonnant monument. Il s'agit d'un coq de 6 m de haut qui regarde vers l'est. Avec des matériaux récupérés, comme du bois mort et des tiges de métal, il a fallu un été au regretté peintre-sculpteur Gilles Desgens, natif de Cowansville, pour terminer l'œuvre.

À la manière d'un amphithéâtre, le champ penché permet de mieux voir encore la chaîne des Appalaches. Une trentaine de

sites de camping sauvage sont répartis autour, juste à l'intérieur de la forêt. Un bloc sanitaire est à la disposition des campeurs.

Marche en montagne

Le réseau de sentiers de 12 km a de quoi combler vos attentes: de beaux points de vue et des circuits sinueux à flanc de montagne. Pour tout voir sans avoir à parcourir tout le réseau, il suffit d'emprunter plusieurs sentiers, de façon à faire une boucle en deux heures.

À partir de la maison ou des appartements, prenez le Sentier du pré (N° 10) et le Sentier du coureur des bois (N° 8), pour revenir par le Sentier de l'érablière (N° 6). À mi-chemin, un joli pont de bois avec parapets en rondins passe au-dessus d'un ruisseau. À quelques pas se trouve une petite chute. C'est l'endroit parfait pour un pique-nique.

Au fait, le réseau de la station Au Diable Vert communique avec le Sentier de l'Estrie. Pour admirer les couleurs des paysages en automne, les possibilités sont nombreuses.

Comment s'y rendre / en voiture: autoroute des Cantons-de-l'Est (10), sortie 68, puis route 139 (vers Cowansville), traverser le village de Sutton puis se rendre à Glen Sutton

Prix d'entrée / ($)

Hébergement / appartements de montagne (environ 140$/nuit) / refuges (environ 100$/nuit) / camping sauvage (environ 30$/nuit en été, environ 10$/nuit en hiver)

Horaire / tlj 7h au coucher du soleil

Cantons-de-l'Est

Le pont suspendu du Parc de la gorge de Coaticook

Parc de la gorge de Coaticook
135 rue Michaud ou 400 rue St-Marc
Coaticook
819-849-2331 ou 888-524-6743
www.gorgedecoaticook.qc.ca

Chiens
acceptés si tenus en laisse

Activités sur place
randonnée pédestre, pique-nique, équitation, vélo de montagne, ornithologie, glissade, raquette, patinage

Le Parc de la gorge de Coaticook protège une portion de la rivière Coaticook où une gorge impressionnante atteint par endroits jusqu'à 50 m de profondeur. Des sentiers sillonnent tout le territoire, permettant aux visiteurs d'apprécier la gorge sous tous ses aspects. La passerelle suspendue, qui a réussi à en faire frissonner plus d'un, traverse la gorge tout en la surplombant.

Des États-Unis aux Cantons-de-l'Est
La gorge de Coaticook est une formation géologique très spectaculaire. Mesurant

750 m de long avec des parois de 50 m de haut, elle reçoit les eaux tumultueuses de la rivière Coaticook. Cette rivière coule sur une distance de 47 km, soit du lac

Norton, aux États-Unis, jusqu'à la rivière Massawippi et la rivière Saint-François.

L'un des plus longs ponts piétonniers suspendus au monde
Le réseau de sentiers de randonnée pédestre est composé de trois boucles (3 km, 7 km et 10 km). Les sentiers, faciles et agréables, conduisent aux principaux attraits du parc, le pont suspendu étant le clou du spectacle. Haut de 50 m et long de 169 m, c'est l'un des plus longs ponts piétonniers suspendus au monde! Les câbles de soutien, d'un diamètre de 5 cm, font près de 200 m de long. À ceux qui souffrent de vertige, il faut dire que ce pont peut supporter 1 000 personnes de 72 kg!

Le long des sentiers, des panneaux d'interprétation (nature, histoire) guident le randonneur dans ses découvertes. Des kiosques informatifs portant sur la botanique et la minéralogie permettent d'en apprendre davantage sur ces sciences. Outre le pont suspendu, le visiteur découvrira la centrale hydroélectrique, la marmite, la grotte, la réplique d'un village abénaquis ainsi que deux tours d'observation, d'où la vue sur la municipalité de Coaticook et les superbes vallées environnantes est des plus splendides.

Bien aménagé et comptant de jolis petits sentiers, le parc plaît beaucoup aux enfants.

Comment s'y rendre / en voiture: autoroute des Cantons-de-l'Est (10), puis autoroute 55 Sud

Prix d'entrée / ($-$$$)

Services / restaurant

Hébergement / camping (environ 40$/nuit)

Horaire / fin avr à fin juin lun-ven 11h à 16h, sam-dim 10h à 17h; fin juin à fin août tlj 9h à 19h; fin août à mi-déc tlj 10h à 17h; mi-déc à fin avr lun-ven 10h à 16h, sam-dim 9h à 17h

Cantons-de-l'Est

Les Sentiers d'interprétation du mont Pinacle, invisible et méconnu

Fiducie foncière du mont Pinacle
ch. Pinacle, Frelighsburg
450-522-3367
www.montpinacle.ca

Sentiers
4 km

Activités sur place
randonnée pédestre

Entre Dunham, fréquenté pour ses vignobles, et le charmant village de Frelighsburg, le mont Pinacle passe à peu près inaperçu. Il faut dire que les visiteurs de la région empruntent la route 213, alors que le chemin Pinacle a les allures d'un rang de campagne bien ordinaire.

Vous avez beau être entouré par les Appalaches, mais vous ne vous doutez même pas que le mont Pinacle se trouve là, tout près, encaissé dans une vallée et caché par les forêts environnantes.

Le terrain, qui appartient à la Fiducie foncière Mont Pinacle, a été aménagé au strict minimum.

Sentiers

Le sentier de la Saulaie longe un petit ruisseau au pied de la montagne. Le sentier de l'Érablière grimpe plutôt dans la montagne, jusqu'à 400 m d'altitude.

Laissé le plus possible à l'état naturel, ce sentier n'est pas nivelé ni recouvert de poussière de roche comme dans les parcs près de la ville. Puisque des rocs et des racines se retrouvent souvent sur votre chemin, il faut quand même être prudent avec les bambins.

Comment s'y rendre / en voiture: autoroute des Cantons-de-l'Est (10), sortie 68, route 139 (vers Cowansville), route 202, puis route 213 passé Dunham, tourner à gauche dans le chemin Pinacle

Prix d'entrée / (G)

Horaire / fin juin à mi-août ven-dim 10h à 18h, mi-août à mi-oct sam-dim 10h à 17h

Cantons-de-l'Est

Plaisirs d'hiver au parc national de la Yamaska

Parc national de la Yamaska
1780 boul. David-Bouchard, Granby
450-776-7182
www.sepaq.com/yamaska

Pistes de ski nordique
56,8 km

Sentiers de raquettes
10,5 km

Sentiers pédestres
40 km

Activités sur place
ski nordique, raquette, baignade, canot, kayak, pédalo, pique-nique, vélo, randonnée pédestre, observation des animaux, camping

Dans les alentours immédiats, il n'y a pas beaucoup de neige. Les conditions de ski de fond et de raquette sont alors très changeantes.

Une exception: le parc national de la Yamaska, à Granby. Il y a quelques années, la saison de ski de fond y débutait plus tôt qu'au camp Mercier, au nord de Québec... Il n'en est peut-être pas toujours ainsi, mais les conditions de ski de fond et de raquette sont souvent excellentes.

La proximité des Appalaches n'est sans doute pas étrangère aux précipitations de neige. Mais alors comment expliquer que le parc national de la Yamaska soit si peu connu?

Peut-être est-ce dû au fait qu'il n'y a pas de grosse montagne de ski à proximité comme à Tremblant ou à Orford, avec tout ce que ça amène comme services et comme notoriété.

En raquettes

Pour la raquette, le réseau de sentiers atteint une longueur de 10,5 km, répartis en trois circuits. On y retrouve trois petites boucles faciles d'accès aux non-initiés, aux aînés ou aux enfants.

Le circuit La Rivière (3 km; durée 1h30) donne l'occasion pour le moins inusitée d'observer des canards sauvages, les raquettes aux pieds. Comme son nom l'indique, le sentier traverse la forêt jusqu'à la rivière Yamaska Nord.

Puisque l'eau tumultueuse ne gèle pas à la sortie du barrage du réservoir Choinière, des canards tels les colverts s'y attardent, ne voyant plus l'utilité de faire leur voyage hivernal dans le Sud. Apportez des jumelles pour les épier.

Le circuit La Digue (2,5 km; durée 1h), plus au nord, offre plutôt un panorama sur le paysage vallonné des basses terres appalachiennes qui entoure le réservoir Choinière gelé et tout blanc. Les deux trajets partent du pavillon d'accueil et y reviennent.

Enfin, le dernier circuit est celui de La Forestière (5 km; durée 2h), une boucle à la portée de tout le monde.

En skis nordiques

Même si la plupart des circuits sont de niveau facile, les fondeurs aguerris ont tout de même l'option de faire le tour du réservoir Choinière, en circulant dans la forêt, à l'abri du vent. Ce trajet de 18 km n'a pas à être fait d'une traite, car trois relais chauffés au bois se trouvent sur leur route.

Gardez l'œil ouvert. Vous pourriez apercevoir des chevreuils (cerfs de Virginie).

En été, la plage du réservoir Choinière

Quand le réservoir Choinière a été créé en 1977 pour que la Ville de Granby puisse satisfaire les besoins d'eau des citoyens, personne ne se doutait alors qu'une plage serait en mesure d'accueillir jusqu'à 5 000 personnes durant les journées de canicule. Qui aurait pu imaginer aussi que cette même plage se retrouverait plus tard au cœur d'un parc national?

★ *Clin d'œil*

Une légende urbaine circule à l'effet qu'un village a été inondé et se trouve au fond du réservoir. Il s'agit plutôt des restes incendiés d'un hameau dénommé Savage Mills, où des descendants de loyalistes avaient construit des moulins à eau.

Le réservoir Choinière, qui s'étend sur 5 km² et s'entoure de 20 km de rives, est alimenté par la rivière Yamaska Nord. Malgré quelques épisodes de cyanobactéries, appelées couramment «algues bleues», la plage demeure très populaire.

Aux alentours

À la plage, plusieurs types d'embarcations sont à louer. Vous avez l'embarras du choix: canots, kayaks de plaisance et pédalos.

À proximité, l'espace ne manque pas pour un pique-nique. Si vous avez un barbecue portatif, au propane ou au charbon de bois, libre à vous de l'apporter. Par précaution, apportez aussi une couverture au cas où il n'y aurait pas de table disponible.

Comment s'y rendre / en voiture: autoroute 10, sortie 68 ou 74 (moins achalandée) / à vélo: par la Montérégiade, l'Estriade ou la Campagnarde

Prix d'entrée / ($)

Stationnement / ($)

Service de location / canots, kayaks simples ou tandems, pédalos à deux ou quatre places, vélos

Autres services / Pavillon de la plage (terrasse, casse-croûte, bar laitier, bloc sanitaire et dépanneur)

Hébergement / camping (environ 25$/nuit) / tentes prêt-à-camper (Huttopia) (environ 100$/nuit)

Horaire / toute l'année (plage: mi-juin à début sept tlj 10h à 18h)

Cantons-de-l'Est

Randonnée en skis de fond au parc national du Mont-Orford

Parc national du Mont-Orford
3321 ch. du Parc, Canton d'Orford
819-843-9855
www.sepaq.com/pq/mor

Pistes de ski de fond
70 km

Sentiers de raquettes
23 km

Sentiers pédestres
80 km (dont 1,6 km sur neige)

Voies cyclables
10,4 km

Activités sur place
ski de fond, raquette, vélo, randonnée pédestre

Si le parc national du Mont-Orford, dans les Cantons-de-l'Est, est surtout connu pour son camping dont on s'arrache les places, l'hiver au parc n'est pas pour autant une saison morte. Loin de là!

Alors qu'en été tout le monde se retrouve au bord du lac Stukely, en hiver on prend plutôt plaisir à se balader dans la forêt en skis de fond ou en raquettes. À partir du centre de services, qui n'est pas situé loin du Centre d'arts d'Orford, un remarquable réseau de sentiers se faufile entre monts et vallons.

En raquettes

La boucle de la colline des Pins, qui s'étire sur 2,6 km, convient très bien aux familles. Vous traverserez la colline des Pins pour atteindre le refuge du Vieux-Camp, puis vous reviendrez jusqu'au centre de services.

Mieux vaut alors ne faire qu'une partie du circuit, quitte à revenir sur ses pas. Les adeptes bien entraînés, munis de raquettes de montagne, préféreront la boucle du sommet du mont Chauve, un parcours musclé de cinq heures.

Les sentiers de raquettes passent par trois refuges dont le Vieux Camp et la Cabane à sucre, respectivement situés à 1 km et 2 km du point de départ.

Abris

Les pistes de ski de fond croisent aussi les trois refuges qui peuvent être loués pour une nuit. Ces abris sont chauffés avec un poêle à bois. Leur capacité d'accueil varie de 6 (Vieux Camp) à 24 personnes (Cabane à sucre). Il s'agit de gîtes communautaires. Il faut apporter sac de couchage.

Les raquetteurs et les fondeurs plus aventuriers ont la possibilité d'apporter leur équipement de camping pour s'installer à même une plateforme déjà aménagée dans le secteur Le Valonnier.

Pour le ski de fond, le réseau s'étire sur 70 km. Pas moins de 50 km de pistes pour le pas de patin longent celles où se pratique le style classique.

Comment s'y rendre / en voiture: autoroute 10, sortie 115 ou 118

Prix d'entrée / ($)

Autres tarifs / ski de fond (en sus du prix d'entrée) ($)

Service de location / ($$) / raquettes, traîneaux pour enfants, skis de fond pour pas de patin, skis de fond pour pas classique

Hébergement / camping rustique (environ 20$/nuit) / chalets (environ 175$/nuit) / refuges (environ 20$/nuit) / tentes prêt-à-camper (Huttopia) (environ 115$/nuit)

Horaire / toute l'année

Cantons-de-l'Est

Se prendre pour Tarzan à Arbre Sutton

Arbre Sutton
429 ch. Maple, Sutton
450-538-6464 ou 866-538-6464
www.arbresutton.com

Taille et âge requis
enfants (6 à 18 ans): 1,40 m bras levés
adultes (18 ans et plus) : 1,80 m bras levés

Activités sur place
parcours d'aventure en forêt

À Sutton, tout au long du parcours d'aventure en forêt Arbre Sutton, vous vous déplacez d'un arbre à l'autre au moyen de câbles et de passerelles, tout en étant sécurisé par un harnais d'escalade.

Trajet

Le niveau de difficulté du trajet augmente très graduellement. Le tour complet comprend cinq parcours dont la hauteur varie de 4 à 15 m: Vert, Bleu, Rouge, Noir. Pour une durée de 4h.

Plus vous avancez, plus ça demande un effort pour traverser les ponts de câbles et les passerelles. L'une des épreuves les plus exigeantes, ce sont les poutres de bois suspendues car elles s'éloignent et elles tanguent quand vous y mettez le pied.

De la crainte à l'extase

Le câble de Tarzan vous fait passer par toute une gamme d'émotions, allant de la crainte à l'extase. Vous vous accroche-

rez ensuite à un filet qu'il faut remonter jusqu'à une plateforme.

L'ultime récompense de tous ces efforts demeure les tyroliennes situées ici et là le long du trajet. Attaché à une petite poulie, vous glissez en vous grisant de vitesse!

Une bonne condition physique est requise pour faire les quatre parcours du trajet. Certains participants arrêtent après trois parcours, une sage décision quand on est trop fatigué.

Parcours pour enfants

S'élevant jusqu'à 4 m, le parcours Jaune comprend une vingtaine de passerelles, billots flottants, tonneaux et tyrolienne. Pour une durée de 1h. Pour les 6 ans et plus.

Comment s'y rendre / en voiture: autoroute des Cantons-de-l'Est (10), route 139 (vers Cowansville), puis prendre la rue Principale à Sutton et tourner dans le chemin Maple en direction de la station de ski

Prix d'entrée / ($$-$$$)

Horaire / fin juin à fin août tlj 10h30 à 15h30 (dernier départ); mai à fin juin sam-dim 10h30 à 14h30 (dernier départ), début sept à fin oct sam-dim 9h30 à 15h30; réservations requises en tout temps

Cantons-de-l'Est

Un paradis pour les oiseaux au Centre d'interprétation de la nature du lac Boivin

**Centre d'interprétation
de la nature du lac Boivin**
700 rue Drummond, Granby
450-375-3861

Sentiers pédestres
14 km

Activités sur place
randonnée pédestre, ornithologie

Au début des années 1970, le milieu marécageux du lac Boivin devait être remblayé pour permettre la construction de résidences. À l'époque, il était courant d'assécher les milieux humides sous prétexte qu'ils ne servaient à rien: ni au développement immobilier ni à l'agriculture.

Plus de 260 espèces!

Prônant la richesse écologique du site et son accessibilité au public, l'Association pour la conservation et l'aménagement des marécages a alors convaincu la Ville de Granby de sauvegarder ces habitats.

Jusqu'à ce jour, soit une quarantaine d'années plus tard, 262 espèces d'oiseaux ont été aperçues par des ornithologues. C'est à peu près autant que dans la réserve nationale de faune du cap Tourmente à l'est de Québec. Voilà qui en dit long.

Mésanges accueillantes

Dès que vous foulez le sentier derrière le chalet d'accueil, des mésanges s'appro-chent, se perchent tout près ou tournoient autour de vous. Très sociables, ces oiseaux sont habitués de se faire nourrir par les visiteurs. Si vous voulez avoir le plaisir de faire percher une mésange sur la paume de votre main, ayez toujours avec vous un sac de graines de tournesol.

Tour et passerelle

Sur le sentier La Prucheraie se dresse une tour d'observation, haute de 10 m. De là-haut, vous voyez le marais sur une bonne partie de sa superficie.

Après être passé sous de magnifiques pruches centenaires, vous arrivez au sentier Le Marécage. Une sinueuse passe-

Comment s'y rendre / en voiture: autoroute 10 (Cantons-de-l'Est), sortie 74 / à vélo: par les pistes cyclables L'Estriade et la Granbyenne

Prix d'entrée / (G)

Services / boutique nature et salle d'exposition au chalet d'accueil

Horaire / tlj du lever au coucher du soleil; chalet d'accueil lun-ven 8h30 à 16h30, sam-dim 9h à 17h

relle de 400 m traverse des étendues de quenouilles et longe des bosquets d'aulnes.

Au printemps, des centaines d'oiseaux migrateurs y viennent. Plusieurs canards s'arrêtent, installent leur nid et élèvent leurs petits tout l'été. En automne, des canards et des bernaches du Canada y font une halte avant d'aller passer l'hiver dans les plans d'eau libres de glace des alentours ou sur la côte est des États-Unis. Quant aux mésanges, elles restent pour nous accueillir.

Cantons-de-l'Est

Une jolie plage à l'eau limpide au parc régional des Îles de Saint-Timothée

Parc régional des Îles de Saint-Timothée
240 rue St-Laurent, Salaberry-de-Valleyfield (quartier St-Timothée)
450-377-1117
www.ville.valleyfield.qc.ca/iles

Activités sur place
baignade, volleyball, patin à roues alignées, hébertisme, jeux pour enfants, kayak, canot, pédalo

Dans les îles de Saint-Timothée, à Salaberry-de-Valleyfield, une baie sablonneuse accueille un peu plus de 2 000 personnes quand il fait chaud. La limpidité de l'eau étonne: un peu en retrait des baigneurs, vous pouvez voir vos pieds quand vous êtes immergé jusqu'aux épaules.

Comment s'y rendre / en voiture: route 132 Ouest ou autoroute 20 Ouest (sortie 14) / en transport en commun: métro Angrignon, puis autobus en direction de Salaberry-de-Valleyfield

Prix d'entrée / ($)

Service de location / ($-$$) / canots, kayaks simples ou tandems, pédalos simples, à deux, trois ou quatre places

Autres services / casse-croûte

Horaire / mi-juin à début sept lun-ven 10h à 17h, sam-dim 10h à 19h

De nombreuses activités

Jamais on ne se croirait dans le Saint-Laurent. Il faut dire que la plage est davantage constituée de sable fin plutôt que de glaise dans cette partie du fleuve, entre le lac Saint-Louis et le lac Saint-François.

Les activités ne manquent pas: volleyball, patin à roues alignées sur une piste de 2 km, sentier d'hébertisme et modules de jeux pour enfants. Vous avez également le loisir de louer un canot, un kayak ou un pédalo pour explorer les alentours. Pas mal pour une petite plage.

Montérégie

Balade en famille
au parc régional Saint-Bernard

Parc régional Saint-Bernard
219 rang St-André (route 217)
St-Bernard-de-Lacolle
450-246-2598 (chalet d'accueil)
450-246-3348 (bureau municipal)
www.parcregionalst-bernard.com

Sentiers pédestres
18 km

Activités sur place
randonnée pédestre, ornithologie, ski de fond, raquette, patinage, glissade

En roulant sur l'autoroute 15, pas loin de la frontière américaine, jamais on ne se douterait de la présence d'une belle forêt sillonnée par des sentiers. Cet endroit méconnu, c'est le parc régional Saint-Bernard, surnommé la «côte à Roméo» par les gens du coin.

Légende

Aujourd'hui municipal, le site, qui se distingue par une pente près du rang Saint-André à Saint-Bernard-de-Lacolle, appartenait, il y a plus de 50 ans, à Roméo Guay, un agriculteur. Dans la forêt vivait un ermite dénommé Malot. Selon la légende, ce dernier était devin ou druide. Beaucoup de gens voulaient le consulter alors que, lui, il n'aimait pas les visiteurs. Comme il devait changer souvent son camp d'emplacement pour ne pas être importuné, il lança une malédiction à l'entrée de son domaine. Des fermiers qui avaient eu le malheur de s'y aventurer ont disparu...

Esprit communautaire

La réalité est quasi opposée à la légende. À Saint-Bernard-de-Lacolle, il y avait plutôt un esprit d'entraide. Des agriculteurs pouvaient amener leurs animaux de ferme à la côte à Roméo pour qu'ils puissent s'abreuver à la source.

Aujourd'hui, le même esprit communautaire existe. En 1995, pour l'inauguration du parc, le chalet d'accueil a été construit par des bénévoles. D'ailleurs, beaucoup de bénévoles sont impliqués, notamment à l'accueil et à l'entretien. Il faut bien car les moyens sont modestes.

Ce n'est pas très grand, mais avec 18 km de sentiers, c'est amplement suffisant pour une balade en famille.

Sentiers larges

Les sentiers sont balisés, et il est facile de s'y retrouver. Larges comme des chemins de tracteur, ils ont été aménagés pour que deux pistes de ski de fond circulent dans les deux directions. Détail à souligner: la surface n'est pas assez lisse pour une poussette, à moins d'utiliser un modèle avec des roues de vélo.

Sur de courtes distances, la forêt change de visage, ce qui rend la balade encore plus intéressante. Tantôt vous pénétrez dans une cédrière, tantôt dans une érablière. Ici s'étend un champ en friche, là se trouve un sous-bois inondé. Quelques pentes, pas trop abruptes pour les enfants, offrent à leur tour d'autres beaux paysages.

Comment s'y rendre / en voiture: autoroute 15 Sud, sortie 6, route 202 Est, route 217 Sud et rang Saint-André

Prix d'entrée / ($) / 5 ans et moins (G)

Horaire / tlj, du lever au coucher du soleil pour la période estivale, 10h à 22h pour la période hivernale

Montérégie

À travers les chenaux de la réserve nationale de faune du lac Saint-François

Réserve nationale de faune du lac Saint-François
7600 ch. de la Pointe-Fraser, Dundee
450-370-6954 ou 450-264-5908
www.amisrnflacstfrancois.com

Activités sur place
randonnée pédestre, canot, randonnée guidée, ornithologie

Savez-vous ce qu'est un zigon? À Dundee, dans le sud-ouest du Québec, c'est le terme local pour désigner les multiples petits chenaux en zigzag dans la réserve nationale de faune du lac Saint-François.

Aménagés par Canards Illimités Canada, ces corridors aquatiques forment de chaque côté des langues de terre ou des îlots propices à l'installation de nids pour les canards et les autres oiseaux migrateurs.

Reconnaissance internationale

Si vous n'aviez jamais entendu parler des zigons, vous ne connaissez sans doute pas non plus la réserve nationale de faune du lac Saint-François. Pourtant ce territoire marécageux de 14 km², situé à deux coups d'ailes de l'État de New York, a été reconnu pour son importance comme écosystème par la convention internationale Ramsar.

Comme au cap Tourmente, à l'est de Québec, où se trouve la réserve nationale de faune du même nom, on compte près de 220 espèces d'oiseaux. Mais le territoire étant retiré et peu publicisé, il n'y a pas beaucoup de visiteurs.

L'aménagement de passerelles et de quais est rudimentaire, quoique très bien fait.

En canot

Pour explorer les zigons, le canot s'avère idéal. Les départs se font au petit quai de la baie des Grenouilles. Chemin faisant, vous croiserez peut-être des canards ou des bernaches du Canada.

Ne manquez pas de faire une pause au petit quai du sentier de la Tour. Les grenouilles coassent. Il y règne un calme apaisant.

À pied

De retour sur la terre ferme, montez au sommet de la Tour. Vous aurez un point de vue remarquable de l'ensemble de la réserve, jusqu'au lac Saint-François. Sur le sentier qui mène vers les zigons, une passerelle de 500 m permet de marcher les pieds bien au sec, au cœur du marais.

Le long du sentier de la Digue aux aigrettes, il n'est pas rare d'apercevoir des bernaches du Canada, des hérons et des canards dans le chenal. Il suffit d'être attentif mais aussi de se faire discret.

Comment s'y rendre / en voiture: autoroute 20 Ouest, sortie 14, route 201 Sud et route 132 Ouest

Prix d'entrée / (G)

Autres tarifs / ($$-$$$) / canot, randonnée guidée

Horaire / mai à oct tlj

Montérégie

C'est Chouette à voir!

Chouette à voir!
875 rang Salvail S., St-Jude
514-345-8521, poste 8545
www.uqrop.qc.ca

Activités sur place
visite éducative, observation des oiseaux, pique-nique, marche

Le Québec compte 27 espèces d'oiseaux de proie. Sur ce nombre, plusieurs sont jugées vulnérables ou menacées. L'Union québécoise de réhabilitation des oiseaux de proie (UQROP) est un organisme qui a pour mission la conservation des oiseaux de proie et de leurs habitats naturels.

Aigles, vautours, hiboux, chouettes et autres

Ouvert en été seulement, Chouette à voir! est géré par l'UQROP. Le centre réhabilite les oiseaux de proie blessés et fait la démonstration au public de l'importance de la conservation de ces espèces.

Les visiteurs peuvent observer les oiseaux dans des voilières servant justement à la réhabilitation. Il est même possible d'y entrer avec un guide.

Il y a deux présentations d'oiseaux de proie vivants, la première à 11h et la seconde à 14h. Il s'agit d'une occasion rare de pouvoir admirer ces oiseaux qui, parce qu'ils sont plutôt discrets, sont difficilement observables dans la nature.

Vous pourrez profiter de votre visite pour vous promener dans les différents sentiers qui totalisent plus de 1,6 km.

Comment s'y rendre / en voiture: autoroute 20, sortie 130 Nord, puis route 235 Nord

Prix d'entrée / ($-$$)

Services / boutique

Horaire / fin juin à fin août mer-dim 10h à 16h30, sept sam-dim 10h à 16h30

Montérégie

Centre de la Nature du mont Saint-Hilaire, une reconnaissance internationale

Centre de la Nature du mont Saint-Hilaire
422 ch. des Moulins, Mont-St-Hilaire
450-467-1755
www.centrenature.qc.ca

Sentiers pédestres
20 km

Activités sur place
randonnée pédestre

Le dimanche, plusieurs jeunes familles vont se détendre sous les arbres, aux abords du lac Hertel, à 10 min de marche du centre d'accueil. Beaucoup de gens préfèrent plutôt aller voir le paysage au Pain de sucre, un des sommets de la montagne se dressant à 415 m d'altitude.

Parmi tous ces visiteurs, très peu savent qu'en 1978 le mont Saint-Hilaire devenait la première réserve de la biosphère au Canada, un statut attribué par l'UNESCO.

Cette reconnaissance internationale s'explique, en bonne partie, par la préservation du milieu naturel, à proximité d'une zone habitée.

Forêt préservée

La montagne abrite l'un des rares vestiges de l'immense forêt qui recouvrait, avant la colonisation, 90% de la superficie du sud-ouest du Québec. Plus de 600 espèces de plantes ont été identifiées.

Formée il y a plus de 100 millions d'années, la fameuse colline montérégienne renferme, dans la composition de ses roches, plus de 160 minéraux distincts. Elle figure parmi les 10 premiers endroits au monde pour sa variété minérale, ce qui attire des géologues de plusieurs pays.

Éducation et recherche

La montagne appartient à l'Université McGill. Une moitié est destinée au Centre de la Nature et aux sentiers, afin que tous puissent y apprendre quelque chose. L'autre moitié n'est accessible qu'aux fins de recherche, pour les étudiants en biologie.

Dans les deux cas, le même objectif demeure: préserver le plus possible la montagne à son état naturel. Cet objectif est devenu plus difficile à cause de la très grande fréquentation des lieux. En certains endroits, les sentiers se sont élargis par l'usure. Victime de son succès, le Centre de la Nature a dû installer des passerelles pour protéger les secteurs les plus fragiles.

Comment s'y rendre / en voiture: autoroute 20 Est ou route 116 Est

Prix d'entrée / ($)

Horaire / tlj 8h jusqu'à une heure avant le coucher du soleil

Montérégie

Des chevreuils tout près de Montréal au parc national des Îles-de-Boucherville

Parc national des Îles-de-Boucherville
55 île Ste-Marguerite, Boucherville
450-928-5088 ou 800-665-6527
www.sepaq.com/pq/bou

Sentiers pédestres
21 km partagés entre marcheurs et cyclistes

Sentiers pédestres (3) pour l'observation des chevreuils
1,5 km à 4 km (ouverts toute l'année)

Trajet pour le vélo
circuit sur 3 des 5 îles du parc national

Distance totale
21 km

Activités sur place
randonnée pédestre, vélo, canot, kayak, volleyball, pique-nique

Vous n'avez pas les moyens ni le temps d'aller à l'île d'Anticosti pour voir des chevreuils (cerfs de Virginie) en abondance? Alors, rendez-vous à une autre île

beaucoup plus rapprochée des grandes concentrations de population, soit l'île Sainte-Marguerite, dans le parc national des Îles-de-Boucherville.

Sentier Grande-Rivière

En empruntant le sentier Grande-Rivière, vous pourriez, avec juste un peu de chance, voir une bonne dizaine de chevreuils en une heure ou deux. Jamais, vous en verrez autant en si peu de temps, sauf peut-être à l'île d'Anticosti.

Pourtant l'île Sainte-Marguerite, très fréquentée par les pique-niqueurs en été, se trouve à seulement quelques minutes du pont-tunnel Louis-Hippolyte-La Fontaine. En fait, durant la journée, il ne faut pas trop s'attendre à voir des bêtes. Mais vers la fin de l'après-midi, les chevreuils commencent à se déplacer pour aller brouter dans les champs.

Mieux vaut ne pas s'y rendre en plein été car la végétation dense et haute réduit de beaucoup la visibilité.

Entre champs et boisés

Derrière le centre de découverte et de services du parc partent trois sentiers rustiques en terre battue qui sont ouverts toute l'année pour la marche: Grand-Duc (1,5 km), Petite-Rivière (2,5 km) et Grande-Rivière (4 km). De préférence, choisissez le plus long, pour mettre toutes les chances de votre côté de voir des chevreuils.

Quand le sentier longe le fleuve, vous apercevez le port de Montréal et le Stade olympique!

Comment expliquer la situation

Mais d'où viennent donc ces chevreuils? Vraisemblablement des petites forêts et des champs en friche de Boucherville

Clin d'œil

Imaginez que vous roulez paisiblement en pleine nature et que vous ne croisez jamais de voitures. C'est justement ce que vous vivrez sur les pistes cyclables du parc.

ou de Longueuil: ils auraient traversé en hiver le chenal du sud sur la glace.

Combien sont-ils sur l'île Sainte-Marguerite? Une vingtaine, peut-être même le double. Comme l'île ne fait que 1,6 km², la concentration de chevreuils est comparable sinon supérieure à celle de l'île d'Anticosti, où l'on compte en moyenne de 10 à 15 têtes par kilomètre carré. C'est tout dire.

Les deux îles voisines, soit de la Commune et Grosbois, abritent aussi des chevreuils. Au total, sur les trois îles, il y aurait entre 100 et 150 chevreuils.

Imprévisible

Comme ce sont des animaux sauvages en liberté, impossible de savoir combien vous en verrez. Il y a donc une part d'imprévu, ce qui rend justement l'excursion excitante.

Le sentier Grande-Rivière prend à peine plus d'une heure à parcourir. Comme il traverse des champs, il faut donc se chausser en conséquence.

Histoire de ne pas effaroucher les chevreuils et de bien les observer, mieux vaut s'en tenir au sentier. Leur donner à manger n'est pas une bonne chose, selon les responsables du parc, car ils peuvent devenir dépendants des humains.

Après tout, si vous apprivoisez les chevreuils, vous ne pourrez plus observer leur comportement naturel. Ils doivent rester des bêtes libres et sauvages, pour votre plus grand plaisir.

Pédaler au cœur du Saint-Laurent

Pour avoir la paix, pas loin de Montréal, le tour des îles de Boucherville, dans le parc national, n'a pas son pareil. Vous pédalez en pleine nature, au cœur du fleuve Saint-Laurent. Un vrai petit paradis!

Bac et ponts

À partir du stationnement, la piste passe d'abord sur les rives boisées de l'île

Sainte-Marguerite, vers l'est. Un bac à câble mène à l'île à Pinard.

Puis un pont de bois conduit vers l'île de la Commune. La piste longe le fleuve Saint-Laurent aux abords de vastes champs cultivés. Il n'est pas rare d'y croiser un renard... à moins d'en avoir vu un bien avant.

Des chardonnerets égaient souvent le parcours. Un autre petit pont de bois permet de se rendre cette fois sur l'île Grosbois.

Pointe et battures

Un chalet, en guise de halte, a été aménagé à même les fondations d'une ancienne écurie. Juste à côté, une pointe donnant sur le fleuve, face à Boucherville, permet de faire une pause.

La piste pénètre dans une petite forêt, en direction de la rive en face de Montréal. Après avoir fait le tour de l'île Grosbois, vous revenez vers l'ouest, en longeant d'imposantes battures, avec, en arrière-plan, le Stade olympique...

Vous prenez à nouveau le bac à câble, puis la boucle est bouclée. Le circuit de 20 km fait le tour de trois des cinq îles du parc. Une bien belle balade à portée de tout le monde.

Comment s'y rendre / en voiture: de Montréal, par le pont-tunnel Louis-Hippolyte-La Fontaine; de la Rive-Sud, par l'autoroute 25, sortie 1 / à vélo et en traversier: de Montréal, parc de la Promenade Bellerive; de Boucherville, quai fédéral; de Longueuil, promenade René-Lévesque

Prix d'entrée / ($)

Service de location / ($$-$$$) / canots, rabaskas, kayaks simples ou tandems, vélos, chariots pour enfants, chaloupes

Autres services / casse-croûte, aires de pique-nique

Horaire (centre de découverte et de services) / mi-mai à début sept tlj 8h à 19h, début sept à fin oct tlj 9h à 17h

Montérégie

En bateau au pays du Survenant, dans les îles de Sorel

Maison du Marais
3742 ch. du Chenal-du-Moine
Ste-Anne-de-Sorel
450-742-5716 ou 866-742-5716
www.sablmaisondumarais.org

Sentier pédestre (baie Lavallière)
2,6 km aller-retour

Activités sur place
randonnée pédestre, excursion en bateau, canot, kayak, camping

Le film Le Survenant, *inspiré du célèbre roman de Germaine Guèvremont publié en 1945, nous a rappelé le charme bucolique et le caractère sauvage des îles de*

Sorel. Comme la plupart des îles sont inondées au printemps par les crues du Saint-Laurent, elles ne se prêtent pas au développement immobilier. Elles sont donc restées à peu près intactes, comme au début du siècle dernier, si ce n'est de la présence de quelques chalets sur pilotis.

Elles font partie de l'archipel du lac Saint-Pierre, réserve mondiale de la biosphère, qui compte 103 îles, mais dans le langage populaire, on parle surtout des îles de Sorel, même pour représenter l'ensemble. Ce milieu est étonnamment préservé malgré la proximité du chenal de navigation, d'une intense circulation nautique et des usines de métallurgie en amont.

Si l'on baigne déjà dans l'atmosphère des îles de Sorel lorsqu'on roule le long du chenal du Moine, c'est tout de même lors d'excursions guidées en bateau qu'on les découvre le mieux.

Avec un naturaliste

Pour une découverte-éclair, joignez-vous à une excursion organisée par la Société d'aménagement de la baie Lavallière (SABL). Le débarcadère se trouve tout au bout du chemin du chenal du Moine, à côté de l'île d'Embarras, lieu mythique de la légende du Survenant. Les bateaux motorisés, tout en bois et en parfait état, prennent 12 passagers.

Le circuit part du quai de la Maison du Marais pour mener au chenal du Moine. Sur l'île du Moine broutent paisiblement chevaux, vaches et moutons. Il s'agit d'une commune qui subsiste depuis le régime seigneurial et qui permet à plusieurs

Clin d'œil

Les îles constituent une constante source d'émerveillement avec leurs marais, leurs oiseaux et leurs pittoresques chalets sur pilotis.

éleveurs de mettre leurs animaux au pâturage tout l'été.

Même si le chenal du Moine est une véritable voie rapide pour bateaux, on croise pas mal d'oiseaux sur les berges: des grands hérons, des canards colverts, des pluviers kildirs.

Comment s'y rendre / en voiture: autoroute 30 jusqu'à Sorel, puis prendre le boulevard Poliquin à gauche et continuer tout droit

Prix d'entrée / ($$-$$$)

Service de location / ($) / kayaks de mer, canots

Hébergement / camping (environ 30$/nuit)

Horaire / excursion de la Société d'aménagement de la baie Lavallière: fin mai à début sept tlj à 10h et 14h; excursion de Randonnée nature: juil et août tlj à 9h30 et 13h30 / croisières des îles de Sorel: mi-juin à fin août mar et dim à 13h30 et mer-sam à 13h30 et 15h30

Baie Lavallière

Derrière la Maison du Marais, un sentier en gravier s'enfonce dans la baie Lavallière. Il s'agit du plus grand marécage aménagé de l'est de l'Amérique du Nord, selon la Société d'aménagement de la baie Lavallière qui en assume la gestion. Une digue et un barrage installés par Canards Illimités Canada permettent de conserver un niveau d'eau idéal pour les oiseaux aquatiques sur une superficie de 21 km².

À partir d'une petite tour d'observation, vous réalisez davantage l'ampleur du marais et sa beauté. Le sentier est bordé d'érables argentés, de frênes rouges et de saules.

En plus du sentier et des excursions en bateau, la SABL gère l'ancien camping provincial (devenu municipal), pas loin de l'embouchure du chenal du Moine. Si vous aimez dormir sous la tente, ne cherchez pas ailleurs, car c'est le seul camping qui se trouve près des îles de Sorel.

Montérégie

En voiture et à pied au Parc Safari

Parc Safari
850 route 202
Hemmingford
450-247-2727
www.parcsafari.com

Animaux
80 espèces

Activités sur place
observation des animaux, manèges,
glissades d'eau

Chaque année, 400 000 personnes visitent cette institution située à Hemmingford, près de la frontière canado-américaine. Beaucoup d'entre nous ont vu ces photos où des girafes se penchent pour tenter de se rentrer la tête dans une voiture pour chercher à manger. Une expérience des plus surprenantes. Mais voilà, le Parc Safari, c'est beaucoup plus qu'une balade en voiture pour voir des animaux.

Comment s'y rendre / en voiture: autoroute 15 Sud, sortie 6

Prix d'entrée / ($$-$$$)

Autres tarifs / ($) / glissade sur chambre à air, manèges, balades à dos de poney et d'éléphant

Services / casse-croûtes, aires de pique-nique, boutique de souvenirs

Stationnement / ($)

Horaire / mi-mai à fin juin tlj 10 h à 16h, fin juin à fin août 10h à 19h, fin août à mi-oct tlj 10h à 16h / horaire du secteur aquatique (plage et baignade) fin juin à fin août tlj 11h à 19h pour le lac Cascade et la pataugeoire pour enfants, 12h à 19h pour le lac Crocodile et les glissades sur chambre à air

Aménagements

La Cité des tigres est un concept vraiment particulier. Composée de trois tunnels vitrés, elle permet d'avoir autant de points de vue différents sur l'enclos des tigres. À l'extérieur, un sentier passe à quelques pas des enclos et du Pavillon des félins.

Ce même concept permet aussi de voir des lions blancs de Timbavati ainsi que des lions fauves de très près. On a l'impression qu'on peut les toucher.

La route Safari Aventure permet d'observer une trentaine d'espèces animales sur quelque 5 km. Rhinocéros, éléphants, girafes et zèbres seront pratiquement à portée de main.

Puis, pour vous remettre de vos émotions, vous pourrez tranquillement admirer depuis une passerelle ours, chimpanzés, loups et hyènes.

Profitez de votre passage pour faire quelques manèges ou pour vous rafraîchir dans l'une des glissades d'eau. N'oubliez pas votre maillot de bain!

Montérégie

Observation des oiseaux au refuge faunique Marguerite-D'Youville

Héritage St-Bernard
480 boul. D'Youville, île St-Bernard
Châteauguay
450-698-3133
www.heritagestbernard.qc.ca

Sentiers pédestres
10 km

Activités sur place
randonnée pédestre, croisières en ponton, ornithologie

Le refuge faunique Marguerite-D'Youville, qui comprend l'île Saint-Bernard et le parc de la Commune, à Châteauguay, demeure méconnu. Depuis la rive du lac Saint-Louis, vous avez beau voir au loin l'oratoire Saint-Joseph et le pont Mercier, vous avez quand même l'impression de vous retrouver sur un territoire inexploré.

Un peu plus de 10 km de sentiers sillonnent tantôt des champs aux herbes hautes, tantôt des petits boisés denses, tout en longeant les marais. Ils ont été aménagés par Héritage Saint-Bernard, une corporation à but non lucratif qui assure la gestion, la protection et la mise en valeur du territoire. Le site, qui appartient aux Sœurs Grises de Montréal, a été loué en 1993, et ce, pour 40 ans, à la Fondation de la faune du Québec.

Marais aménagés

Un sentier longe la petite digue (600 m) et un autre, la grande digue (1,4 km). Ces barrages cachés par la végétation visent non seulement à empêcher les marais de s'assécher, mais aussi à maintenir un niveau d'eau favorable à la reproduction des poissons et des oiseaux aquatiques.

Les aménagements, réalisés par Canards Illimités Canada, contribuent à attirer une grande variété d'oiseaux. Selon des inventaires d'ornithologues, 220 espèces ont été observées jusqu'à présent.

À partir du sentier, vous apercevrez probablement des grands hérons, au vol ou encore immobiles comme des statues en train de guetter un petit poisson imprudent. Vos pas croiseront sans doute des grenouilles qui bondissent. Avec un peu de chance, surtout en fin de journée, peut-être verrez-vous des ratons laveurs et des chevreuils.

Plages sauvages

Le sentier de la grande digue mène aux abords du lac Saint-Louis, où se trouvent de petites plages sauvages et boisées. Vous ne pouvez pas vous y baigner, car la priorité des gestionnaires consiste à laisser les rives à l'état naturel, avec les algues et les coquillages.

Il vaut tout de même la peine de faire une halte à la plage Le Grillon, juste pour flâner un peu. Vous avez la sensation d'être seul au monde, et pourtant, de l'autre côté du lac Saint-Louis, juste en face, la métropole s'anime à un rythme trépidant.

Comment s'y rendre / en voiture: direction Châteauguay, route 138, boulevard Saint-Francis, rue Salaberry Nord, sortie direction Beauharnois, chemin Saint-Bernard, rue Notre-Dame à droite, rue Edmour à droite jusqu'au bout puis traverser le pont / à vélo: par la piste cyclable du parc de la Commune, reliée au réseau cyclable de la Ville de Châteauguay / en bateau (vélos autorisés): du parc René-Lévesque (Lachine) au parc de la Commune à Châteauguay, tarifs aller seulement, 7,50$ adultes, 4$ pour les moins de 12 ans, 20$ familles (2 adultes et 2 enfants de moins de 12 ans); week-ends et jours fériés, de la mi-juin à la fête du Travail; de Lachine à Châteauguay, départs à 8h45, 11h15, 13h45 et 16h15; de Châteauguay à Lachine, départs à 10h, 12h30, 15h et 17h30

Prix d'entrée / (G)

Service de location / ($) / bâtons de marche, jumelles

Autres services / chalet d'accueil (Pavillon de l'île) avec restaurant (Café de l'île) et boutique

Horaire / mi-mai à avr tlj du lever au coucher du soleil

Montérégie

Parc Michel-Chartrand, un espace vert pas trop urbain

Parc Michel-Chartrand
1895 rue Adoncour, Longueuil
450-468-7619
www.sogep.ca

Sentiers pédestres et voies cyclables
13 km

Piste de patin
1,5 km

Activités sur place
marche, vélo, pique-nique, patinage, ornithologie, observation des animaux, ski de fond, raquette, glissade

D'habitude, les parcs situés en ville ou en banlieue sont dépouillés de leur sous-bois dont le sol est par la suite recouvert de gazon. Résultat: la faune est presque disparue. Il n'y a plus que des écureuils, des pigeons et des goélands. Heureusement, ce n'est pas le cas au parc Michel-Chartrand, appelé le «parc régional de Longueuil» jusqu'en 2010.

Au contraire, la majeure partie du parc est constituée en zone de conservation. Il y a un beau marais. Presque partout c'est la forêt, entrecoupée de champs. Des chevreuils et une centaine d'espèces d'oiseaux fréquentent le site et les alentours.

Chevreuils

Comme les chevreuils (cerfs de Virginie) sont libres et sauvages, il faut faire preuve d'une certaine patience pour en voir. Souvent, ils attendent la fin de la journée pour sortir de leur cachette et aller brouter dans les champs.

Puisque les bêtes sont habituées à côtoyer les humains, elles ne sont pas trop farouches. Les visiteurs sont donc portés à les nourrir. Ce geste est à proscrire, car cela peut les rendre malades ou dépendants des humains.

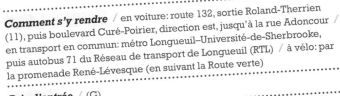

Comment s'y rendre / en voiture: route 132, sortie Roland-Therrien (11), puis boulevard Curé-Poirier, direction est, jusqu'à la rue Adoncour / en transport en commun: métro Longueuil–Université-de-Sherbrooke, puis autobus 71 du Réseau de transport de Longueuil (RTL) / à vélo: par la promenade René-Lévesque (en suivant la Route verte)

Prix d'entrée / (G)

Stationnement / (G)

Service de location / ($) / vélos adultes, vélos tandems, vélos enfants, patins à roues alignées, skis de fond

Autres services / casse-croûte, aires de pique-nique

Horaire / mi-déc à mi-mars et mi-juin à mi-oct tlj 8h30 à 22h30, mi-oct à mi-déc et mi-mars à mi-juin 8h30 à 20h30

Oiseaux variés

La présence de plusieurs habitats favorise la venue d'une grande variété d'oiseaux. En se promenant aux abords des marais, des boisés et des champs, il suffit de bien regarder tout autour pour s'en rendre compte.

Il n'est pas rare de voir des faucons crécerelles en chasse, guettant des mulots de leurs yeux perçants. Souvent, vous avez l'occasion de surprendre des canards sauvages en train de barboter dans le marais. Puisque le milieu naturel a été plutôt bien préservé, il y a beaucoup de vie sauvage dans le parc.

Montérégie

Plus que de la randonnée au parc national du Mont-Saint-Bruno

Parc national du Mont-Saint-Bruno
330 rang des 25 E.
St-Bruno-de-Montarville
450-653-7544
www.sepaq.com/pq/msb

Sentiers pédestres
27 km

Voies cyclables
10 km

Activités sur place
randonnée pédestre, vélo, ornithologie, ski alpin, ski de fond

Le mont Saint-Bruno, en bonne partie situé dans le parc national, a beau être populaire, son histoire et sa géologie restent méconnues.

À 2 km à pied du centre d'accueil, vous avez justement l'occasion d'en savoir plus à ce sujet en regardant l'exposition présentée au Vieux Moulin. Ce bâtiment finement restauré rappelle la seigneurie de Montarville, créée en 1710.

Ruisseaux et lacs

À l'époque, le réseau de chemins n'était pas développé. Les seigneuries s'établissaient davantage près du fleuve, en bonne partie à cause du transport par voie d'eau.

Mais le mont Saint-Bruno avait l'avantage d'abriter des ruisseaux, ce qui permettait de produire l'énergie hydraulique pour alimenter les moulins. Les moulins, rappelons-le, servaient surtout à moudre la farine, mais aussi à scier le bois ou à tanner le cuir.

Le nom des deux principaux plans d'eau du parc, le lac du Moulin et le lac Seigneu-rial, autour desquels vous avez le loisir de vous promener à pied, fait donc référence à cette époque.

Sauvé de justesse

Après l'abolition du régime seigneurial, en 1854, une bonne partie du mont Saint-Bruno a été achetée par de riches Montréalais anglophones, de même que par les frères de Saint-Gabriel. Puis, tour à tour, des promoteurs ont utilisé la montagne de diverses manières: érection d'antennes de communication, exploitation de gravières ou construction résidentielle.

En 1969, pour éviter un développement excessif, la municipalité de Saint-Bruno est intervenue, se faisant céder une superficie de 1,5 km². À compter de 1974, le gouvernement du Québec a acheté plusieurs terrains, pour enfin créer un parc de conservation 11 ans plus tard. L'État devenait alors responsable d'assurer la protection du milieu naturel, tout en permettant l'accès au public.

100 millions d'années

Le mont Saint-Bruno est l'une des neuf collines montérégiennes qui se dressent sur les basses terres du Saint-Laurent. Il a d'abord été formé par une poussée de magma, il y a 100 millions d'années. Au cours du dernier million d'années, les glaciers ont contribué à user la roche friable qui l'enrobait, faisant ainsi ressortir la montagne.

Comment s'y rendre /en voiture: autoroute 20, puis autoroute 30 Ouest, sortie 121 /en transport en commun: métro Longueuil–Université-de-Sherbrooke, autobus 99 du Réseau de transport de Longueuil (RTL) jusqu'au coin des rues Clairvue et Goyer, puis 15 min de marche jusqu'au centre d'accueil du parc /à vélo: par la piste cyclable du boulevard des Hirondelles

Prix d'entrée /($)

Services /casse-croûte, Vieux-Moulin (halte pour promeneurs et skieurs)

Horaire /tlj 8h au coucher du soleil

Montérégie

Randonnée pédestre au mont Saint-Grégoire

Centre d'interprétation du milieu écologique (CIME)
16 ch. du Sous-Bois, Mont-St-Grégoire
450-346-0406
www.cimehautrichelieu.qc.ca

Sentiers pédestres
3 km

Activités sur place
randonnée pédestre, pique-nique, raquette

Mont-Saint-Grégoire se révèle être un coquet petit village entouré de fermes, d'érablières et de vergers qui en font la renommée. Le mont Saint-Grégoire, quant à lui, est une fort jolie petite colline de 250 m d'altitude qui surplombe la plaine montérégienne à l'est de Saint-Jean-sur-Richelieu. Le charme irrésistible de cette colline vient du fait qu'elle surgit au milieu d'une vaste région agricole, donnant ainsi l'impression d'être encore plus élevée qu'elle ne l'est, et qu'elle offre des points de vue tout à fait spectaculaires depuis son sommet.

ꜱ ꜱa grotte au sommet

Le réseau compte cinq petits sentiers de randonnée pédestre totalisant 3 km linéaires. Malgré le faible kilométrage, le paysage est tout de même passablement diversifié. On y trouve une très jolie érablière, une petite clairière, des amoncellements de roches, de bonnes pentes et un sommet dénudé.

Des escaliers et des rampes ont été installés dans les sections de sentiers un peu plus difficiles à grimper. Le sentier menant au sommet du mont Saint-Grégoire est court, mais demande un certain effort.

Une petite grotte est située du côté gauche à mi-chemin du sentier Le Panorama. Elle est fort appréciée des enfants.

Le sommet du mont Saint-Grégoire est constitué de dalles rocheuses. Une vue panoramique exceptionnelle, de plus de 180 degrés, permet d'observer toute la beauté de la Montérégie, avec ses petits villages et ses vastes fermes. Des panneaux permettent d'identifier une vingtaine de sommets tout autour. Au loin, on distingue les monts Saint-Bruno, Saint-Hilaire et Rougemont. Le mont Royal, le Stade olympique et les différents gratte-ciel de Montréal sont vite repérés à l'horizon.

Comment s'y rendre / en voiture: autoroute 10, sortie 37, puis route 227 Sud, enfin à droite dans le rang Fort-Georges vers le chemin du Sous-Bois

Prix d'entrée / ($)

Service de location / ($) / raquettes

Horaire / fin juin à fin août tlj 9h à 18h; sept, oct et mi-fév à fin juin tlj 9h à 17h; nov à mi-fév tlj 9h à 16h

À la campagne

Cantons-de-l'Est

Incursion dans le monde des abeilles

Miellerie Lune de miel
252 rang 3 E., Stoke
819-346-2558
www.miellerielunedemiel.com

Activités sur place
visite éducative, pique-nique, aire de jeux, observation des animaux

Ouvert depuis plus de 25 ans, ce centre d'interprétation de l'abeille et du miel promet une visite des plus captivantes.

Une ruche géante

La Miellerie Lune de Miel révèle tous les secrets de l'apiculture. On commence la visite de 1h30 en visionnant un film d'animation sur les différentes étapes de la vie des abeilles. On peut ensuite observer, en toute sécurité, une ruche et son essaim d'abeilles. Puis, les enfants seront très impressionnés d'entrer dans une ruche géante, une reconstitution unique en Amérique du Nord.

Avant de quitter, ne manquez pas la boutique Nectarium, où de délicieux produits à base de miel vous attendent. Il vous sera même possible d'en goûter quelques-uns. À l'extérieur, on trouve une aire de jeux ainsi qu'une petite ferme avec lamas et poules.

Comment s'y rendre / en voiture: autoroute des Cantons-de-l'Est (10), sortie 143, puis autoroute 610 Est, sortie 7

Prix d'entrée / ($)

Services / boutique

Horaire / début juin à fin juin et début sept à fin oct sam-dim visites à 13h, 14h et 15h; fin juin à début sept visites tlj à 10h, 11h, 13h, 14h, 15h et 16h

Cantons-de-l'Est

Les attraits méconnus du Zoo de Granby

Zoo de Granby
1050 boul. David-Bouchard
Granby
450-372-9113 ou 877-472-6299
www.zoodegranby.com

Animaux
200 espèces

Activités sur place
observation des animaux, pique-nique, baignade, manèges

Nombreux sont les parents qui vont au Zoo de Granby avec leurs enfants dans le but de leur montrer les lions, les éléphants et les girafes qu'ils voient dans leurs livres. Mais voilà, il y a encore beaucoup plus que des animaux exotiques dans des enclos.

Hutte à découvertes

Dans la Hutte à découvertes, un naturaliste répond aux questions du public au sujet des bêtes gardées dans les terrariums, qu'il s'agisse d'une mygale (communément appelée à tort «tarentule») ou d'un serpent-roi. Il s'agit presque d'une salle de jeux étant donné que les enfants

pourront toucher à presque tout ce qu'ils voient.

Une partie importante de la Hutte à découvertes est consacrée aux espèces menacées. Pas moins de 1 000 objets ont été offerts par l'Agence des services frontaliers du Canada. Il s'agit d'articles saisis comprenant des produits qui proviennent d'espèces en péril protégées par une convention internationale. On ne retrouve pas seulement des accessoires en peau de crocodile ou en ivoire de défenses d'éléphant dont l'illégalité est connue. Il y a aussi des produits de la tortue que les voyageurs rapportent souvent par ignorance. Ça peut être une carapace ou une crème pour soulager les coups de soleil.

Une caverne!

Ne manquez pas d'entrer dans la caverne du zoo, où vous attendent chauves-souris, poissons aveugles, cloportes et autres bestioles des profondeurs. Vous aurez aussi l'occasion d'admirer des stalagmites et stalactites.

Le zoo en hiver

Plusieurs activités sont organisées au zoo pendant la saison froide. Ces activi-

Clin d'œil

Rares sont ceux qui connaissent à fond le Zoo de Granby. D'ailleurs, une journée est rarement suffisante pour tout voir.

tés changent chaque année, mais vous pouvez, par exemple, assister à un spectacle d'oiseaux de proie. Profitez aussi de votre visite pour faire un tour de chameau ou de poney.

Un zoo la nuit

En été, il est possible de participer à l'activité Zoo la nuit, alors que des familles campent sur place et profitent d'une visite guidée nocturne.

Le Zoo de Granby a beau être connu, il reste encore à découvrir.

Comment s'y rendre / en voiture: autoroute 10, sortie 68 ou 74 / en transport en commun: de la Station Centrale avec Transdev Limocar

Prix d'entrée / incluant l'accès au parc aquatique Amazoo ($$$) / 3 ans et moins (G)

Autres tarifs / ($) / tour de chameau et de poney

Service de location / voiturette, poussette simple, poussette double, fauteuil roulant, fauteuil roulant motorisé, casier

Autres services / casse-croûtes, aires de pique-nique, salles d'allaitement, boutique de souvenirs

Horaire / fin mai à fin juin, fin déc à début jan et fin fév à début mars tlj 10h à 17h; fin juin à fin août tlj 10h à 19h; jan et fév sam-dim 10h à 17h

Centre-du-Québec

100 ans d'histoire au Village Québécois d'Antan

Village Québécois d'Antan
1425 rue Montplaisir, Drummondville
819-478-1441 ou 877-710-0267
www.villagequebecois.com

Activités sur place
visite éducative, marche, observation des animaux, balade en charrette, tour de poney

À travers quelque 70 bâtiments, le Village Québécois d'Antan reconstitue une atmosphère digne des années 1810-1910.

Des personnages en chair et en os

Non seulement vous pourrez visiter la boulangerie, la maison du notaire et le magasin général, mais vous pourrez aussi faire la connaissance des habitants de l'époque. N'hésitez pas à leur parler, vous vivrez ainsi une immersion complète. Et ne manquez pas la commère du village!

Parc de l'imaginaire

Adjacent à une aire de jeux se trouve le Parc de l'imaginaire. Le long de ses sentiers, des champignons magiques et des arbres avec des yeux vous raconteront des contes et légendes. Une cabane de bûcheron termine la visite. On y relate la vie de ces courageux travailleurs.

La ferme d'antan

Une visite au Village Québécois d'Antan ne serait être complète sans un arrêt à la Ferme d'Antan. Plusieurs animaux et oiseaux peuvent y être observés. Un tour de charrette à travers le village, d'une durée de 40 min, y est proposé, ainsi qu'un carrousel de poneys pour enfants.

Comment s'y rendre / en voiture: autoroute 20, sortie 181

Prix d'entrée / ($$-$$$)

Services / restaurant, casse-croûte, boutique

Horaire / début juin à août tlj 10h à 18h, sept ven-dim 10h à 18h

Montérégie

Chevreuils et délices à l'érable à l'Auberge des Gallant

Auberge des Gallant
1171 ch. St-Henri, Ste-Marthe
800-641-4241
www.gallant.qc.ca

Chemin pédestre
3 km (réservé aux clients)

Activités sur place
balade en charrette, cabane à sucre, observation des animaux

Durant le temps des sucres, un peu avant le coucher du soleil, des chevreuils (cerfs de Virginie) se regroupent aux mangeoires à côté de l'Auberge des Gallant à Sainte-Marthe. De la salle à manger, vous les observez à loisir pendant que vous savourez un repas gastronomique à l'érable.

Avant de passer à table, vous aurez également la chance de voir des chevreuils en empruntant le chemin derrière l'auberge, une boucle de 3 km.

Érablière

Le chemin, aussi utilisé pour les balades en charrette, mène vers une érablière puis une cédrière. En moins d'une heure de marche, si vous regardez bien autour de vous, il est tout à fait possible d'apercevoir une dizaine de chevreuils.

Il faut dire que l'Auberge des Gallant, entourée de forêt, se trouve au pied du mont Rigaud, le cheptel de chevreuils étant de 200 têtes. Les bêtes sont attirées tout l'hiver par des mangeoires remplies de maïs concassé installées près de l'auberge. Tant qu'il y a de la neige, une quarantaine de chevreuils ont l'habitude d'y aller, d'après Linda Gallant, propriétaire avec son mari Gérard, le cuisinier.

S'ils connaissent si bien «leurs chevreuils», c'est qu'ils ont commencé à les nourrir il y a une vingtaine d'années, au début de l'établissement. Petit à petit, les chevreuils sont devenus une attraction durant l'hiver, et maintenant au printemps durant le temps des sucres.

Comment s'y rendre / en voiture: autoroute 40, sortie 17, route 201 Sud

Tarifs / tours de charrette ($) / repas gastronomique à l'érable, servi à l'auberge (environ 60$) / repas traditionnel à l'érable, servi à la sucrerie (environ 25$)

Hébergement / chambre avec foyer (à partir de 99$/pers./nuit) incluant un repas traditionnel à la sucrerie et un petit déjeuner

Saison / mi-fév à fin avr

Sucrerie

Des mangeoires ont aussi été installées près de la Sucrerie des Gallant, de l'autre côté de la route. Chose peu banale, la cabane à sucre, faite en pièce sur pièce, a été construite avec des cèdres récupérés de la tempête de verglas de 1998. On y sert les repas traditionnels à l'érable, les convives ayant droit à un tour de charrette les week-ends.

Avec un peu de chance, vous apercevrez des chevreuils par la fenêtre vers la fin de la journée. Mais pour avoir encore plus de chances d'en voir, allez d'abord marcher dans le chemin derrière l'auberge, bien chaussé de bottes chaudes et imperméables. Après tout, il n'y a rien comme une promenade au grand air pour ouvrir l'appétit.

Montérégie

Fouilles archéologiques à la Pointe-du-Buisson

Pointe-du-Buisson, Musée québécois d'archéologie
333 rue Émond, Melocheville
450-429-7857
www.pointedubuisson.com

Activités sur place
visite éducative, fouilles archéologiques, pique-nique, marche

La Pointe-du-Buisson a été habitée sporadiquement pendant des millénaires par les Amérindiens, ce qui en fait un site riche en artéfacts autochtones (pointes de flèche, vases de cuisson, harpons, etc.).

500 millions d'années d'histoire

Les 2,5 km de sentiers pédestres sillonnent plus de 17 sites archéologiques.

Une exposition permanente présente les artéfacts retrouvés lors des fouilles sur le site, et une autre expose des traces fossiles de plus 500 millions d'années. Impressionnant!

D'ailleurs, il est possible de participer à une simulation de fouille. De quoi se prendre pour Indiana Jones!

Des aires de pique-nique complètent les aménagements des lieux.

Comment s'y rendre / en voiture: autoroute 20 Ouest, sortie 63, route 138 Ouest/132 Ouest vers la Pointe-du-Buisson / en transport en commun: métro Angrignon, puis autobus de la CITSO vers Valleyfield

Prix d'entrée / ($) / 5 ans et moins (G)

Services / boutique

Horaire / mi-mai à début sept mar-dim 10h à 17h, début sept à fin oct sam-dim 10h à 17h, fin oct à mi-mai mar-ven 10h à 17h (sentiers pédestres seulement)

Montérégie

La Sucrerie de la Montagne, une cabane à sucre chaleureuse

Sucrerie de la Montagne
300 rang St-Georges
Rigaud
450-451-0831
www.sucreriedelamontagne.com

Sentiers de l'Escapade
25 km pour le ski de fond ou la randonnée pédestre

Activités sur place
ski de fond, cabane à sucre, randonnée pédestre, balade en charrette, raquette

Tout ce que vous pouvez imaginer d'une authentique cabane à sucre se retrouve à la Sucrerie de la Montagne, au cœur de la forêt de Rigaud: des tours de charrette avec deux gros chevaux belges, un gros four à bois pour la cuisson du pain, des bouilloires fonctionnant à plein régime, des chansonniers musiciens, bref beaucoup d'ambiance d'autrefois.

Chose rare, sinon unique, la cabane n'est pas seulement ouverte durant le temps des sucres, en mars et avril, mais bien toute l'année.

Atmosphère authentique

Le propriétaire Pierre Faucher s'est toujours appliqué à ce que sa cabane à sucre conserve son cachet d'antan, malgré les agrandissements permettant aujourd'hui d'accueillir plus de 500 convives. Il fait lui-même partie du décor et de l'ambiance, si l'on peut dire.

Solide gaillard aux allures de bûcheron, Pierre Faucher est l'âme de la place. Le personnage à la longue barbe blanche salue tout le monde, et il accepte de bon gré de se faire photographier par ceux qui lui demandent.

Au magasin général, on vend du sirop d'érable dans des bouteilles de toutes les formes, ainsi que des camps de bois rond miniatures. On y déniche aussi des cuillers de bois pour marquer le rythme des rigodons.

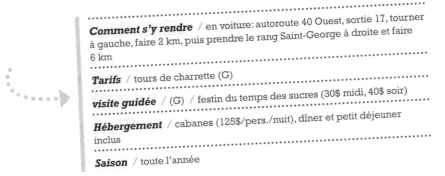

Comment s'y rendre / en voiture: autoroute 40 Ouest, sortie 17, tourner à gauche, faire 2 km, puis prendre le rang Saint-George à droite et faire 6 km

Tarifs / tours de charrette (G)

visite guidée / (G) / festin du temps des sucres (30$ midi, 40$ soir)

Hébergement / cabanes (125$/pers./nuit), dîner et petit déjeuner inclus

Saison / toute l'année

Séjours coquins

Le long du chemin qui mène à la cabane se dressent quatre petites maisons.

Construite en pièce sur pièce avec du cèdre blanc il y a deux siècles, la Maisonnette d'Amour, qui se trouvait dans le village, a été démontée pour être reconstruite et rattachée à la sucrerie.

La chambre principale, dotée d'un lit double avec courtepointe, est chauffée avec un poêle à bois. Un plancher de pin rouge ajoute au cachet déjà chaleureux. Au grenier se trouvent deux lits simples.

Clin d'œil

Rares sont les cabanes à sucre à la fois aussi authentiques et dotées d'une aussi vaste gamme de services. C'est pourtant le cas de la Sucrerie de la Montagne. Vous pouvez inviter qui vous voulez et ils ne seront pas déçus: des Québécois, des amis français ou des nouveaux arrivants.

Montérégie

Le temps des courges sur la Ferme Quinn

Ferme Quinn
2495 boul. Perrot
Notre-Dame-de-l'Île-Perrot
île Perrot
514-453-1510
www.quinnfarm.qc.ca

Activités sur place
autocueillette, balade en charrette

Sur l'île Perrot, la Ferme Quinn accueille les visiteurs toute l'année à son café et à son comptoir de produits du terroir. Toutefois, l'automne prend une saveur particulière. La cueillette des pommes attire son lot d'habitués, mais c'est surtout la cueillette des citrouilles et des autres courges qui démarque la ferme.

Savoir les apprêter

Vous avez beau avoir vu des recettes à la télé ou dans des livres, mais trop souvent vous ne portez pas attention. Mais puisque vous vous retrouvez sur une ferme où vous pouvez vous procurer des courges, vous vous demandez forcément comment elles peuvent être apprêtées.

Vous en avez vite un aperçu au café de la ferme où l'on sert muffins et tarte à la citrouille, sans oublier le fameux potage à la courge.

Vous pouvez acheter des courges sur place ou aller les cueillir dans les champs, pour ensuite les apprêter vous-même à la maison. Pour savoir comment, jetez un coup d'œil sur les recettes de la famille Quinn publiées sur le site Internet de la ferme.

Cueillette libre

À la Ferme Quinn, vous joignez l'utile à l'agréable en allant cueillir vous-même les courges dans les champs. Une charrette tirée par un tracteur vous y amène.

Parents et enfants vont chercher leur citrouille pour l'Halloween. Ça peut être une Howden, qui fait aisément plus de 10 kg. Les tout-petits ont une variété à leur mesure: la New English Sugar Pie, une citrouille de la taille d'une boule de bowling.

Mais ces citrouilles ne sont pas que décoratives. Elles se prêtent bien à la cuisson pour en faire de la confiture, des tartes et même du potage.

Bien entendu, citrouilles et autres courges se retrouvent au supermarché, mais la variété est moindre. Et puis, aller aux champs pour les cueillir est un plaisir partagé qui ne revient vraiment pas cher.

Comment s'y rendre / en voiture: autoroute 40 Ouest, sortie 41, puis autoroute 20 Ouest jusqu'à l'île Perrot; suivre les indications inscrites sur les panneaux routiers bleus

Prix d'entrée / ($) / les citrouilles et autres courges cueillies sont vendues au poids

Saison / mi-sept à fin oct

Le temps des sucres chez les Premières Nations

La Maison amérindienne
510 montée des Trente, Mont-St-Hilaire
450-464-2500
www.maisonamerindienne.com

Activités sur place
visite éducative, cabane à sucre, marche

On a tendance à l'oublier, mais ce sont les Amérindiens qui ont fait connaître aux explorateurs et aux colons la transformation de l'eau d'érable en sirop. C'est justement ce que nous montre la Maison des cultures amérindiennes, située sur la montée des Trente à Saint-Hilaire.

Ce musée bien spécial raconte la tradition du temps des sucres chez les premiers habitants. Quand les érables commencent à couler, vers le début du mois de mars, des Amérindiens font une démonstration à l'orée de la forêt sur la façon dont l'eau d'érable était cueillie, bouillie et transformée.

Durant le temps des sucres et même jusqu'à Pâques, l'établissement propose dans l'une des salles du musée, un repas typiquement amérindien, les produits de l'érable servant d'assaisonnement ou de base selon les mets. On est bien loin des cabanes à sucre traditionnelles.

Attikamekws

La visite de la Maison amérindienne débute par un petit documentaire. On y voit des familles d'Attikamekws dans leur campement à la réserve Manawan, au nord de Saint-Michel-des-Saints, lors de la sigon (prononcer «sigone»), la saison des sucres. Les femmes font des contenants en écorce de bouleau, qui seront ensuite placés au pied des érables pour en cueillir l'eau. Les hommes entaillent les érables, avec une lame de couteau qu'ils enfoncent de travers avec une hache, pour y insérer un copeau de bois en guise de chalumeau.

Quand ils font bouillir l'eau d'érable, ils brassent avec une spatule dotée d'un petit trou dans lequel ils soufflent de temps en temps: si les bulles se lient l'une à l'autre, c'est que le sirop est alors prêt.

Méthodes ancestrales

Dans la pièce voisine, on revoit ces accessoires à l'exposition intitulée *De l'eau... à la bouche*. Mais plutôt que des chaudrons en fonte, comme dans le documentaire, vous découvrez des récipients plus artisanaux dont les Amérindiens se servaient avant l'arrivée des Européens.

Les Algonquins, par exemple, faisaient évaporer l'eau d'érable à force de jeter des pierres brûlantes dans un contenant en écorce de bouleau. Les Iroquoiens, quant à eux, faisaient bouillir l'eau d'érable dans des pots d'argile placés sur le feu.

Wigwomadensis

Derrière le musée, dans l'érablière, un sentier agrémenté de 20 panneaux illustrés nous en apprend encore plus. Comme les Abénakis l'ont fait jadis, vous foulez le sol au pied du mont Saint-Hilaire, celui qu'ils appelaient Wigwomadensis, la «colline en forme de wigwam».

Comment s'y rendre / en voiture: autoroute 20, sortie 113, à gauche dans le chemin des Patriotes, puis encore à gauche dans la montée des Trente

Prix d'entrée / ($)

Horaire / lun-ven 9h à 17h, sam-dim 13h à 17h

Montérégie

Perdus dans un labyrinthe de maïs

Labyrinthe Arctic Gardens
boul. du Séminaire S./route 223, angle
rue Carillon, St-Jean-sur-Richelieu
514-248-9975
www.lelabyrinthe.ca

Activités sur place
labyrinthe, pique-nique

Ouvert depuis 2007, le Labyrinthe Arctic Gardens offre des heures de plaisir. Il est aménagé dans un champ de maïs à Saint-Jean-sur-Richelieu.

Unique au Québec

Chaque été, on crée à Saint-Jean-sur-Richelieu un labyrinthe géant dans un champ de maïs. Le concept varie chaque fois, passant d'Alice au pays des merveilles aux pirates. On peut donc revenir chaque année et renouveler son plaisir. Les enfants adorent se perdre dans les différents sentiers et rencontrer les personnages animés par des comédiens.

Il faut compter environ 3h pour bien profiter du labyrinthe, dont la superficie équivaut à près de 17 terrains de football!

Comment s'y rendre / en voiture: autoroute 10 sortie 22, puis autoroute 35 Sud, sortie 7 / en transport en commun: métro Bonaventure, Terminus centre-ville (quai sud), autobus 96

Prix d'entrée / ($$)

Services / casse-croûte, boutique

Horaire / mi-juil à fin. août tlj 10h à 18h, sept sam-dim 10h à 18h

Montérégie

Promenade dans les pommes

Cidrerie Michel Jodoin
1130 rang de la Petite Caroline
Rougemont
450-469-2676
www.cidrerie-michel-jodoin.qc.ca

Sentier pédestre
3 km

Activités sur place
marche, pique-nique, dégustation

À la Cidrerie Michel Jodoin, une entreprise familiale qui existe depuis 1988, on produit un cidre de grande qualité, alcoolisé ou non, dont le secret réside dans le vieillissement qui s'effectue dans des fûts de chêne: le résultat est succulent.

Comment s'y rendre / en voiture: autoroute 10, sortie 37, route 227 Nord, puis route 112 Est

Prix d'entrée / (G)

Autres tarifs / sentier pédestre ($)

Services / boutique

Horaire / lun-ven 9h à 17h, sam-dim 10h à 16h

Sur place, il est possible de goûter différents cidres et, bien sûr, d'en acheter. Ne manquez pas de goûter au cidre léger rosé mousseux, un incontournable de la cidrerie. Une visite guidée gratuite d'une vingtaine de minutes permet de visiter les caves et les salles de production, entre autres la salle des cuves. Captivant!

Sur les terrains mêmes de la cidrerie se trouve un sentier de randonnée pédestre (3 km) de niveau intermédiaire qui parcourt les vergers et la montagne de Rougemont, et qui offre un joli point de vue. Une section du sentier est en pente, mais les enfants sont généralement en mesure de l'emprunter sans problème. Il faut compter environ 1h de marche. À noter que l'autocueillette n'est pas possible à la cidrerie.

Montérégie

Sortie familiale
aux Vergers Denis Charbonneau

Vergers Denis Charbonneau
575 rang de la Montagne
Mont-St-Grégoire
450-347-9184
www.vergersdc.qc.ca

Activités sur place
autocueillette, pique-nique, maison hantée, dégustations, observation des animaux, aire de jeux

Si vous allez cueillir des pommes aux Vergers Denis Charbonneau, au pied du mont Saint-Grégoire, ne soyez pas surpris si le stationnement dans le rang de la Montagne déborde loin dans le champ.

Mais qu'est-ce qui amène autant de gens? Après tout, ce ne sont pas les vergers qui manquent dans ce secteur entre Montréal et Granby. La réponse est simple: il y a beaucoup plus que la cueillette de pommes.

À l'entrée des vergers, un petit resto charmant et rustique abrite sous le même toit la boutique où l'on vend des produits maison, comme des tartes, des confitures et des gelées. Notre suggestion: les crêpes aux asperges, avec jambon et sauce béchamel. Avec un mousseux du Fermier, fait à la cidrerie des Charbonneau, c'est délicieux.

Navette
Aux portes du resto, une navette se rend aux vergers toutes les 15 min. Il s'agit de voitures tirés par un tracteur ou encore d'une charrette avec chevaux.

Le trajet passe en plein cœur des vergers. Les pommiers s'étendent à perte de vue, dominés par le mont Saint-Grégoire.

Clin d'œil

Les Charbonneau ont le sens des choses bien faites. La visite des vergers est organisée sur tous les plans: la navette, le resto et les attractions pour enfants.

202 | **SUR LA RIVE-SUD** *À la campagne*

La navette s'arrête au Relais du verger, un grand bâtiment avec une aire de jeux pour les enfants à côté. De là, vous entrez dans le verger avec vos sacs, pour les remplir de pommes.

Attraits pour enfants

À deux pas se dresse la Maison hantée. Des enfants entrent, d'autres hésitent. Ceux qui sortent se font peur et en rient.

Une petite ferme abrite chèvres, lapins et autres animaux. Dans un étang s'ébattent oies et canards. Entre les bâtiments, glissoires et balançoires font la joie des enfants. Pour une sortie en famille, c'est génial.

Comment s'y rendre / en voiture: autoroute des Cantons-de-l'Est (10), sortie 37, et route 227 Sud; de là, suivre les indications inscrites sur les panneaux routiers bleus

Tarifs / navette (G)

Services / maison hantée, boutique, restaurant, petite ferme, aire de jeux

Saison / fin juil à fin oct

Montérégie

Une grande collection d'animaux à la ferme La Rabouillère

La Rabouillère
1073 rang de l'Égypte
St-Valérien-de-Milton
450-793-4998
www.rabouillere.com

Activités sur place
observation des animaux

Dans les vastes enclos de La Rabouillère, une ferme de Saint-Valérien près de Saint-Hyacinthe, gambadent des lamas, des chevaux miniatures et d'autres animaux d'élevage inusités. Chose rare, vous pourrez y découvrir pas moins de 50 variétés de bêtes lors de votre visite.

Dès votre arrivée, l'aménagement paysager avec fleurs et jardins enchante. Tout est propre et coquet. Une grange, des volières et des enclos se trouvent derrière la maison.

Lapins, moutons et Cie

Près d'un pâturage s'alignent une douzaine de cages à lapin pour autant de races dont le géant, le nain et l'angora.

La ferme a d'ailleurs débuté ses activités avec l'élevage de cet animal, son nom Rabouillère signifiant «terrier de lapin de garenne».

Dans les champs broutent des animaux qu'on a rarement l'occasion de voir. Le mouton Katahdin surprend par son pelage ras, si ras d'ailleurs qu'on le dirait frais tondu.

Une grange comprend plusieurs volières avec des paons et toutes sortes de poules. À l'étage supérieur, le colombier abrite pas moins de 20 variétés de pigeons!

Dans une volière de bois octogonale bleue et rouge, assortie avec le restaurant champêtre, il y a de superbes faisans de races et de couleurs variées.

La ferme, membre de l'Association de l'Agrotourisme et du Tourisme Gourmand du Québec, comprend un appartement et une table champêtre, aménagés dans des maisons distinctes. Les lieux sont à la fois bien tenus et chaleureux.

Comment s'y rendre / en voiture: autoroute 20 Est, sortie 141, direction Saint-Valérien, puis tourner à droite au clignotant jaune, passé le village

Prix d'entrée / ($)

Autres tarifs / table champêtre (30$ à 70$/pers. incluant une visite de la ferme)

Hébergement / appartement avec cuisinette (120$/jour/2 personnes)

Saison / mi-mai à mi-oct sur réservation

Montérégie

Une halte au Lieu historique national du Fort-Chambly

Lieu historique national du Fort-Chambly
2 rue De Richelieu, Chambly
450-658-1585 ou 888-773-8888
www.pc.gc.ca/fortchambly

Activités sur place
visite éducative, pique-nique

De nombreux Britanniques, civils et militaires, de même que des réfugiés loyalistes américains, s'installent à Chambly au cours de la première moitié du XIXe siècle. Le Lieu historique national du Fort-Chambly témoigne de ce pan de l'histoire du Québec.

Pour les amateurs d'histoire

Principal attrait du Lieu historique national du Fort-Chambly, le fort Chambly est le plus important ouvrage militaire du Régime français qui soit parvenu jusqu'à nous. Il a été construit entre 1709 et 1711 selon les plans de l'ingénieur Josué Boisberthelot de Beaucours, à l'instigation du marquis de Vaudreuil. Le fort, défendu par les Compagnies franches de la Marine, devait protéger la Nouvelle-France contre une éventuelle invasion anglaise. Il remplace les trois forts de bois qui avaient occupé le site depuis 1665. Au moment de la Conquête, le fort, devenu désuet, fut remis aux Anglais sans combat, car il ne pouvait soutenir un siège.

Ce monument historique s'inscrit dans un cadre spectaculaire en bordure du bassin de Chambly, là où débutent les rapides. L'intérieur du fort abrite un centre d'inter-prétation qui explique le rôle du fort dans les conflits des siècles derniers de même que les activités de la garnison française de 1665 à 1760 et le peuplement de la seigneurie de Chambly. De nombreux objets et vestiges retrouvés lors des fouilles archéologiques témoignent du quotidien des occupants des fortifications.

En plus de vous costumer en soldat de l'époque, vous pourrez jouer à l'archéologue en manipulant des artéfacts.

Comment s'y rendre / en voiture: autoroute 10, sortie 11, puis autoroute 30 Est et route 112 Est

Prix d'entrée / ($)

Services / boutique

Horaire / avr à mi-mai, sept et oct mer-dim 10h à 17h, mi-mai à début sept tlj 10h à 17h

Montérégie

Une journée au Lieu historique national du Fort-Lennox

Lieu historique national du Fort-Lennox
1 61ᵉ Avenue
Saint-Paul-de-l'Île-aux-Noix
450-291-5700
www.pc.gc.ca/fortlennox

Activités sur place
visite éducative

Le Lieu historique national du Fort-Lennox occupe les deux tiers de l'île aux Noix, située au sud de Saint-Jean-sur-Richelieu.

Le fort, qui couvre environ le tiers de l'île, en a transformé la configuration. Il a été construit entre 1819 et 1829, sur les ruines des forts précédents, par les Britanniques qui voyaient alors les Américains ériger le fort Montgomery de l'autre côté de la frontière. Derrière l'enceinte bastionnée en terre et entourée de larges fossés, se trouvent une poudrière, deux entrepôts, le corps de garde, le logis des officiers, une caserne et 17 casemates. Le bel ensemble en pierres de taille présente les traits de l'architecture coloniale néoclassique de l'Empire britannique.

Les forces britanniques ont quitté le fort en 1870. Parcs Canada y présente de nos jours une intéressante reconstitution de la vie militaire au XIXᵉ siècle ainsi que deux expositions retraçant l'histoire du fort.

Différentes activités qui plairont aux familles animent le fort pendant la saison estivale. On peut entre autres s'enrôler le temps d'une journée ou encore goûter à ce que les soldats mangeaient en 1833.

À noter qu'il faut laisser sa voiture au poste d'accueil et prendre le traversier pour l'île aux Noix. Une traversée que les enfants adoreront.

Comment s'y rendre / en voiture: autoroute 10, sortie 22, puis autoroute 35 Sud et route 223 Sud

Prix d'entrée / ($)

Services / casse-croûte

Horaire / mi-mai à fin mai et début oct à mi-oct sam-dim 10h à 18h, juin lun-ven 10h à 17h, sam-dim 10h à 18h, juil et août tlj 10h à 18h

Beau temps, mauvais temps

Cantons-de-l'Est

Mmmmmmmmmm du chocolat!

**Musée du Chocolat
de la confiserie Bromont**
679 rue Shefford, Bromont
450-534-3893
www.museeduchocolatdebromont.ca

Activités sur place
visite éducative, dégustation

Pour les gourmands au fin palais, le Musée du Chocolat est une occasion en or de se familiariser avec leur péché mignon.

Comment s'y rendre / en voiture: autoroute des Cantons-de-l'Est (10), sortie 78

Prix d'entrée / (G)

Services / boutique, restaurant

Horaire / lun-ven 8h30 à 18h, sam-dim 8h à 17h30

On y découvre l'histoire du chocolat depuis l'arrivée des Espagnols en Amérique du Sud, le processus de modification des fèves en poudre de cacao et quelques œuvres d'art ayant pour support principal... le chocolat! Si vos papilles en redemandent, vous pourrez acheter toutes sortes de délicieuses confiseries faites sur place.

Cantons-de-l'Est

S'initier au monde de la nature et des sciences

Musée de la nature et des sciences de Sherbrooke
225 rue Frontenac, Sherbrooke
819-564-3200 ou 877-434-3200
www.naturesciences.qc.ca

Activités sur place
visite éducative, pique-nique

Le Musée de la nature et des sciences de Sherbrooke propose des expositions qui susciteront l'intérêt des enfants.

Découvrir la faune du Québec

Dès l'arrivée au musée, on remarque des vivariums. Ici une mygale rose du Chili, là deux salamandres maculées qu'on retrouve dans la région. Un guide se fera d'ailleurs le plaisir d'en sortir une pour que vous puissiez la toucher.

L'exposition permanente *Au fil des saisons* nous fait passer par les quatre saisons pour nous faire découvrir la faune du Québec. C'est le printemps et ses chants d'oiseaux qui nous accueillent. Puis viennent l'été, l'automne et, finalement, l'hiver. Pour chaque saison, des animaux naturalisés sont présentés dans leur environnement. On peut donc admirer un magnifique cerf de Virginie (chevreuil) et ses deux petits, un orignal, un ours, un loup, plusieurs espèces d'oiseaux et de rongeurs. Les petits ne manqueront pas de visiter la grotte de l'ours où se cache un ourson. Le tout est très bien fait, et plusieurs interactions sont possibles avec les visiteurs : on peut entre autres toucher à différentes fourrures (renard, raton laveur et loup) et escalader un mur.

Comment s'y rendre / en voiture: autoroute 10, sortie 128

Prix d'entrée / ($) / 3 ans et moins (G)

Services / boutique, café

Horaire / fin juin à début sept tlj 10h à 17h, mi-juil à fin août mer-sam jusqu'à 20h; sept à fin juin mer-dim 10h à 17h

À ne pas manquer!

Quand à *Terra Mutantès*, il s'agit d'une expérience mémorable. Assis autour d'une grande table dotée de détecteurs de mouvements, on visionne un film d'environ 25 min qui présente la formation de la région des Cantons-de-l'Est. Les visiteurs sont invités à toucher la table comportant un écran tactile qui permet d'éteindre un feu ou encore d'arrêter un tremblement de terre. L'expérience est originale et, surtout, des plus surprenantes. Surtout lorsque vous recevrez de la neige, de la fumée provenant d'un volcan ou encore que vous vivrez la dernière glaciation. Les enfants adorent! Et les parents aussi!

À l'extérieur, on trouve plusieurs tables de pique-nique disposées autour d'un tipi. On peut s'y installer et profiter d'une vue sur la rivière Magog.

Cantons-de-l'Est

Sous terre avec L'Épopée de Capelton

L'Épopée de Capelton
800 route 108, North Hatley
819-346-9545 ou 888-346-9545
www.minescapelton.com

Activités sur place
spéléologie, visite éducative

Ancienne mine de cuivre, la mine Capelton, qui est devenue en 1995 le site récréotouristique L'Épopée de Capelton, fut vers les années 1880 l'un des complexes miniers les plus imposants et les plus avancés technologiquement du Canada, voire du Commonwealth. On peut aujourd'hui en visiter les profondeurs.

Une visite hors du commun

Creusée à main d'homme, la mine Capelton s'enfonce jusqu'à 1,5 km sous la montagne Capel. Elle compte 24 niveaux, mais comme la plupart ont été inondés à la suite de sa fermeture, les visites font le tour des trois premiers.

La visite débute par une présentation des différents outils utilisés et l'explication des caractéristiques de la mine et de ses minéraux. On parcourt plusieurs galeries souterraines, ce qui donne l'occasion d'admirer de magnifiques stalagmites et stalactites.

Comment s'y rendre / en voiture: autoroute des Cantons-de-l'Est (10), sortie 121

Prix d'entrée / ($-$$$)

Services / boutique, casse-croûte

Horaire / mi-mai à fin juin et début sept à mi-oct sam-dim sur réservation, fin juin à début sept tlj sur réservation

En plus de son intérêt géologique tout à fait fascinant, la visite, d'une durée de 1h45, se veut un contact exceptionnel avec la vie des mineurs et la première révolution industrielle. La température oscillant autour de 9°C, des vêtements chauds sont conseillés, sans oublier des chaussures fermées antidérapantes.

Une acoustique étonnante!
Des prestations musicales sont régulièrement offertes à l'intérieur de la mine. La petite salle d'une soixantaine de places offre une acoustique envoûtante dans un environnement unique.

Montérégie

Balade en train
au Musée ferroviaire canadien

Exporail le Musée ferroviaire canadien
110 rue St-Pierre, St-Constant
450-632-2410
www.exporail.org

Activités sur place
visite éducative

Exporail le Musée ferroviaire canadien présente une importante collection de matériel ferroviaire, des locomotives, des wagons et des véhicules d'entretien. En fait, il s'agit de la plus importante collection du genre au Canada.

Des locomotives en passant par les trains miniatures

Les visiteurs auront le plaisir d'admirer de nombreuses locomotives d'époque. On peut entre autres y voir la plus ancienne locomotive à vapeur construite au Canada et le premier tramway électrique de Montréal. Ce dernier est en fonction pendant la saison estivale.

Une fosse d'observation permet d'aller sous deux locomotives. Vous vous sentirez bien petit sous ces gigantesques monstres d'acier. Les visiteurs ont aussi la possibilité de visiter la cabine de la plus ancienne locomotive fabriquée au Canada.

Comment s'y rendre / en voiture: autoroute 20 Ouest, puis route 132 Est jusqu'à la rue St-Pierre

Prix d'entrée / ($-$$)

Services / boutique, casse-croûte

Horaire / fin mai à début sept tlj 10h à 17h, fin juin à début sept jusqu'à 18h; début sept à fin oct mer-dim 10h à 17h, nov à fin mai sam-dim 10h à 17h

Les enfants en auront plein les yeux dans la salle de trains miniatures.

Le site comprend plusieurs bâtiments et offre des animations extérieures en été. Une aire de pique-nique y est aménagée.

Noël ferroviaire

Tous les ans, de la fin novembre au début janvier, le musée organise le Noël ferroviaire. C'est l'occasion pour les enfants de faire du bricolage et d'écouter un conte, en plus de visiter le musée.

Montérégie

Du pur plaisir au Cache-à-l'eau

Le Cache-à-l'eau
1235 rue Ampère, local 300
Boucherville
450-641-0312

Activités sur place
labyrinthe, trampoline, escalade, modules de jeux, maquillage

Contrairement à ce que son nom peut indiquer, le Cache-à-l'eau, qui couvre plus de 1 850 m², ne compte pas une seule goutte d'eau. Il s'agit en fait d'un centre d'amusement pour les enfants de 1 à 12 ans.

Des activités originales

Les enfants pourront profiter de quatre trampolines où ils pourront apprendre à sauter comme de vrais professionnels, d'un mur d'escalade de 7,5 m qui leur donnera une dose d'adrénaline et de plusieurs modules de jeux qui les occuperont pendant plusieurs heures.

Comment s'y rendre / en voiture: autoroute 20 Est, sortie 92

Prix d'entrée / ($-$$)

Autres tarifs / escalade et trampolines ($)

Services / casse-croûte

Horaire / lun-jeu 10h à 17h, ven 10h à 21h, sam 10h à 19h, dim 10h à 18h

Montérégie

Les mille et une facettes de l'électricité à L'Électrium

L'Électrium
2001 rue Michael-Faraday, Ste-Julie
450-652-8977 ou 800-267-4558
www.hydro.qc.ca/visitez

Activités sur place
visite éducative

Situé près de l'autoroute 30 à Sainte-Julie, sur la Rive-Sud, l'Électrium est le centre d'interprétation de l'électricité d'Hydro-Québec. Il propose des visites guidées agréablement surprenantes, instructives et divertissantes.

Anguille électrique et électrons

En parcourant les quatre zones du centre, vous constatez la présence de l'électricité dans la nature et vous apprivoisez les lois physiques qui ont permis de comprendre ce qu'est l'électricité et les différentes façons de la produire.

La visite est agrémentée de films, de modules et de maquettes interactives. Ceux qui ont l'esprit de compétition peuvent tester la rapidité de leurs réflexes. Dans un aquarium, on peut observer une anguille électrique, un «gymnote» de son vrai nom. Ce poisson, apprend-on, génère un champ électrique jusqu'à 1 m autour de son corps, suffisant pour allumer une dizaine d'ampoules de 40 watts!

Mais l'électricité, c'est encore plus que ça. Les guides-animateurs vous entretiennent tout aussi bien d'orages électriques et d'aurores boréales que de champs magnétiques. Pour vivre une expérience particulière, touchez à la génératrice d'électricité statique de Van der Graaff. C'est à vous faire dresser les cheveux sur la tête!

Comment s'y rendre / en voiture: autoroute 30 Sud, sortie 128

Prix d'entrée / (G)

Horaire / fin juin à fin août tlj 9h30 à 17h, sept à fin juin lun-ven 9h30 à 16h, dim 13h à 16h

À vélo

Cantons-de-l'Est

L'Estriade, la piste idéale

L'Estriade
450-539-4000
www.estriade.net

Office du tourisme Granby-Bromont
877-276-6668
www.granby-bromont.com

Trajet
de Granby à Waterloo

Distance totale
21 km (linéaires), la piste étant partagée avec les patineurs

Liens cyclables
avec la Montérégiade 1, La Villageoise (à partir du bureau d'information touristique de Bromont), La Granbyenne et La Campagnarde (de Waterloo à Drummondville)

Rares sont les pistes aussi bien organisées que L'Estriade entre Granby et Waterloo.

La signalisation est impeccable: il y a une borne à chaque kilomètre. Le long du trajet, aux deux kilomètres, vous retrouvez des sites aménagés en guise de haltes, avec bancs et tables sous les arbres.

Le paysage est apaisant. La piste traverse champs, marais et forêts. Des ruisseaux murmurent. Des oiseaux chantent.

Pour préserver cet enchantement, vous avez tout intérêt à emprunter la piste à partir de Granby. Pourquoi donc? Parce que vous avez une légère pente à monter,

ce qui demande peu d'effort à l'aller. Par contre, le retour se fait beaucoup plus aisément, même si vous êtes fatigué. C'est bon à savoir.

★ *Clin d'œil*

S'il fallait décerner un prix aux meilleures pistes cyclables, L'Estriade se classerait à coup sûr parmi les finalistes.

Comment s'y rendre / en voiture: autoroute 10, sortie 74, boulevard Pierre-Laporte jusqu'à la place de la Gare à Granby; autoroute 10, sortie 78, chemin Saxby; autoroute 10, sortie 88, centre-ville de Waterloo

Services / hébergement et restauration aux points de départ et d'arrivée

Montérégie

De la Montérégie aux Cantons-de-l'Est par la Montérégiade

Tourisme Montérégie
866-469-0069
www.tourisme-monteregie.qc.ca

Trajet
la Montérégiade 2, de Saint-Jean-sur-Richelieu à Farnham (26 km); la Montérégiade 1, de Farnham à Granby (25 km)

Distance totale
51 km (linéaires)

Liens cyclables
avec la piste du canal de Chambly (Saint-Jean-sur-Richelieu) et L'Estriade (Granby)

À travers champs et boisés, en ligne droite, les Montérégiades 1 et 2 constituent une véritable voie rapide pour vélos entre Saint-Jean-sur-Richelieu et Granby. Mais «rapide sur deux roues» ne veut pas dire «en un clin d'œil».

Les deux pistes s'étirent tout de même sur plus de 50 km au total, Farnham se trouvant en plein centre. Pour les mollets déjà entraînés, c'est un beau parcours pour une journée, avec une nuitée dans l'une ou l'autre des localités à l'extrémité.

La piste passe d'abord par les Basses-Terres du Saint-Laurent, pour se rapprocher graduellement des Appalaches. À l'est, le trajet rejoint le réseau cyclable de L'Estriade, aux portes des Cantons-de-l'Est. À l'ouest, la piste communique avec Saint-Jean-sur-Richelieu. De là, une autre piste, celle du canal de Chambly (19 km), longe successivement neuf écluses jusqu'à Chambly.

À mi-chemin: Farnham

Située à l'intersection des deux Montérégiades, la ville de Farnham constitue également un bon point de départ pour une randonnée à vélo. Vous pouvez stationner votre véhicule au parc Israël-Larochelle, près de la rue Principale. De là, empruntez la passerelle qui donne sur la piste cyclable.

Tout en constituant une destination en soi, la Montérégiade permet de passer du vaste réseau cyclable de la Montérégie à celui des Cantons-de-l'Est. Il y a de quoi pédaler par pur plaisir, non seulement pour une journée mais pour une semaine de vacances.

Comment s'y rendre / en voiture: autoroute 10, autoroute 35 Sud, boulevard du Séminaire jusqu'au bureau d'information touristique de Saint-Jean-sur-Richelieu; autoroute 10, sortie 48, route 233 Sud, route 104 jusqu'à la rue Principale à Farnham et au parc Israël-Larochelle; autoroute 10, sortie 74, boulevard Pierre-Laporte jusqu'à la place de la Gare à Granby

Services / hébergement et restauration dans les trois localités du parcours

Festivals

Cantons-de-l'Est

Couleurs d'automne au Mont Sutton

Mont Sutton
671 rue Maple
Sutton
450-538-2545 ou 866-538-2545
www.montsutton.com

Quand
mi-sept à mi-oct sam-dim

Activités sur place
randonnée pédestre guidée, observation de la nature, atelier de mycologie, initiation au tai-chi, ski alpin

À Sutton, lors du Panoramaduodlacôte qui a lieu en automne, un télésiège donne accès à la montagne skiable. En vous rendant au sommet, qui frise les 1 000 mètres d'altitude, ce n'est pas un panorama que vous voyez mais plusieurs.

En réalité, le domaine skiable n'est qu'une partie du massif des monts Sutton, qui eux-mêmes ne sont qu'une petite partie des Appalaches, lesquelles s'étirent à perte de vue du côté du Vermont.

En octobre, partout où vous regardez, vous voyez de grosses montagnes en couleurs. C'est vraiment spectaculaire.

Télésiège quadruple

Tous ces beaux paysages sont faciles d'accès avec le télésiège que vous empruntez à «l'Altitude 400». En longeant la cime des érables colorés, vous savourez le point de vue qui prend forme au fur et à mesure de la montée.

Le télésiège mène jusqu'à un chalet d'accueil juché à 680 m d'altitude. C'est le dernier point de ravitaillement avant d'aller au sommet, à pied cette fois. Il y a un casse-croûte. Avant de partir, vous pouvez manger un hamburger ou un hot-dog cuit sur le gril à la terrasse.

Panoramas

À peine à 15 min de là, à 710 m d'altitude, le belvédère Alleganys vous offre le premier grand panorama de la montée. Vers l'ouest, vous avez droit à un point de vue excep-

tionnel sur les collines montérégiennes comme les monts Yamaska, Saint-Bruno et Saint-Hilaire, pour ne citer que ceux-là. Au loin, on reconnaît le mont Royal.

Au chalet de «l'Altitude 840», d'autres panoramas vous attendent. À l'est se dresse le Dos d'orignal, l'une des plus impressionnants sommets des monts Sutton. À l'ouest, depuis la terrasse, vous voyez le mont Pinacle et au loin, bien au loin, une partie du lac Champlain.

Sommet Rond

Pour vous rendre au sommet, laissez la pente de ski pour emprunter un sentier abrupt en forêt. Comme des racines et des roches jonchent le sol, il est préférable d'être chaussé en conséquence. Des chaussures multisport avec semelles rigides et antidérapantes conviennent très bien.

Le sentier fait partie du Parc d'environnement naturel de Sutton, un réseau de près de 80 km dont 75% se trouve sur la propriété de la montagne skiable. Il mène au sommet Rond, à 968 m d'altitude. C'est le point le plus élevé.

De là, vous avez droit à un sacré coup d'œil sur la partie sud du massif des monts Sutton, au pied duquel, dans une vallée, serpente la rivière Missisquoi. Au sud, vous apercevez également Jay Peak, au Vermont.

Marcher à peine plus d'une heure pour voir autant de panoramas en altitude, c'est hors de l'ordinaire. Mais grâce au télésiège, votre randonnée à pied débute déjà à 680 m d'altitude. Voilà qui fait toute la différence.

Comment s'y rendre / en voiture: autoroute 10 Est, sortie 68, puis route 139 Sud / en autobus: de Montréal (Station Centrale) à Sutton (station Esso, au centre-ville), puis navette jusqu'à la montagne

Prix d'entrée / (G)

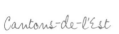

Cantons-de-l'Est

Fête des mascottes et des personnages animés du Québec

Fête des mascottes et des personnages animés du Québec
rue Principale entre les rues Dufferin et St-Antoine
Granby
450-361-6069

Quand
4 jours à la mi-juillet

Activités sur place
théâtre, volleyball, tennis, basketball, hockey, maquillage, tour de poney, jeux gonflables

Accueillant 40 000 visiteurs chaque année, la Fête des mascottes et des personnages animés du Québec égaie le centre de Granby le temps d'un week-end.

Une fête pour les enfants

Quel bonheur de voir les enfants s'émerveiller devant la soixantaine d'énormes toutous. En plus de leur faire des câlins, les tout-petits peuvent se faire prendre en photo avec leur mascotte préférée.

De nombreuses activités sont organisées au cours de la fin de semaine, entre autres des séances de maquillage et des ateliers de bricolage. Les parents pourront, quant à eux, assister à des prestations musicales en soirée.

Comment s'y rendre / en voiture: autoroute 10, sortie 68 ou 74 (moins achalandée)

Prix d'entrée / (G)

Cantons-de-l'Est

L'Expo de Brome, une grande foire agricole

Foire agricole de Brome
345 ch. Stagecoach, Brome
450-242-3976
www.bromefair.com

Quand
4 jours, début sept

Dans les Cantons-de-l'Est, la population du petit village de Brome passe de 250 à 40 000 personnes lors des quatre jours de la foire agricole. Depuis 1856, des agriculteurs des environs viennent exposer fièrement les produits et les bêtes de leur ferme pour participer à des concours.

Des merveilles

Des producteurs apportent des citrouilles de plus de 300 kg ou des tournesols de plus 4 m de haut. Vous pouvez admirer les spécimens qui ont mérité des prix pour la plus grande taille dans un bâtiment où se trouvent également de superbes arrangements floraux.

Propres et bien brossées, les vaches se font coquettes. Elles sont jugées par des experts sur leur capacité de production laitière.

Les attelages des lourds chevaux de trait ont fière allure. Les bêtes au poil lustré, la crinière et la queue bien taillées, tirent des voitures rutilantes et tout aussi impeccables. Pour nous, tous ces chevaux sont magnifiques, alors que les juges doivent déterminer ceux qui sont vraiment à leur meilleur.

Tous les animaux de la ferme ou presque font l'objet de concours: des poules, des lapins, des moutons et plusieurs autres. Cela nous donne la chance de voir des bêtes remarquables.

La campagne à son meilleur

Si vous avez une fringale, ne manquez pas de passer au kiosque où l'on sert des épis de maïs bien chauds. Frais cueillis, juteux et sucrés, ils sont délicieux. Rarement vous en aurez mangé d'aussi bons.

Dans des kiosques et dans un bâtiment, des exposants proposent des pièces d'artisanat et des produits du terroir. Plusieurs spectacles en plein air comme la danse folklorique créent une ambiance bien particulière. Bref, c'est la campagne à son meilleur.

Bien entendu, comme dans toute exposition agricole ou presque, il y a des manèges. Les enfants ne s'en plaindront pas.

Comment s'y rendre / en voiture: autoroute 10, sortie 90, route 215 Sud

Prix d'entrée / manèges inclus ($)

Stationnement / ($)

Montérégie

L'International de montgolfières de Saint-Jean-sur-Richelieu, une fête entre ciel et terre

International de montgolfières de Saint-Jean-sur-Richelieu
aéroport municipal
St-Jean-sur-Richelieu
450-347-9555
www.montgolfieres.com

Quand
9 jours, vers la mi-août, 12h à 23h le week-end et 15h30 à 23h en semaine

Coloré. Féerique. Spectaculaire. Les mots nous manquent pour rendre justice à la magie des montgolfières égayant le ciel.

L'International de montgolfières de Saint-Jean-sur-Richelieu regroupe le plus grand rassemblement de ballons au Canada. Pas moins de 125 montgolfières se donnent en spectacle dont une vingtaine de formes spéciales. Plusieurs d'entre elles proviennent du Brésil, de la Belgique, de la France et des États-Unis.

L'événement plaît à coup sûr, car environ 400 000 personnes s'y rendent chaque année.

Adapté aux besoins des familles

À côté du champ d'envolées, à l'entrée piétonnière du site, le Centre de services Jean-Coutu se démarque par son coin du nourrisson. Les nouvelles mamans ont droit à un salon d'allaitement. Les parents ont des tables à langer à leur disposition. Ils peuvent y laisser une poussette pour se promener avec bébé dans leurs bras. Si au contraire, les parents l'ont oubliée, ils n'ont qu'à emprunter une poussette ou une voiturette au Centre de services. En cas d'incidents, des membres de Parents-Secours et de l'Ambulance Saint-Jean sont sur les lieux.

Comment s'y rendre / en voiture: autoroute 10, sortie 22, route 35 Sud, sortie Pierre-Caisse (sortie 45) et suivre les indications / en transport en commun: métro Bonaventure, terminus Centre-Ville (quai Sud du 1000 De La Gauchetière) jusqu'au terminus de Saint-Jean-sur-Richelieu, autobus 31

Prix d'entrée / ($)

Autres tarifs / tours de montgolfière (175-200 par groupe de deux à quatre passagers)

Stationnement / ($)

Horaire / départs à 6h et à 18h, les départs étant conditionnels à une température favorable

Centre d'interprétation

À la vue des montgolfières, vous vous posez forcément plusieurs questions. Comment de si gros ballons peuvent-ils voler? Sur quelle distance? Est-ce dangereux? Jusqu'à quel point la température a-t-elle une influence?

Vous aurez réponse à toutes vos questions au Centre d'interprétation de la montgolfière, installé sous un chapiteau. L'exposition *Viens jouer dans le ciel...* vous fait découvrir l'historique et le mode de fonctionnement de cet étonnant mode de transport avec des photos, des accessoires et des films documentaires. Des animateurs sont sur place.

Animation et spectacles

Si les montgolfières demeurent l'attraction principale, le festival vaut aussi le détour pour son animation. Jeux gonflables et animaux de ferme ajoutent à l'ambiance, sans parler des spectacles. D'ailleurs, l'événement est vraiment lancé le premier samedi soir avec un spectacle mené par un artiste bien connu au Québec et accompagné de ses invités.

PAUSES GOURMANDES

Cantons-de-l'Est

FAMILLE

Bromont

Le Musée du Chocolat de la confiserie Bromont $
tlj matin et midi, 679 rue Shefford, 450-534-3893
Petits déjeuners et midis. Crêpes, quiches, sandwichs et pâtés.

Magog

Les Péchés de Pinocchio $-$$$
tlj midi (mer-sam midi et soir), 469 rue Principale O., 819-868-8808
Petits déjeuners et midis. Cuisine inventive. Terrasse.

North Hatley

Pilsen $$-$$$
tlj, hiver ven-dim, 55 rue Principale, 819-842-2971
Petits déjeuners et midis. Trois terrasses. Salades, hamburgers, moules et grillades.

Resto Le Cartier – Pub St-Malo $$-$$$
tlj matin et midi, 255 boul. Jacques-Cartier S., 819-821-3311
Menus santé abordables. Endroit familial chic.

Sutton

Tartinizza $-$$
jeu-ven (soir seulement), sam-dim (midi et soir), 19A rue Principale N.
450-538-5067
Pizzas à croûte mince et sandwichs. Terrasse. Bonne sélection de bières de microbrasseries.

COUPLE

Bromont

Les Délices de la Table $$$
tlj en été, jeu-dim le reste de l'année, soir seulement, 641 rue Shefford
450-534-1646
Petit restaurant provençal. Délicieux plats à base de produits régionaux. Comptoir de
gelatos en été. Réservations recommandées.

North Hatley

Café Massawippi $$$-$$$$
mi-mai à début sept tlj, début sept à mi-mai mer-sam, en soirée seulement
3050 ch. Capelton, 819-842-4528
Véritable trouvaille. Menu à la carte, table d'hôte cinq services des plus inspirées. Carte
des vins et service excellents.

Manoir Hovey $$$$
tlj, matin, midi et soir, 575 ch. Hovey, 819-842-2421 ou 800-661-2421
Superbe vue sur le lac Massawippi. Ambiance feutrée. Cuisine québécoise créative.

Sherbrooke

Auguste Restaurant $$$
mar-sam, midi et soir (sam soir seulement), 82 rue Wellington N., 819-565-9559
Adresse incontournable à Sherbrooke. Type bistro. Produits du terroir estrien.

Centre-du-Québec

FAMILLE

Bécancour

Fromagerie L'Ancêtre $
tlj 9h à 20h (nov à avr sam-mer 9h à 18h), 1615 boul. Port-Royal, 819-233-9157
Boutique et restaurant. Repas légers, fromages et crème glacée en saison.

COUPLE

Bécancour

Auberge Godefroy $$$-$$$$
tlj midi et soir, 17575 boul. Bécancour, 819-233-2200 ou 800-361-1620
Spacieuse salle à manger. Délicieuse cuisine française Desserts succulents.

Lanaudière

FAMILLE

Joliette

Boulangerie et fromagerie St-Viateur $
sam-mer matin, midi, jeu-ven matin, midi et soir, 602 rue Notre-Dame, 450-755-4575
Comptoir de produits prêts à manger (sandwichs et salades).

L'Assomption

Chocolaterie Le Cacaoyer $
sam-mer matin, midi, jeu-ven matin, midi et soir, 1111 boul. L'Ange-Gardien N.
450-589-9990
Pâtisseries, gâteaux et chocolats de fabrication artisanale. Crème glacée et de sorbets
maison en été. Centre d'interprétation.

Rawdon

Restaurant la Lanterne $$
tlj matin, midi et soir, 3630 rue Queen, 450-834-3444
Restaurant familial. Type bistro. Belle terrasse.

Saint-Donat

Au Vieux Moulin $-$$$
tlj matin, midi et soir, 327 rue St-Donat, Place Monette, 819-424-3131
Bonne table familiale. Plats québécois.

Terrebonne

Ô Bistro de l'Île $-$$
été : tlj matin et midi, hiver : sam-dim midi , 940 Île-des-Moulins, 450-471-6679
Site historique de l'Île-des-Moulins. Belle terrasse avec vue sur la rivière des Mille Îles.
Sandwichs, salades, pâtes et grillades.

COUPLE

Saint-Jean-de-Matha

Auberge et centre de villégiature de la Montagne Coupée $$$-$$$$
tlj soir seulement, 1000 ch. de la Montagne-Coupée, , 450-886-3891 ou 800-363-8614
Étonnant menu de cuisine évolutive québécoise. Vue à couper le souffle sur la nature environnante. Service des plus attentionnés. Belle carte des vins. Petits déjeuners très copieux. Sur réservation seulement.

Laurentides

FAMILLE

Mont-Tremblant

Crêperie Catherine $-$$
tlj matin, midi et soir, Station Mont Tremblant, 113 ch. Kandahar, 819-681-4888
Excellentes crêpes. Terrasse.

Le Shack $-$$
tlj midi et soir, Station Mont Tremblant, 3035 ch. de la Chapelle, 819-681-4700
Grande terrasse. Steaks, poulet rôti, hamburgers. Menu pour enfants.

Ristorante e Caffe Ital Delli $$-$$$
fermé lun, soir seulement, 1920A ch. du Village, 819-425-3040
Bons petits plats à bon prix. Délicieux plats de pâtes. Réservations recommandées.

Saint-Jovite

Pâtisserie Le Montagnard $
mer-dim matin et midi, 835 rue de St-Jovite, 819-425-8987
Pour une bonne petite pâtisserie accompagnée d'un thé sélectionné, Service courtois et ambiance charmante.

Saint-Sauveur

Au Petit Café Chez Denise $-$$
tlj matin, midi et soir, 338 rue Principale, 450-227-5955
Œufs, bacon, jambon, saucisses, fèves au lard... Petit déjeuner servi pour une bonne partie de la journée.

Papa Luigi $$-$$$
tlj soir (dim brunch), 155 rue Principale, 450-227-7250
Spécialités italiennes, fruits de mer et grillades. Réservations fortement recommandées.

Orange & Pamplemousse $$-$$$
fermé lun-mar, matin, midi et soir, 120 rue Principale, 450-227-4330
Cuisine santé, exotique et fusion.

Val-David

Au Petit Poucet $$
tlj matin, midi, 1030 route 117, 819-322-2246 ou 888-334-2246,
www.aupetitpoucet.com
Bonne cuisine québécoise de type familial. Atmosphère détendue. Petits midis copieux.

COUPLE

Sainte-Adèle

L'Eau à la Bouche $$$$
tlj soir seulement, 3003 boul. Ste-Adèle, 450-229-2991
L'une des meilleures tables du Québec. Cuisine française exceptionnelle à base de produits du Québec. Très belle carte des vins. Inoubliable expérience gastronomique! Réservations obligatoires.

FAMILLE

Sainte-Rose

Chocolune $-$$
mar-dim, 274 boul. Ste-Rose, 450-628-7188
Petits déjeuners et midis. Chocolaterie, boutique et salon de thé. Pâtisseries.

COUPLE

Sainte-Dorothée

Le Mitoyen $$$-$$$$
mar-dim soir seulement, 652 Place publique, 450-689-2977
Ambiance des plus chaleureuses. Tradition culinaire française. Menu gastronomique
inoubliable. Parmi les bonnes tables du Québec.

Sainte-Rose

Les Menus-Plaisirs $$$-$$$$
tlj soir, lun-ven midi, Auberge Les Menus-Plaisirs, 244 boul. Ste-Rose, 450-625-0976
Charmant resto avec cadre intime. Splendide terrasse. Spécialités de fine cuisine régionale. Carte des vins fort impressionnante.

Mauricie

FAMILLE

Saint-Alexis-des-Monts

Microbrasserie Nouvelle-France $-$$
lun-ven midi et soir, sam-dim matin, midi et soir, 90 rang Rivière-aux-Écorces,
819-265-4000
Ambiance Nouvelle-France. Ailes de poulet, hamburgers, soupes et sandwichs. Belle
sélection de bières maison. Économusée.

Trois-Rivières

La Piazza $$-$$$
tlj soir (été jeu-ven midi et soir), 142 rue St-François-Xavier, 819-373-7404
Succulents plats de pâtes, variété de pizzas et autres bonnes spécialités italiennes. Terrasse.

COUPLE

Saint-Paulin

Auberge Le Baluchon $$$-$$$$
tlj, matin, midi et soir, 3550 ch. des Trembles, 819-268-2555 ou 800-789-5968
Fine cuisine française et du terroir québécois. Salle à manger au décor apaisant, avec
vue sur la rivière.

Trois-Rivières

Le Lupin $$$
mar-ven midi et soir, sam soir seulement, 376 rue St-Georges, 819-370-4740
Excellentes crêpes bretonnes. Plats de gibier et de perchaude. Formule « apportez votre vin »

Restaurant Poivre Noir $$$-$$$$
Mar-ven midi et soir, sam-dim soir seulement, 1300 rue du Fleuve, 819 378-5772
L'une des meilleures tables de Trois-Rivières. Cuisine fusion. Atmosphère favorisant les têtes à têtes. Superbe terrasse avec vue sur le fleuve Saint-Laurent.

Sushi Taxi, $-$$
tlj midi et soir, 4240 boul. des Forges, 819-379-3838
Très bons sushis. Plusieurs originalités.

Montérégie

FAMILLE

Belœil

Restaurant Osteria $$$
fermé lun, soir seulement, 914 rue Laurier, 450-464-7491
Fine cuisine italienne et grillades. Terrasse. Menu pour enfants.

Otterburn Park

La Cabosse D'Or $
sam-mer 9h à 18h et jeu-ven 9h à 21h, 973 ch. Ozias-Leduc, 450-464-6937
Boutique, terrasse, salon de thé. Pâtisseries, crèmes glacées, café.

Saint-Lambert

Histoire de pâtes $-$$
tlj midi (jeu-ven midi et soir), 458 rue Victoria, 450-671-5200
Quelques tables. Excellentes pâtes fraîches.

COUPLE

Belœil

Le Jozéphil $$$-$$$$
tlj soir, lun-ven midi, 969 rue Richelieu, 450-446-9751
Magnifique terrasse au bord de l'eau. Excellente cuisine. Une adresse unique à Belœil.

Carignan

Au Tournant de la Rivière $$$$
mer-sam soir, dim midi, 5070 rue Salaberry, 450-658-7372
Menu gastronomique. Succulents plats de cuisine française et desserts décadents.

Saint-Jean-sur-Richelieu

Chez Noeser $$$$
jeu-dim, soirée seulement, 236 rue Champlain, 450-346-0811
Délicieuse cuisine française pleine de créativité. Agréable terrasse fleurie. Apportez votre vin.

Montréal

FAMILLE

Les Co'pains d'Abord $
tlj matin, midi et soir, 418 rue Rachel E. , 514-564-5920
1965 av. du Mont-Royal E., 514-522-1994
2727 rue Masson, 514-593-1433
Sandwichs, pâtés, tourtières et pizzas, tous d'une qualité irréprochable. Bon endroit pour prendre une bouchée le midi.

Olive + Gourmando $
mar-sam matin, midi, 351 rue St-Paul O., 514-350-1083, www.oliveetgourmando.com
Délicieux sandwichs, salades et soupes. Fameux brownies à saveur de café Illy. Halte sans prétention, mais charmante et gourmande.

Soupesoup $
plusieurs adresses, horaire variable, midi seulement
Soupes, mais aussi de délicieux sandwichs. Idéal pour luncher rapidement mais sainement. Menu change chaque jour.

Casa de Matéo $$
tlj midi et soir, 440 rue St-François-Xavier, 514-844-7448
Restaurant mexicain. Plats typiques et excellents.

Lachine

Il Fornetto $$
tlj midi et soir, 1900 boul. St-Joseph, 514-637-5253
Rappelle les trattorias avec son ambiance bruyante et son service sympathique. Les pizzas cuites au four à bois sont à essayer.

COUPLE

Le Club Chasse et Pêche $$$-$$$$
mar-sam soir seulement, été midi et soir, 423 rue St-Claude, 514-861-1112
Mets créatifs et raffinés. Superbe terrasse fleurie.

Outaouais

Papineauville

La Table de Pierre Delahaye $$$
mer-ven soir seulement, sam-dim midi et soir, 247 rue Papineau, 819-427-5027
Accueil cordial et chaleureux. Cuisine exquise d'inspiration normande.

Saint-André-Avellin

Solex $-$$
juin à oct mer-lun, fin avr et mai horaire réduit, fermé le reste de l'année, midi et soir, 548 route 323, 819-983-4694
Petit troquet de bord de route servant une fine cuisine… créole! À 5 km du Parc Oméga (voir p. xxx). Paiement comptant.

INDEX PAR ACTIVITÉS

INDEX PAR NOMS DE LIEUX

Légende des cartes

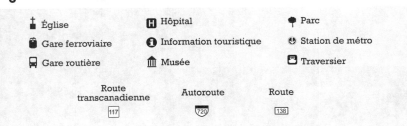

✝ Église	🄷 Hôpital	🌳 Parc
🚊 Gare ferroviaire	ℹ Information touristique	Ⓜ Station de métro
🚌 Gare routière	🏛 Musée	🄱 Traversier

| Route transcanadienne | Autoroute | Route |
| 117 | 720 | 138 |

www.guidesulysse.com

Voyages • Plein air • Art de vivre

Infos-destinations

Conseils voyage

Blogues

Extraits de nos guides

Dialogues avec les grands voyageurs

Vidéos de nos auteurs